服部四郎 沖縄調査日記

服部 旦 編
上村幸雄 解説

汲古選書 47

1　昭和30（'55）年10月9日　沖縄師範健児之塔

2　仲宗根政善氏（左）と服部四郎（右）

3　服部四郎（2と同所にて）

4　10月19日夜　南風原朝保博士宅 3 教授歓迎会

5　10月19日　同

6　10月19日　同

Ⅱ

7　10月23日　「南島文化講演会」での四郎講演

8　10月31日　伊野波節　宮平敏子さん

9　12月上旬　武富セツ先生と四郎

10　12月上旬　新築の武富先生宅にて

11　12月上旬　武富先生宅裏にて

12　12月上旬　藤井健雄教授(11と同所)

13　12月24日午前　琉球大学新図書館前にて

14　12月24日夜　南風原朝保博士宅服部四郎送別会

服部四郎 沖縄調査日記　口絵写真説明

1　沖縄師範健児之塔絵葉書　10月9日仲宗根政善氏の案内で参拝。この1枚のみ使用せずに日記内に保存していた。

2　仲宗根氏と四郎。撮影月日・撮影場所の裏書きなし。武富良浩氏によると武富先生宅ではない。仲宗根政善氏宅ではなく（仲宗根泰昭氏）、真壁ツルさん宅でもない（真壁和次郎氏）。11月6日辺土名の旅館「あけぼの」、11月27日汀間の松田健德先生宅の可能性要調査。

3　写真2の四郎を左前方斜めより撮影したもの。撮影月日・撮影場所無記であるが、2と共に日記内に保存していたから、沖縄滞在中の撮影。

4　南風原朝保博士より受贈（4～6）。博士手跡による裏書き「1955. 10.19. 服部教授、須藤教授、藤井教授歓迎琉球料理宴（於南風原朝保宅）」。人物右より、須藤利一東大教養学部教授・藤井健雄千葉大教授・四郎・南風原博士・安里源秀琉大学長・不明。

5　同、南風原博士宅歓迎会。人物右より、親泊政博琉球新報社長・池宮城秀意琉球新報主筆・上地一史沖縄タイムス社長・看護婦山城さち子さん・南風原夫人登美さん・お手伝い初子さん・実弟南風原朝光画伯。

6　同南風原博士宅歓迎会。人物右より、須藤利一教授・藤井健雄教授・四郎・安里源秀琉大学長・不明。

7　10月23日琉球新報社主催「南島文化講演会」で「言語年代学より見た沖縄方言」を講演する四郎（於那覇市久茂地、教育会館）。琉球新報社撮影。

8　10月31日料亭「松華」にて経営者宮平敏子さんより受贈の琉舞写真4枚中の1枚。宮平さん手跡による裏書き「一九五五年十月三十一日　伊野波節　宮平敏子」。

9　12月上旬武富セツ先生宅にて、武富良浩氏撮影。

10　12月上旬武富セツ先生宅にて、武富良浩氏撮影。

11　四郎手跡による写真裏書き「1955年12月上旬　首里大中区武富先生宅の裏にて千葉大学藤井教授撮影　遙かに見えるのは那覇の北部地方」。岩の位置は、武富氏宅南約50m現首里大中町26－11識名氏宅門前に当たる。この附近は当時岩山だったが、現在住宅地となり消滅。遠方中央は那覇市古島・真嘉比附近、最遠方は泊。四郎の背後に白く光るのは、現県道28号線の土道。

12　同所にて、11の撮影者藤井健雄教授。写真裏書きなし。

13　12月24日琉球大学志喜屋記念図書館前にて。写真裏書きなし。人物後列右より、大城　健琉大文理学部英文学科助教授・四郎・仲宗根政善琉大副学長（文理学部国文学科教授）・泉（現姓島袋）よし子。前列右より、東盛　永・名嘉順市(一)・山里昌秀（以上学生）。

14　南風原博士手跡による写真裏書き「1955.12.24.　服部四郎先生送別琉球料理宴　於南風宅」。人物前列右より、仲宗根政善副学長・南風原博士・四郎・安里源秀学長・平良　進沖縄歯科医師会会長・池宮城秀意琉球新報主筆・親泊政博琉球新報社長・当間重剛那覇市長。後列左より、看護婦山城さち子さん・彫刻家友部まち子さん（滞在客。京都のお寺の出身）・看護婦長伊佐ひとみさん。

服部四郎 沖縄調査日記

服部 旦編　上村幸雄解説

服部四郎・仲宗根政善生誕百年記念出版

目　次

口　絵（写真・地図） ... I
はじめに ... 服部　旦　3
本日記の体裁 ... 同　8
本書の編集方針 ... 同　10
凡　例（日記・資料編） ... 同　13
解　説　「服部四郎先生と仲宗根政善先生」 ... 上村幸雄　17
日記本文 ... 31
資料編目次 ... 183
資料解説 ... 服部　旦　185
資料本文 ... 191
服部四郎略年譜 ... 服部　旦　289

は　じ　め　に

服　部　　旦

　言語学者の亡父服部四郎（明治41〈'08〉年5月29日〜平成7〈'95〉年1月29日）の没後の平成9（'97）年6月19日より開始した蔵書整理中、平成11（'99）年の8月から9月頃にこの日記を発見した。

　本日記は、四郎が単身沖縄に赴任した昭和30（'55）年10月2日から同年12月26日の間、約3ヵ月の短い期間の記録であるが、この時の四郎の活動が我国琉球方言学研究の一画期をなすことは、門外漢ながらも知っていた。従って、一読して当日記の学問的重要性、即ち、敗戦からまだ10年しか経っていない米軍政下に於ける沖縄の言語学・方言学・民俗学・社会学・歴史学上の有益な資料であり、言語学史的にも意味ある資料であることを確信した。

　私にとっての四郎は、外国生活を終えて帰朝した昭和27（'52）年7月以降の数年間は、良く笑いお道化た振舞もして見せる愉快な一面のある父親であった。しかし、この日記の頃から次第に寡黙な家族に対しても容易に腹の内を見せない人間となっていった。その原因の一つが、『朝日新聞』（巻末資料18）に寄稿した沖縄問題の論説に対する一外国人からの強い抗議と恫喝（資料19参照）にあったと想像して来た。

　そうしたことがあったとは父より幾度か聞いていたのだが、実際にこの日記に挟まれていた、同一外国人の3度に亘る長く執拗な書翰

（英文タイプ）と匿名による英字新聞記事（米軍の沖縄支配は有意義、とする内容）の切抜きの入った郵便封筒を手にした私は、その事実を確認すると共に、ひどく疑い深い性格になってしまった父の不幸の淵源をそこに見たような思いがして、暫し感慨に耽った。この訪沖後、四郎にとって沖縄は終生の大関心事となった。念願の本土復帰をこの上なく喜び、日本武道館での記念式典にも出席して、復帰当日の新聞を8紙も蒐めて終生保存していた。四郎にとっての沖縄は、「研究対象」を超えた存在であったし、まして"業績のためのフィールド"でなどあり得ないことであった。

ところで、本書の編集中に四郎のこの沖縄滞在とその前後の学問的活動に対するいくつかの問題を取上げた文章を読んだ。その中で、四郎の琉球方言調査の緊急性に関する呼び掛けは、研究者の地元住民の心情を無視した資料欲しさの学問的エゴイズムである、とする趣旨に接した。しかし、この時期に発表した論文、論説（その多くを本書の資料編に収録）を虚心に読めば、当らざることが理解できると思うが、さらにこの日記と対照して読むならば、その見解が当時の沖縄の置かれていた深刻な状況と、人類の文化遺産としての少数言語を後世に伝えんとする四郎の学問的姿勢に対する無理解を示すものであることが判ると思う。

本日記の学問的価値は、言語学・方言学・音声学の研究調査の手法を単なる机上の論としてではなく、現地での実践によって示している処にあると思う。それと同時に、復興途次の沖縄社会の観察記録であるから、今日の観点から眺めても当時の歴史史料として非常に興味深いものがある。

即ち、沖縄に於て（すら）も、かつての琉球王国の存在や（米人でなく）"本土人から蒙った沖縄戦の被害"等を拠として、沖縄の本土からの分離独立を是認するかの如き言説が時に見られる。しかし、この日記を読んで戦争の痛手からの回復は未だ遠く、17年後の本土復帰も現実問題として全く予想できなかった当時に立ち帰ってみる時、果してそのような言説は可能であろうか。

　かようにして、私にとって学問的な問題に限らず今日の沖縄問題をも考えさせてくれる本日記を是非とも世に出したく思い、四郎の晩年の出版でお世話になった汲古書院に平成11（'99）年10月中旬に打診した。そして、翌年3月坂本健彦氏を通じて同社からの刊行のお申し出があった。

　以下に本書出版の経過を記す。即ち、平成12（'00）年7月より坂本氏の許で刊行の準備を進め、平成15（'03）年夏に第三校、平成16（'04）年春に第四校を出すまでに漕ぎつけた。そこで、四郎の琉球方言学の愛弟子である上村幸雄氏に第三校を、名嘉順一氏に第四校をお預けし、それぞれ別箇に校閲と加注をお願いした。私の方は、第四校を携えて平成18（'06）年12月1日から平成19（'07）年4月30日までの5ヵ月間、那覇市の仮寓に滞在して図書館に通う傍ら関係者からの聴取りと、本島のほぼ全域を歩いて四郎の活動を追体験することで、有意義な知見を得た。そして、この間にも上村幸雄氏より注の方針や内容について度々のご助言とご教示を賜った。

　とりわけ、四郎の寄宿先の武富セツ先生宅で四郎と起居を共にせられた令息の武富良浩氏がご健在で、当時の生証人として日記に係わる詳細にして臨場感に溢れるお話を承ることができたのは、正に天佑で

あった。武富氏の沖縄戦と主に四郎の首里・那覇での生活にまつわるお話を、注として収録した。武富氏は、私にお答え下さった後もいちいち文献に当って確かめて下さったという。氏は第五校（日記本文のみ）の校閲もお引受け下さった。ここに篤く御礼申し上げると共に、文責は総て編者にあることをお断りしておく。

　巻頭の解説として、長らく沖縄に住み琉球大学ほかの教授として研究と教育に携わった上村幸雄氏より、現場での琉球方言学研究に裏付けられた玉稿を賜った。主にこの日記とその前後の四郎の研究活動の学史的な位置付けを内容としている。唐突に仲宗根政善氏の那覇空港出迎えから始まるこの日記の導入としても最適と思う。言語学・琉球方言学の専門家でない読者にも理解頂ける内容と思うが、なお必要であれば、巻末の資料20・21・22の四郎による短文、思い出話を先にお読み下されば十全かと思う。この資料編は、沖縄滞在中の研究調査に係わる論説と短文の収録であるから、上村氏の解説と相俟って本日記の学問的意味が明瞭になる。その他、生涯の研究活動については、満26歳から発表した文章を蒐めた『一言語学者の随想』（汲古書院）を参考にして頂きたい。

　注をなすに当っては、上記の3氏のほかに、沖縄県立図書館・那覇市立中央図書館・琉球大学付属図書館の館員の方々、地元沖縄や四郎のお弟子の皆様ほか、極めて多くの方々のお世話になった。一つの注のために多数の方からご教示を得ている場合が多く、いちいちにお断りすることも困難であるため、地元の情報の根拠として特に必要と判断したものを除き、芳名の記載を失礼させて頂いた。何卒、御寛恕の程をお願い申し上げる。注にしては異常に煩瑣となったのは、日記と

共に沖縄近現代史の資（史）料となしたかったことと、沖縄について若い方達に少しでも関心を寄せて頂きたいという願いによるものである。

本書の下原稿の作成と関連資料の蒐集を、私の卒業論文ゼミの受講生だった永嶋里佳さんにお願いした。仏国に西洋美術史の研究のため留学していた彼女は、夏休みの帰省を利用して平成12（'00）年7月3日から7月19日の間、四郎の書斎と書庫に籠り切りで奮闘して下さった。その周到緻密な仕事から本書は出発している。

坂本健彦氏には、原ノートのワープロ翻字化の困難な仕事と再校までの校正その他一切をお願いした。当初坂本氏は読み易さを編集方針として主張せられ、一切合切を盛り込み学問的資料としようとする私の意見と拮抗されていたが、沖縄で校正と加注の仕事をするようになってからは、根負けされたのか私の希望を全部お容れ下さるようになった。こうした事情によって、本書は読み物と学問的資料の両方の性格を兼ね備えることとなった。煩雑極まる編者の加注に第九校までお付き合い下さった富士リプロの方々にお詫びとお礼を申し上げる。

思えば、昨年は仲宗根政善氏生誕百年、今年は四郎生誕百年の年に当たる。ここに本書を二人の生誕百年記念出版としたい。

終りに当たって、第三・四校・七校の校正に妻の保子が、第四校の校正に娘の亜矢が助力してくれたことを付記すると共に、改めてお世話になった総ての方々に対して深甚の謝意を表する次第である。

　　　　　　　　　　　　　　　平成20（'08）年5月29日　編者記す

本日記の体裁

　縦25cm・横17.5cmの大学ノート1冊。表紙の印刷：Superior Note Book（装飾文字）For Universities Specially made by Ueda Note Co., （筆記体）。表紙には題・氏名等の記入はない。遊紙（INDEX の文字と欄を印刷）1枚。各ページ灰色罫線29本入り、全116ページ。

　使用ページは、1～81ページと108～113ページ。使用インクブルーブラックの万年筆による横書き。添付物に例外的に鉛筆によるメモ書きあり。

　遊紙裏面に『琉球新報』と『沖縄タイムス』昭和30（'55）年10月3日夕刊の切抜き（四郎の来沖記事）を添付してノートは始まる。以下、1ページからの奇数ページに日並の記を記入し、2ページからの偶数ページに当日もしくは近い日の新聞記事切抜き・名刺・案内状・プログラム・メモ・封筒等を添付する。即ち、見開きにして右側に日並の記、左側に当日の添付物が来ることを原則に使用している。

　しかし、日並の記がそのページに収まらずに次ページに続くことが多い。また、添付物の全部が当日のページに収まっている訳でもない。

　1～81ページが日記で、日並の記は来沖前日の10月2日に始まり、離沖の前日の10月25日で終る。以下無記入で、108～113ページはノートの奥から表に向かって（即ち、113ページから108ページに向かって）統計記録等を転記している。114・115ページは無記入。最終の116ページと裏表紙裏には、当時の沖縄の通貨B軍票6種類を種類毎に分けて6ヵ所に添付し、沖縄の象徴としている。

　偶数ページの添付物以外にも沖縄で受領・入手した文書・伝票・来信書翰

(帰京後を含む)・琉球郵便未使用葉書・絵葉書使用後空袋・包装紙・広告・航空券使用後綴・英文返信下書き（Morris Halle 教授宛）他を挟み、ノート全体は厚く膨らんでいる。

本書の編集方針

　編集に当たっては、読者が日記の原状を想起できるようにすることを基本方針とした。具体的には次の如くである。

〔日並の記・添付物・注の配置〕

　ノート右側（奇数ページ）の日並の記を日日毎に分割して掲載した。ノートの左側（偶数ページ）の添付物は、原則として当日の日並の記の終了後に掲載した。注も例外を除き日日毎に添付物の末尾に配した。但し、比較的短い注記は、日記本文中に〈　〉内に入れて折り込み、対照の労を省いた。新聞記事に加えた注は、記事の末尾に配した。

〔添付名刺〕

　添付物の名刺は、人物の注の役割も果すから、総て掲載した。但し、住所と電話を削除した。

〔添付新聞記事〕

　添付物の新聞記事切抜きは、日記の記述を補完し、四郎の当時の学問的活動についての解説にもなるから、次のように処置した。

1）四郎自身に関する記事は、四郎による論説を含め総て掲載した（長文は、四郎の関連箇所のみを抜粋）。

2）但し、四郎が非常に不満を覚えた四郎講演の要旨（12月5日、無断掲載）については、誤解を招かぬよう掲載しなかった。

3）四郎が深く関心を寄せたと思われる記事については、その詳細を掲載した。

4）四郎の論説（資料編を含む）の拠とし、当時の歴史的社会的な資（史）

料となる長文記事は、巻末の資料編に移動して収録した。

5）四郎の地元新聞紙上に発表した論説は、当時の沖縄での活動と関連するから、発表当日（連載の場合は初日に纏めて）の日並の記の次に掲載した。

6）但し、「服部金関論争」のうち、帰京後地元『琉球新報』紙上に掲載された金関氏の論説（日記原本に添付）と、これに応じて四郎が『琉球新報』紙上に発表した続論は、資料編に収録した。そして、この問題に関する二人の書翰（未公開）も併せて収録した。これらに続けて、琉球方言と本土方言との関係や、沖縄問題に関する四郎の既発表論説を再録した。

7）その他の新聞記事は見出しのみを掲げた。

〔その他の添付物〕

1）その他の添付物で、当時の社会・世相をよく伺わせるもの、歴史的・文化的に意味あるものと判断したものを当日の日並の記の中、日記巻末、資料編にそれぞれ写真版で収録した。

2）それ以外は、添付物の名称や内容のみを記した。

〔注記〕

1）地元の人物には編者による注を付さない（例外あり）ことを原則とした。上記の如く、主だった人物には名刺が理解の助けとなっており、インフォーマントは現地での追跡が今もほぼ可能と推測されるからである。

2）芸能関係者・芸能事項については、言語を主たるテーマとする本書の性格に鑑み、省略した。添付資料によって相当詳細に理解できると思う。

3）日並の記冒頭の郵便物の受信・発信記録と本文中の研究者名は、四郎の学問的活動と関連しているから、必要に応じ、判る範囲内で注を加え

た。
4 ）但し、当時既に大家になっていた人物については省略か、簡略に止め、主に少壮研究者・学生・大学院生で、四郎と関係の深かった人々に注を加えた。
5 ）その他、家族や私的に縁の深かった人物についても、個人情報の調査が困難になったこの節、積極的に注を加えて、四郎の人と学問を知るための便とした。

〔写真〕

1 ）口絵写真として、当時四郎が受領・入手した写真・絵葉書を掲載した。絵葉書以外は白黒写真である。日記と対照することで、臨場感が高まると思う。
2 ）1 ）とは別に、私の撮影した白黒写真とカラー写真・亀山市歴史博物館撮影のカラー写真を日記の印象的な箇所に白黒印刷で掲載した。

〔地図〕

四郎は恐らく地図を片手に跋渉していたものと思うが、日記原本に地図は1枚も挟まっていない。島根県立大学「服部四郎ウラル・アルタイ文庫」の中に、或いは当時の地図が収蔵されているかもしれない。本書の口絵地図に日記の主要地名を示した。本日記を携えて四郎の訪れた場所を歩くことにより、沖縄の過去と現在とを同時に感得できたのは、私にとって感無量の体験であった。

以 上

凡例（日記・資料編）

〔組み〕

1） 横組みに統一する。即ち、添付物の新聞記事・論説、名刺ほかと、資料編資料のうちの縦組み・縦書きを、日記の横書きに従い横組みに改めた。

2） 日記に四郎が小文字で（　）に記した補記・音声記号は、日記本文と同じ大きさの活字で組んだ。

3） 本文中に折り込んだ編者および上村・名嘉・武富3氏の注は〈　〉内に活字のポイントを落として組み、2）と区別した。この場合、3氏の注はその旨を記し、編者のそれは原則として無表記とした。

〔漢字〕

1） 新聞記事・資料編資料は新漢字を基本（稀に旧漢字あり）としており、日記では旧漢字・新漢字を混用している。本書では人名の特例を除き、総て新漢字に統一した。

2） 日記の略字体を通行の正体に改めた。

3） 数量・年月日表記の漢数字を算用数字に改めた。

4） 「第一、第二」「一つ、二つ」「一人（ひとり）、二人（ふたり）」等は漢数字のままとした。

5） 漢字の用法は原文を尊重した。即ち、「午后」「〜する事」を「午後」「〜すること」に改めない等である。

〔表記〕

1） 新仮名遣に統一した。日記・新聞記事・資料編資料は新仮名遣であるが、稀に旧仮名遣が混用される（金関氏書翰など）ことがある。

2） 送り仮名は原文のままとした。
3） 促音便の大文字「つ」を小文字に統一した（当時の新聞記事は大文字が用いられている）。
4） 地名・人名・芸能事項等の訓みの無表記は、当時の訓みを現在決定することが困難であるため、原文のままとした。但し、編者が沖縄滞在中に知り得た現在の訓みを〈　〉のルビ、本文中注記のルビによって参考に呈する場合がある。この問題は微妙で、豊見城（日記10月9日）にトミグスクとトミシロの両用のあることを一般的に沖縄の人は承知していると思われるが、平成19（'07）年4月現在、豊見城の住民の中にもトミグスクの呼称を知らない人が出て来ている。
5） 日記の音声表記（記号）の不統一は原文のままとした。

〔記号〕

1） 日記は読点をほとんど打たないが、読み易さの観点より適宜補った。
2） 句点を打たない場合、これを補った。
3） 句読点の脱落はこれを補った。
4） 日記の読点に当たるコンマを読点に改めた。資料編資料の原文がコンマの場合も読点に改めた。
5） 日記の四郎補記の（　）内末尾の句点はこれを省略した。
6） 濁音記号の無記もしくは脱落は、これを補った。
7） 書名・雑誌名は「　」を『　』とし、「　」を付さない場合、『　』を補なった。但し、新聞名は無記のままとし、編者による注記や文章では『　』を用いた。
8） 以上の1）～7）は、本文中の断り書きを原則として省略した。

〔誤字・誤植〕

1） 明らかに誤字・誤植と判断されるものは、ルビ〈ママ〉を付し、本文中もしくは付近に正しい形と思われるものを〈　〉内に注記した。
2） 発音表記（記号）の誤りと判断されるものは、〈　〉内に正しい形を注記した。
3） 日記見出しの月日もしくは曜日の脱落は、その旨を断らずに補った。
4） 新聞発表の四郎・金関氏の論説原典（オリジナル切抜き）に本人の加えた補訂は、その旨を注記して補訂した。

〔注記〕

1） 当日の末尾（原則として）に活字のポイントを落として組んだ。その他、〔組み〕の3）、「本書の編集方針」参照。
2） 注記に引用した新聞記事も注記と同じポイントに落とした。
3） 人名の敬称は基本的に省略した。生存は平成19（'07）年4月1日現在で、地名の表示も同様である。

　そのほかは省略に従う。宜しくご判読頂きたい。

以　上

解　説

服部四郎先生と仲宗根政善先生

上 村 幸 雄

　服部四郎先生のこの1955年秋の沖縄滞在の日記は、まだ私がほんの駆出しの研究者であったころのものであり、これについて客観性をもって何か述べるとすれば、その当時の社会の情勢と、その前後の服部先生のお仕事振りについてどうしても振り返ってみる必要に迫られる。

　1908年生まれの服部四郎と、服部を琉球大学の最初の招聘教授として沖縄に招いた1907年生まれの仲宗根政善の二人が、服部が1年先にはいった東京帝国大学文学部でクラスメイトとして出会ったという歴史の偶然は、その後日本で展開された琉球語研究にとって大きな意味をもつこととなった。

　学生時代に早くも日本語方言間のアクセントの規則的な対応という事実を発見し、かつ音声学の専門家としての道をきりひらく過程にあった服部は、親友の仲宗根にきわめて質の高い音声学を教え、一方仲宗根は自分のふるさと、沖縄本島北部（山原〔やんばる〕）のかつての一大政治勢力、北山の中心地であった今帰仁村〔なきじんそん〕の、与那嶺〔よなみね〕という集落の方言を服部に教えて、その協力を通じて、二人は琉球語研究のために欠かせない共通の研究の基礎を築いていった。その後服部は在京の沖縄の研究者、伊波普猷（1876〜1947）、比嘉春潮（1883〜1977）、金城朝永（1902〜

1955)らとの交流を通じて沖縄の歴史と言語への知識を深めていく。戦前には名論文「琉球語と国語の音韻法則」(1932、『方言』第2巻7号・8号・10号・12号)ほかによって琉球語と本土の日本語とが同系であることを言語学的に証明し、戦後は早世した金城朝永との共著の名論文「琉球語」(『世界言語概説下巻』所収、1955、研究社)を執筆する過程で、かつての琉球王国の首都の言語である首里方言の音韻体系と文法体系を明らかにして、当時すでに琉球語研究の第一人者の位置にあった。

第二次大戦の戦中と戦後の空腹と混乱の時代を経た服部は、日本の音声学史上の記念碑的な著作である『音声学』(1951、岩波全書)を完成させたのち渡米し、ヤコブソン(Roman Jakobson, 1896〜1982)、ジョーンズ(Daniel Jones, 1881〜1967)らと知り合うなど、欧米の言語学の実情に触れた収穫の多い2年間の海外生活をおえて、その帰国後、上掲の『世界言語概説下巻』の監修者として、自らは国立国語研究所を指導してそこから刊行された『沖縄語辞典』(1963、財務省印刷局)の表記の基礎となった首里方言の研究を進めながら、上述の「琉球語」を執筆した。またほかに、世界の言語を展望する長編の力作「総説」(『同下巻』)を執筆し、そのかたわら、権威づけのために名前を貸すか、あるいは印税を独占する仕組みに乗る「監修」ではなく、実質的な監修者としての仕事にとりくんだ。これについては、共同監修者であった英語学の泰斗、市川三喜(1886〜1970)が「稀に見る良心的な監修の任に當られた服部博士の努力に對しては読者と共に感謝せざるを得ない」と同書の序文で述べている。

そしてそれに続く仕事が1955年、56年の2年間、都合3回の、非常

に苦労の多かった緊急のアイヌ語調査であった。

　この仕事は、服部が同じく東大にいた文化人類学者泉　靖一（1915〜1970）からアイヌ語が消滅の危機にあるということを聞き、1955年4月の知里真志保（1909〜1961）と二人だけでの言語年代学的調査旅行から始まり、知里の没後に刊行される日本のアイヌ語研究史上きわめて重要な仕事となった『アイヌ語方言辞典』（1964、岩波書店）として結実する大仕事であった。これは日本人の言語学者としての社会的な責任を痛感しての服部の献身であったが、それは、服部にも、病弱の身を無理しながら服部と同行して調査旅行を続けた知里にも共通していた。このときこの二人の天才的な学者はアイヌ語のために心を合わせたのである。しかしこのときの知里の、かれの愛する母語アイヌ語への献身は彼の健康の維持にとってはマイナスに作用して、あるいは彼の短かかった寿命をさらに縮めることにつながったのかもしれない。

　1955年秋の3ヵ月弱の服部の沖縄滞在はその年の春と夏、そしてその翌年の、この多忙だったアイヌ語緊急調査の合間を縫って行われたのだった。ここに50年あまりを経て公開される日記によって詳細が知られるその滞在は、やはりその後に地元沖縄で琉球語方言研究が発展して行く上で大きな意味をもつものであった。このことについては後述する。なお1958年春には、服部は九学会連合の奄美諸島総合調査に参加している。この調査は奄美諸島が1954年に日本に返還されたことを機に九学会連合によって計画されたもので、言語学会からの参加は上村幸雄、徳川宗賢（1930〜1999）、服部四郎の3人で、上村は55年56年の夏、徳川は56年57年の夏に、そして服部はアイヌ語調査で多忙

だったために遅れて58年春の1回だけの参加となった。

この3年間の3人の調査によって、喜界島、奄美大島本島とその属島、徳之島、沖永良部島、与論島の島々の互いに非常に異なる琉球語諸方言の概要、そして首里方言、今帰仁方言などの沖縄諸島の諸方言との大きな差異が大まかながら初めて明らかにされた。このとき服部は奄美大島の属島、加計呂麻島の諸鈍(しょどん)方言のすぐれた話し手で言語学にも詳しいが目を悪くしておられた学究金久(かねひさ)正(ただし)(1906〜1997)に名瀬で会い、たちまち気の合った二人は協力して実り多い言語の分析をし(服部『言語学の方法』1960、岩波書店)、のち金久の著書『奄美に生きる日本古代文化』1963、刀江書院)の出版のための尽力をする。またこれと前後して服部は最初は東京大学の大学院の授業の場で、ついで非常勤講師をしていた学習院大学で、柳田国男の紹介で来学した長田須磨(1902〜1998)の依頼に応じてその故郷奄美大島大和村大和浜の方言を研究、それは当時学習院大学の院生であった須山名保子の長年にわたる献身的な協力によって、のち『奄美方言分類辞典』(長田須磨著、須山名保子・藤井美佐子協力、上巻1977、下巻1980、笠間書院)の大著として結実する(上村2004a)。

なおこのころの服部は、学説史的には方法論的に行き詰りつつあった伝統的な比較言語学による研究の困難をのりこえるために、E. Sapir (1884〜1939)の高弟だったアメリカインデイアン諸語の研究者 M. Swadesh (1909〜1967)の考案になる言語年代学、(あるいは語彙統計学)の方法を導入して多くの言語・方言へ適用し、その方法論的改良に腐心していた時期にあった。

こうして日本列島の南と北の二つの危機に瀕する言語、すなわちア

イヌ語と琉球語に対する1955年を前後するほぼ10年間前後の服部四郎の活動、そしてそれを行わせた日本の危機言語についての認識と、そして言語学者としての社会的責任についての自覚とは日本の言語学の歴史にとって極めて大きな貢献をもたらすに至るのである。1955年の彼の活動の実際を知ることのできる沖縄での滞在日記がご子息の服部旦さんの大きなご尽力によってこのたび公開されることは、日本の言語学史のために非常に意味のあることと私は思う。

　一方、服部を招いた仲宗根政善（1907〜1995）は、大学を卒業後東京に職がないまま帰郷し、故郷に近い名護で県立三中の国語教師となり、その間に方言差のきわめて豊かな山原方言の言語地理学的調査の嚆矢となる方言調査を行った。のち、従軍看護婦として動員された沖縄第一高女、沖縄女子師範の多数の生徒を率いて日本で唯一の、かつ最大の激戦地となった沖縄の南部の戦場をさまようという運命を背負い、多数の教え子の命を失うこととなる。そして生き残った戦後の生涯を「姫ゆりの塔」の建設など、その供養にささげて、平和主義者として、またまれに見るすぐれた教育者として尊崇されることとなる。

　「玉砕」「自決」など、死を美化し、推奨し、命令さえし、かつ追い詰められれば自ら死をえらぶことの多かった時代、「海行かば水漬く屍、山行かば草生す屍、大君の辺にこそ死なめ、省みはせじ」（『万葉集』4049）と津々浦々で教師が子供たち全員に斉唱をさせていた時代に、敵弾からようやく逃れてかくれた洞窟の中で、すでに死んでいった友の後を追って死を決しようとする女子生徒たちに対して、死を思い止まらせ、生きることを求めた仲宗根に対して、生き残ることのできた生徒たちが戦後ふかく感謝し、一生平和の尊さを語るようになる

のは理の当然である（OCLS1998）。

しかし、なぜ彼が教育者を含めた当時の多くの人と違って戦場で死を薦める側に立たないでおられたのかは、彼の教育者としての生涯の思想と人格にかかわる。戦後の彼は米軍の圧政下にあって焦土と化した沖縄で教育の復興に努め、かつ米軍の軍政下にあっても、教育が日本語で行われることに心を砕いたのであった。同時に、自らがかつて専門として選んだ道、今帰仁方言をはじめとする琉球列島諸方言の研究の再開にようやく1950年を過ぎるごろからとりかかれるようになった。仲宗根が、本土から切り離されて音信も不便な復帰前の沖縄にあって、国立国語研究所が各県に一人ずつ配置した方言研究組織の沖縄担当の地方研究員を引き受けたのもそのころであった。

そして1955年、アメリカの占領目的のために設置された大学である琉球大学で初めての招聘教授として、信頼する友、服部を招いたのである。その服部は戦後、琉球語の研究を大きく進めただけではなく、沖縄のことを何かと心配し、焦土と化した戦後の沖縄に思いをはせていた。仲宗根が何のために服部を招いたのか、もはや説明の要はなく、それはこの日記を読めば一目瞭然である。服部は琉球語を研究する専門の言語学者として仲宗根の期待に応えた。

1955年は沖縄戦が終わって10年目、戦後の日本の産業の復興の契機となり、かつ再軍備を促すこととなった朝鮮戦争の起きる1950年から5年目であるが、それは沖縄が日本に復帰するはるか以前である。沖縄で祖国復帰運動が高い盛り上がりを見せ、基地つきという条件ながらも日本への復帰を遂げるのは1972年のことであり、私は55年ころの日本本土の生活水準がアメリカの8分の1で、沖縄はさらにその3分

の1という低さだったという統計的数字を覚えている。本土でも人々は自分たちの苦しい生活のことで精一杯で、沖縄については知識も関心も低かった。私も琉球語研究に入る前までその例外ではなかったけれども…。学歴の高い人々までを含めて、日本本土の多くの人々の沖縄の現状、そして歴史・文化に対する無知と無関心ぶりには、それが日本の教育が生んだひずみの結果であるとはいえ、驚かされ、腹立たしく思ったことが一再ではなかった。

戦後沖縄の農民は大切な狭い農地を広々とした基地にするために無断で接収されて、まだそのころまではただ同然の安い地代が続いていて、15万人を超える民間人非戦闘員の死者を出した深い傷に加えて、本土から切り離され外国の軍政下におかれることによるさまざまな矛盾と、1951年の講和条約によって独立国であることをようやく取り戻した日本本土との間に生じていく不平等の中に置かれていた。その中で最初に沖縄の祖国復帰の必要を人々に呼びかけ、のち56年暮れに選挙で那覇市長に選ばれる瀬長亀次郎（1907〜2001）は、55年当時は政治犯として検挙、拘留されてまだ獄中にあった。

沖縄の祖国復帰運動が最高のもりあがりを見せ、本土でもそれを支持する人々が増え、それによって沖縄の復帰なしには日米関係を維持するのが困難であることが日米の政府当局者によってはっきりと認識されるに至ったのは、最初の主席公選選挙で革新系の候補屋良朝苗（1902〜1997）が、「本土に復帰すればイモとハダシの昔にもどる」と早期復帰に反対して本土の自由民主党が支持した保守系の候補を破って当選した1968年秋のことであった。

たまたまそのとき私は仲宗根政善の招きを受けて初めて沖縄に渡り、

琉球大学で集中講義中であったが、このときの復帰運動がすべて、琉球列島の伝統的な琉球語によってではなく、もちろん4半世紀をこえて沖縄を占領したアメリカ軍の英語によってでもなく、明治の廃藩置県、琉球処分以降、戦後にまで続いて義務教育の中で強力に普及が推し進められてきた、共通語、普通語あるいは標準語などと呼ばれてきた日本語によって行われてきたという事実は、琉球列島の言語史の中で実は非常に注目すべきことなのである。

人々は運動の中で団結するために、そして本土の人々に理解され共感を得るためには、島々村々で異なる琉球語の方言ではなく、古い王国の主都首里の方言でもなく、言語が日本語である必要があった。このことは近代国家の民族語というものがどのようにして形成され、その国土の全域にどのようにして普及し機能していくのか、そしてなぜそのような統一された言語が近代民族国家に必要になるのかという、言語学、言語史論の中の一般的問題の一部として捉えられなければならないし（上村1978）、その際、地方の方言、そして国内少数民族の言語がどういう扱いを受けるかという問題もこれに含まれなければならないのである。言語と民族のこのような問題はしばしば問題についての無知あるいは偏見によって、まるで見当違いの意見を吐く人が研究者の中にさえも現れるのであるが、ここでの問題は服部を招いた仲宗根と、仲宗根に招かれた服部とがこれらの問題をどう考え、そして実際にどう行動したか、また二人はどのようにこの問題で協力し合ったかである。

彼らは言語の研究者として、また教育者として問題に正しく、そしてこの時代に可能な範囲でおそらくもっとも正しく考え、行動した、

と私は考えているのである。読者は日記を見てどうかそれぞれに判断していただきたい。それは民族語の普及と習得の問題と、地域的方言・少数民族語の処遇、それには禁止と撲滅から、尊重と保護まで、あるいは支配と懐柔のための利用まで、という、さまざまな言語政策上のおおきな変異と型とをもつ。服部と仲宗根とが民族語の普及・習得の高度の必要を正しく認識していたことは言うまでもない。一方琉球列島の琉球語諸方言（口承文芸などを含む）に関してはそれを最大限に尊重し、その研究と記録のために尽くし、またその無形文化財としての価値についての専門家としての人々に対する啓蒙活動という点でも、大きな努力を払ったことも、ここでいうまでもないことである。ちなみに私も教育者として、また琉球語方言研究者としての仲宗根に対し以前から尊敬の念を抱いていたからこそ、彼の招きに応じて国立国語研究所を辞して琉球大学法文学部の彼の後任という重責をお引き受けすることになったのである。

　服部は琉球大学で担当した言語学、国語学、ドイツ語の授業の合間を縫って、方言調査のための小旅行や、講演、執筆などの活動を行ない、また自らが研究してきた首里方言の習熟にも努めて、そのために沖縄芝居を見るなど、多忙な日々を送る。久高島ほか、いくつかの小旅行の多くに案内役として同行したのが当時教育学部の学生で、のち今年設立50周年を迎える琉球大学琉球方言研究クラブの創設者の一人となる伊平屋島出身の名嘉順一さんである。名嘉さんはその数年後、東大言語学科の研究生として学び、生徒に慕われる高校の名教師を長年つとめて、最後は琉球大学教育学部の国語教育担当の教授として先年停年を迎えた。筆者も68年に琉球大学の招聘教授となったとき、そ

して76年に琉球大学に赴任したとき以降、仕事上のいろいろなことで面倒見のいい彼の世話になった。その彼は今病床にある。服部先生が晩年『月刊言語』に連載された論文「日本祖語について」(1978〜1979)などのために沖縄に調査に来られた折などに、彼と私と服部先生の3人で交わした学会のあり方などに関する会話など、思い出すと感慨深いものがあるが、その中身をここに記すのは、残念ながらまだ若干時期が早すぎる。

　服部が名嘉さんを初めとする数人の琉球大学学生のためにキャンパスの中にあった琉球放送のスタジオで録音した音声学のテープはその後代々の琉球方言研究クラブの学生たちに受け継がれて、長くクラブ員の音声学の学習のために利用され続けた。琉球語研究にとって音声学的な知識と技能の習得がまず第一に必要なことは、当時も今も変わりがなく、その意味で当時の服部のしたことの意味は大きいのである。しかし服部も D. Jones も知り、私も学生時代に服部の音声学の授業を受けた際にも、また私が自分で行った授業の経験上いつも感じることであるが、音声学的技能を授けることは重要であるが、それはそんなに簡単なことではない。受講者たちの聞き取りや発音の能力には実は個人ごとに大きな差があるからである。フィールドに出ても、そして初歩的な音声学の知識をもつ研究者であっても、未知の方言や言語に接した場合に信頼できるデータを採ってくることのできる研究者は、私が接した研究者の中でも実は少ない。初心者に対しては教師自身がよい手本を示し、繰り返しそれを聞いてもらうことが取りあえずはなにより大切となる。それゆえにこそ服部は録音を残したのである。私の経験では、言語の研究者はもちろん、専門的な音声の研究者の中に

さえも、初歩的な音の聞き取り、発音のできない人に出会うことは一再ではなかった。普通の人はその言語・方言を習熟することによってのみ、発音と聞き取りができるようになるのだが、そのばあいもその人の母語の訛りが発音と聞き取りに持ち込まれるのが普通なのである。

そして服部が琉球語研究の大切さについて沖縄で行った講演、そして新聞に寄稿した論文は琉球語についてのその当時もっとも必要な啓蒙活動であったと言えよう。仲宗根は音韻論などで多くを服部に学んでいるので、仲宗根門下で育った琉球語研究者も琉球語研究の重要性についての認識において、服部の影響を間接的に受けている。

また、その当時地元新聞をにぎわして注目を浴びたこととしては、服部金関論争がある。この論争は服部四郎と山口県土井ヵ浜の西向きに葬られた弥生人の多数の人骨の発掘などで有名なすぐれた人類学者、金関丈夫（1897～1983）との間でかわされた日本人の言語と民族の起源にからまる論争であるが、互いに礼を尽くしたさわやかな論争である。しかし、当時の言語学、人類学の研究水準では決着のつきにくい問題を多く含んでいるので、決着のつかないまま終わった。その後50年を過ぎて、人類、民族、考古、言語学の各分野で研究がいろいろに進歩した現在からみても、解決したとは言いかね、興味の尽きない問題であったということだけここでは記しておく。

ここでは、大事なこととして、最後にこのころの服部の活動以降の琉球語方言学をふくむ日本の言語学、とくに方言学がどう展開したかということに少しだけ触れてこの文を締めくくろう。

琉球語方言学に限って言えば、仲宗根の門下生たちと服部との親密な関係は名嘉さんが東大で研究生をしていた時代でほぼ終わり、関係

は疎遠になっていき、また服部が東大を停年退職した1969年ころを境に、少なくとも表面的に見れば、言語学の全体に及ぶ研究の質の劣化が進行し始め、その傾向は服部の沖縄滞在から50年がすぎて世紀が変わった今でもまだ止んでいないと私は感じている。ちなみに私が1976年に国立国語研究所を辞して琉球大学へ転職したのも、また78年に沖縄言語研究センター（OCLS）という民間の自由な研究組織を有志と立ち上げたのも、少なくとも沖縄という地域で、そして琉球語方言学という限られた分野で、その劣化を食い止めて、危機言語としての琉球語の緊急に必要な研究を行うためであった。しかし、私がここで研究の質の劣化と呼んだ現象が、なぜ、そしてどのような形で起こったかについては、これはこの国の科学の研究、高等教育のありかた全般に大きくかかわることなので、ここでは述べない。ただし方言学という狭い分野に限っては、最近機会をえて若干のことを述べた（上村2007）。

[関連文献]

上村幸雄（1978）「民族・国家・言語　処分と言語政策　考察の前提」『新沖縄文学』第35号、沖縄タイムス社

同　　　（1983）「服部四郎博士と琉球語研究、文化勲章受賞に寄せて」『琉球新報』1983年11月9日（のち服部四郎編『言語学ことはじめ』〈1984〉に再録）

上村ほか（1998）『追悼・仲宗根政善』（共著）、OCLS

同　　　（2004a）「長田須磨著『わが奄美』の序文」海風社、大阪

同　　　（2004b）「言語の危機と教育の危機―特に大学における言語

　　　　　教育に焦点をあわせて―」沖縄大学最終講義（2003
　　　　　-2-1)、『沖縄大学地域研究所年報』第18号
同　　　（2007)「この人に聞く　私の方言研究と今後への期待」（座
　　　　　談会）『国文学解釈と鑑賞』2007年7月号、至文堂

　ふたりの恩師への感謝をこめて、2007年の8月15日を過ぎて

服 部 四 郎

沖 縄 調 査 日 記

昭和30年（1955年）

10月2日（日）

　午后9時頃、唯　松太郎氏（東急航空株式会社総務部総務課）自動車にて出迎えに来らる。妻〈マヒラ、1912～1999〉と文〈お手伝い、大野（後姓吉沢）〉と同乗、羽田飛行場に至る。飛行場はアメリカ式の立派な建物。妻と文、唯氏と共に10時頃帰る。

　千葉大学の藤井〈健雄〉教授と機上の人となる。同教授の見送人約20人改札口まで来る。余のは一人もなし。11時半出発のはずなりしをややおくれて、12時過離陸。　　文部省国際文化課　高里良薫事務官〈四郎欄外記〉

10月3日（月）

　上空に上るまで1時間足らずの間少しゆれる。やがて静かになる。エヤガール　ジュースと寿司、果物など持って来る。少しうとうとしたらもう3時、ベルトをしめろとの文字がうつる。外は暗いが白い雲のとぎれとぎれに飛ぶのが見える。外の景色を見ようと思っていたら、窓のカーテンを閉めろ〈防諜？〉との放送あり、残念ながら着陸まで目をつむる。

　無事着陸。外へ出るとむっと暖い。仲宗根政善氏(注1)、事務長氏〈11月25日翁長俊郎〉出迎え、2台の自動車に分乗。外は暗くてよく見えないが、元の市街という所は〈沖縄戦砲爆撃により〉ほとんど家が残っていない。坂を昇って行く。首里はかなり小高い丘の上にある。

【名刺】金城一夫（琉球新報社）・親泊一郎（琉球新報社東京総局記者）（「那覇空港にて　昭和30年10月3日午前4時」）〈四郎補記〉、富川盛秀（沖縄タイムス社　記者）（「空港で沖縄新報社〈ママ〉の記者につかまっ

たが、沖縄タイムス社の記者が来訪写真までとって帰る）〈四郎補記〉、高里良熏（文部事務官）、中村龍人（琉球大学教授）〈12月18日〉

　武富さん〈セツ、以下の武富先生も同じ〉のお家〈現首里大中町〉では起きて待っていて下さる。新築〈昭和29（'54）年、口絵写真9・10…武富〉したばかりの小綺麗な家。武富セツ先生〈1883～1968〉は沖縄女子教育の大功労者〈生前・没後叙勲を受く…武富〉、元女子師範の先生、60余の方。純粋の首里語を話される〈資料22参照〉という。甥〈にして養子…武富〉の方（ヨシヒロ氏〈良浩、1937～〉）と二人暮し。まことによき下宿なり。2時間ほど眠る。　　武富良浩氏、良信（兄に当る方）〈四郎補記〉

　午前中琉球大学を訪れる。旧〈首里〉城址に、立派なビルディングがいくつも建っている。工事中の図書館〈口絵写真13〉はかなり大きい。その中に一室を与えられる。

　学長始め諸教授に会う。学生達も先生方も陽にやけて元気そうだ。

　首里は最もひどく戦禍を被った所、垣も何もない所に新しい家がポツポツ建てられているのは異様。城〈首里城〉の石垣その他も崩れて跡かたもなし。

　午后、武富〈良浩〉氏の案内にて那覇の市街に行く。メインストリート〈現国際通り…武富〉はかなりのビルディングが盛んに建ちつつあり、商品も豊富で立派な町。田舎向けの卸商店の並んでいる通り(注2)ではトラックが軒並に並んでいる。〈琉球〉行政府の建物〈現県庁敷地内〉は4階建。4階と3階とを米軍が占領して居り、米国旗をひるがえしている。両翼に立法府、最高裁判所あり。町を少し散歩して帰る。タクシーに

て￥45（日本金にすればその3倍）。

【切抜き】琉球新報　10月3日（夕刊）「服部教授来島　沖縄語で話し得るよう突込んで研究したい　期待される教授の現地調査」（東京大学教授服部四郎氏談＝この度初めて沖縄を訪問するが、琉大の招聘で約3ヶ月間、来る12月までドイツ語、言語学概論、国語〈学〉（ママ）などの講義をするために来島した。世界各国の言語を永年にわたって研究してきたが、沖縄語は昭和5年頃から現琉大副学長仲宗根政善さんや故金城朝永さんらと共に研究を始めた。沖縄の方言は、語彙統計方法（注）でもって分析すると今から約2千年前または、それ以前に日本語から分れたもので、従って言語学上から見た沖縄の地位は日本語と沖縄語の系統が同一であり、何千年の昔に日本から分れたものと思われる。さきの語彙統計法というのは、世界のどの国においても言葉の基礎的単語は急速な変化なく、ある一定の速度で変化するものであり、従ってその法則を利用して言語の分析を行う（ママ）に使用される方法である。故金城朝永さんは同学の友で、ともに沖縄の研究に励んだが、『世界言語学概況〈説〉（ママ）』（下巻）東京諸〈日本〉（ママ）語の中にある琉球語は生前の故金城さんと互に協力して研究し、執筆されたものである。同学の友金城さんを失ったのは全く残念に堪えない。こんどの訪問滞在期間は約3ヵ月あるので、琉大の講義の合間をみて、この機会に更に深く沖縄の方言を研究して、せめて沖縄語で会話が出来る程度まで頑張る積りである。沖縄訪問がおくれたのは去る4月、8月、9月にかけて北海道でアイヌ語の研究調査を行ったが、いろいろを検討した結果、約7千年から1万年ほど昔に日本語から分れたものと思われ、日本語と幾分かの関係があるが、また朝鮮語とも少々関係があり、現在の調査段階では、それが証明は困難で、なかなか興味深いものである。日本

でアイヌ語の研究を始めたのが今から約20年程前で、アイヌ語の権威金田一京助先生らが相当深く掘り下げて研究されたものである。）

 注〈編者〉「言語年代学」のこと。10月3日『沖縄タイムス』では「語彙統計方法」（但し、解説は不正確）。12月10日の『琉球大学新聞』「琉球の諸語」（服部四郎）に詳しい。このインタビューの応答を事前に準備したものであろうとする文章があるが、日記に照せば恐らく臆測。

沖縄タイムス10月3日（夕刊）「"更に琉球語の研究を進める" 琉大に招かれ服部・藤井両教授来島」（服部教授＝琉大副学長の仲宗根政善氏とは大学時代からの知り合いで琉球語（首里方言）については昭和6年に東大を卒業した時から興味をもって研究を続けてきた。今聞いて分る程度だが、今度の機会に話せるところまでこぎつけたい。琉球語に関しての論文は昭和7年「日本語と琉球語の音韻法則」以来かなり出したが、昨年の暮琉球語が日本語の祖語から分れた年代等につき『言語研究』で発表した、アメリカのスワディッシュ博士が発見した語彙統計学は多少欠陥はあつても将来の見通しはいい方法で、変化ののろい日本語にも適用でき、この方法で日本語と琉球語とを比較検討した結果、日本語を母体とした琉球語は2千年前以後つまり九州を中心とした弥生式文化の年代に出来たことは疑いないことが分った。語彙統計学とは簡単にいえば言葉は次第に変化するが系統の同じ言語は変化の速度は一定しており、基礎単語を基準にして発生の年代を割出すという方法で、私は215種の琉球語の基礎単語により年代を判定をした。私は現在国立国語研究所の評議員をもつとめ今島袋盛敏氏の作った首里語辞典を語彙を増やすとか言語学的方法で出版することになり、比嘉春潮氏らも協力しているが、来年3月頃は発刊できると思う。

私は最近首里方言の文法を書いたことがあるが、来島のチャンスにもっと研究し外国語的見方をすつかり離れてとくに、動詞、形容詞の活用に重点をおきその構造について詳しいものを作ってみたい計画をもっている。又おもろの研究も重要だ。(なお服部教授は昭和8-11年満州、蒙古に留学、同25-27年までミシガン州立大<ママ>でアルタイ語や日本文学の講義をしたこともある)

注1　仲宗根政善（1907〜1995）。東京帝大文学部国文学科昭和7（'32）年卒。当時琉大文理学部国文学科教授・琉大副学長。資料20参照。
　2　現那覇市松山1丁目、日本銀行西真裏の通りに当たる。当時行政府がこの地域に卸団地を造る計画で誘導しており、卸商店が建ち並んだが長続きせず、現在では飲屋街となる。現国際通り松尾の信号より県道221号線を西進し、現国道58号線松山の信号からこの通りに入り南進し、同58号線久茂地の十字路より東進して、つき当りの琉球行政府建物（現県庁敷地内）前に四郎を案内した。（武富）

10月4日（火）

　午前中、藤井教授と琉大の島袋俊一教授〈名刺、農家政学部長〉と行政官庁、新聞社を廻り、貼りつけた名刺の方々に会う。〈行〉政府主席比嘉〈秀平〉氏にもお会いする。

【名刺】親泊政博（琉球新報社　取締役社長）、豊平良顕（沖縄タイムス社常務取締役・琉球放送社取締役・沖縄文化協会会長）、真境名〈mazikina…四郎注記〉兼弘（沖縄教職員共済会常務理事）、新垣茂治（沖縄教職員会専務理事・琉球文教図書株式会社取締役）、玉城勝信（沖縄新聞社編集局長）

午后琉球大学を訪れ図書館見学、新館〈12月11日志喜屋記念図書館。口絵写真13…武富〉の上からは那覇付近の海岸及び首里の北方一帯が一望の中にある。北〈浦添方面〉から攻めて来た米軍の攻撃のはげしかった話[注1]を聞く。

学内の琉球放送局[注2]を訪れる。

【名刺】国吉真哲（KSAR 琉球放送 放送部嘱託）、川平朝甫（KSAR 琉球放送 編成課長）

仲宗根氏と授業の打合せをして帰る。余の講義は別紙（この裏面に貼付）の如し。

注1　武富は昭和20（'45）年3月首里の一中を18歳で卒業すると同時に鉄血勤皇隊一中隊に入隊し、一中隊本部詰めの傍ら前線への部隊誘導・電話線敷設・弾薬運搬・負傷者の護送・伝令等に従事した。前線に誘導した部隊は2、3日で全滅し、また次の部隊を誘導するの繰り返しであった。電話線は砲爆撃で寸断され、味方は十分に砲撃できなかった。誘導後の部隊長達（24歳位）の私に対する別れの挨拶は、いつも「有難うございました。気を付けてお帰り下さい。では、今度は靖国神社で会いましょう」であった。部隊の運命を唯一人知る部隊長達の眼差は、任務に殉ずる覚悟で純粋であった。今こうして自分の生きてい

ることが不思議に思われる。靖国神社を政争の具とすることなく、どうかそっとしておいてほしい、というのが武富の願いである。(武富)
2　現在の守礼門を入り、首里城入口右手にある「史跡首里城跡」石碑の右（南）上方、復元された城壁の角から崖の際にかけてあった。米軍の沖縄向け宣伝放送が起源で、当時は琉球民政府情報部（広報が仕事）が米軍の検閲の許に運営していた。大学敷地内の木造旧図書館の西隣にあったが、大学とは無関係の組織。(武富)

10月5日（水）
屋良宣伸氏〈名刺、琉球大学事務局庶務課〉来訪。沖縄金〈軍票。日記巻末参照〉￥13000持参。仲宗根氏より￥2000貰ってあるので計￥15000。下宿代は￥7000払うべしと。宿屋だと￥9000位、学生の下宿は￥4000〜￥5000位なりと。

琉球銀行安里（アサト）支店(注1)に預金することをすすめらる。

夕方銭湯(注2)へ行く。カマボコ型の兵舎の鉄骨を使った仮りの建物だが、湯は割合にきれい。

帰途7〜8才の男の子が3人ガラス玉を弾く遊びをしているのを見る。方言を使っているのだが、ほとんどわからない。

昨日昼頃、首里の山城饅頭(注3)なる看板をかかげた店に入りマンジュー(注4)を食い居りしに、40才余りの婦人二人来り方言で会話を始めた。遠いのとラジオがやかましいのできゝとれなかったが、それでも方言が話されているのを知ってうれしく思った。今まで自分に話しかけられる時は日本語ばかりなので、少しがっかりしていた所だ。

注1　繁華街にある琉球銀行の代表的支店。ある種の安心感から勧められ

39

たのであろう。現在の安里十字路内北側、モノレール橋脚部に当たる場所にあった。(武富)
2　現首里当蔵1丁目上之橋にあった（現廃業）。給水排水も状態が良かった。首里にはこのほか4軒銭湯があった。武富宅には風呂があったが、当時はほとんどの家が銭湯を利用していた。(武富)
3　山城は「やまぐすく」と読み、首里真和志町2丁目に現存。当時首里では最も知られていた、郷土色の強い菓子を作る店。四郎の主たる通勤途上に当たる。(武富)
4　本土の饅頭のことではなく、メリケンコを伸ばした皮に小豆・金時豆の餡をくるみ蒸して、月桃（サンニン）の葉（香り付けと防腐の働きがある）で包んだもの。朝10時頃になると出来上った餡の香ばしい香りが周りに漂った。店の西下に一中の運動場があり、折しも軍事教練等でしごかれている時などには、「切ない」思いがした。(武富)

10月6日（木）
読書す。

10月7日（金）
始めての講義
国語学には時枝〈誠記〉教授の『国語学原論 続篇』の批判を講義することとする。70名位聴講。
ドイツ語は関氏の初等教科書により発音から始める。60名は居る。
言語学は講義。これも60名位。
前〈2代目〉琉球大学長胡屋〈朝賞〉氏〈名刺、琉球育英会長〉にお会いした。〈12月22・23日参照〉
今日は武富先生になるべく首里語を使って頂くようにお願いする。

〈資料22〉

注　関　泰祐『新編ドイツ語読本』（昭和30〈'55〉年4月、郁文堂刊）であろう。

10月8日（土）
　朝嵐のように風(注)が強い。ミーニシ（¯miinisi　新北風）であるという。これが吹き始めると涼しくなるという。
　仲宗根氏来訪。明日島尻〈しまじり。沖縄本島南部のこと〉方面を旅行する計画を話される。
　晩7時より料亭登美乃家〈那覇市栄町…武富〉にて余の歓迎会を催される。琉球大学文学部の先生方（事務の方数人）20名余り。特に目立つのは若い先生方の多いことである。アメリカに留学した若い英語の先生が6〜7名も見える。大学の将来の発展が嘱目される。数千年の近い過去に分れた我々の最も近い同胞が、我々とは違った試験管の中に入れられているような気がする。どういう文化が出来て来るか注目に価する。
　琉球の踊りを見る。東京のよりも衣裳がきれいで種類が多い。
　　御前風というのは、琉球の　きみがよ　に当るという。
　　花風、谷茶前、浜千鳥、鳩間節など。
　皆心から歓迎して下さるので、誠に楽しい一夕であった。
　行きの自動車の中で、那覇首里の付近で日本語が盛んに使われつつある原因として、外地（台湾、南洋、朝鮮、満洲）在住者3万人位が帰って来たことが指摘された。それらの子供達は沖縄方言が話せず、もう20才近く及びそれ以上となっている。その下の子供が方言を伝承

するかどうか、するにしてもよほど変った形となるだろう。

注　沖縄は島国で季節を問わず風は強いが、特に首里は丘陵上の街であるため風当りが強い。12月から3月の間の沖縄は晴天が非常に乏しく、曇天と強い風と雨が支配的となる。日並の記天候参照。

10月9日（日）

9時過自動車にて出発。仲宗根氏の家〈現那覇市松川(まつがわ)1丁目、現在〉による。奥さんにお目にかかる。令息1人（日大医学部在学〈長男泰昭氏、後医師〉）、令嬢6人。小さいお嬢さん2人を乗せて出発。

小禄(注1)（ʔuruku）は那覇と言葉が大いに違うという。tʻiː（手）tʻiːtʃi（一つ）のように有気音と無気音の区別あるらし。

丘を越えて豊見城に入るとやや平地開ける。この辺は米の産地。沖縄ばなれのした内地(注2)的な風景なりと。余に言わせると丘の形が角(注3)ばっていて円くないのが多少異様。

伊保島（ihu というは河などの堆積土による平らの島）〈現豊見城市瀬長島〉まで海中道路がついている。この島は或土建業者の所有で、砂（？）を採るためにこの道路をつけたのだが、そのために島の価が　万円から　百万円にあがったという。

糸満の町を通る。ここの方言は少しずつ報告されている。

この辺より丘陵起伏。〈沖縄南部戦線〉最後の抵抗線(注4)となった3条の丘陵脈〈現糸満市名城(なしろ)から小波蔵(こはぐら)。現存〉が東西に走っている。名城、小波蔵などの部落は死屍累々(注5)、当地〈時？〉〈ママ〉の様子が目に浮ぶようで通るのも気持悪しと。

この辺の民家は石を多く使いやや低し。

姫百合塔〈第三外科壕〉に詣ず。鍾乳洞の大きな竪穴。機関銃を持っていた兵隊が一緒だったとはいうが、それにしてもほとんど抵抗できないものを毒ガス[注6]を用いて殺した米軍は鬼畜というべし。

　魂魄の塔[注7]〈山野の遺骨集積所、現存〉　海岸との間に低い丘があり、北面は広い甘藷畑、これでは武器があっても抵抗のしようがない。兎狩りのようなもの。[注8]

　麻文仁（mabuni）から健児塔[注9]〈口絵写真1、沖縄師範健児之塔〉に至る。健児塔に立つ3人の中学生〈旧制〉の銅像がある。外間氏〈守善、沖縄学研究者〉らの努力に成るもので、映画及び著書の印税からはいった金によって出来たものだとの事。

　海岸にかなり高い岩山が聳えている。その裏側（海岸側）の岩石の間の洞窟状となった隙間が最後の根城となったもの。そこで炊事していたという。泉〈健児之塔南方の泉か、現存〉が一つしかなく、そこへ水を汲みに行くと米軍が機関銃をそなえつけていてねらい撃ちをしたという。西南方面軍牛島　満中将自決〈切腹〉の地はこの岩山の頂上。[注10]将軍なるものは死ぬにしても中々劇的な地点を選ぶものだ。〈以上資料18・19参照〉

　三和（miwa）という名称〈当時の村名〉は喜屋武（kiyam→caN）、真壁（makabi）、麻文仁が合併〈即ち、「和」…武富〉して作ったもの。この辺をもとから caN-mabui[注11] という。

　具志頭（gusicaN）の村に入ると、戦場から遠ざかり気持も楽になる。港川（natugaa）〈「港川原人」の地〉あたりから益々余の気に入る。誠に平和な美しい南国の村々である。丘陵起伏しているが山の上まで土地がよく耕されている。この辺に半年も住んで見たい気がする。

奥武〔ʔoː〕〈島〉が絵のように見える。海の中にコブのように突出している平らな山で、家が一杯ある。その海岸でねころんで見たい気がする。

玉城〈タマ〉グスクのしろも遠くはない。受水走水（ukiɴzu haiɴzu）〈琉球王国稲作発祥伝説地、現存〉もこの近く、百名（hyakuna）を過ぎ、知念（ciniɴ）の村に入る。命がもう二つもあったらこの辺に1年や2年住んで見たいと思う。

久手堅（kudiciɴ）の部落の新垣孫一氏〈10月27日〉の宅にて弁当を使わせて頂く。最近『琉球発祥史』を著さる。70才位の老人。家族一同で大いに歓待して下さる。近くの小学校に運動会を見に行く。ラウドスピーカーは標準語を使っているが、人々は皆方言を使っている。首里・那覇の方言が標準語の大きい影響を受けてもこの辺は大丈夫。tu˥inu　tu˥biˑn　鳥飛ぶ　hananu sa˥cuˑun　花咲　など、首里に似たアクセント。首里はこの辺から進出したのではないかと仲宗根氏いう。新垣氏は3年ほど久高島に住んだことあり。pana（花）、pii（火）など、あそこではp音が保たれているらしい。

久高島（kudaku）〈琉球王国創始伝説地〉を望む。平面で細長い島、一面に樹が茂り、右の端の海岸が少し白い浜をなしている。

斎場御岳（seebaʔutaki）〈琉球王国最高聖所、現存〉を左に見て、佐敷を通り馬天港〈バテン〉で車を泊めて〈ママ〉、久高出身の人を訪ねる。

西銘盛次郎氏〈ニシメモリ〉（55才）、その長男西銘俊雄氏〈トシオ〉（30才）に会う。addressは馬天港7班。〈以下、久高島方言〉

(ʇ) θuinu θubiɴ　鳥が飛ぶ　　　　 ˩çiːnu˥hariˑɴ　木が枯れる
(ʇ) θiː　手＝巣　　　　　　　　　 ˩Φaka 〈墓の意であろう…上村〉

θakaθaN 高い	pɪkuˈsaN 低い
⁽ᵖ⁾Φananu θatʃuːN 花が咲く	⎯無気
θataːniːN 砂糖煮る	ˈkumu 雲
ˈpʻadʒiN 配る	huː 粉
kutʃi 口	huʃi 腰

　与那原を過ぎ南風原を通る。首里は北方にあるが丘のために見えない。低いけれども円くなく形の鋭い丘陵が重なっている。間の平地はよく耕されている。

　仲宗根氏の宅へ帰り、夕食を御馳走になり、与那嶺方言のアクセント体系を研究。

　晩に城間(シロ)氏来訪。9時半宿へ帰る。

注1　地名の発音記号表記に頭文字の大文字・小文字の不統一があるが、以下原ノートのママ。
　2　豊見城(とみしろ)から兼城(かねしろ)にかけては水が豊富で稲作が盛んであった。水田が続き、電信柱の並ぶ風景を「内地的な風景」としている。山や丘が多く、せせこましい印象を受ける沖縄の中では、この他に泡瀬・牧港・名護が同様の水田地帯であった。今は市街化によってこれらの景観はほとんど失われている。(武富)
　3　米軍により地形が変る程の砲爆撃で焼野が原となった。未だ樹木が生い茂っていないことと、当時工事用の土砂が採取されたことからそのような形に見えたのであろうか。(武富)
　4　小波蔵の約1.7km北東現糸満市真栄里(まえさと)〈碑あり〉に於て6月19日、米第十軍司令官バックナー中将とイースリー准将を砲撃により戦死せしむ。
　5　武富も現認したが、その数は異常な程であった。巻末176ページ補注

45

参照。(武富)

6 　前日の夕方米軍戦車が引き揚げた後、ひめゆりの濠（第三外科濠）の北徒歩10分程の陣地（岩蔭）を脱出して海岸に向かって退却する途中、武富は短時間濠を訪れた。入口にいた女性に「逃げるなら今だぞ」と声を掛けたが、乾パンを差入れてくれた彼女は、「私は皆と行動を共にします」と断わった。翌朝（？）濠は攻撃された。(武富)『ひめゆり平和祈念資料館公式ガイドブック (1989)』に、「米軍のガス弾攻撃」とある。資料18と同注1参照。

7 　学徒隊で娘二人を失なった真和志村の村長が建立。(武富)　敗戦後農作業等で遺骨が見つかると、都度ここに運び、開口した穴の中へ納めた。沖縄戦の翌年の台風後の南部海岸は、遺骨で白く見えたと。今も肉親が行方不明の遺族の中には、この塔を自家の墓所に見立てて清明祭（先祖祭）を行なっている方達がいるのを現認した。(編者)

8 　首里を持ち堪えられなくなって、武富（第五砲兵司令部一中隊本部配属）は南部に濠の確保と陣地の構築のために先遣された。しかし、隠れ所もなく、猛烈な砲爆撃によって5日の間右往左往するばかりで為すすべがなかった（12月14日注2）。後続の学徒隊の隊長と一中校長が戦死したのは己れの怠慢によるものではなかったか、と今もって自責の念に駆られる。そうした訳もあって、当時四郎にはこの戦争のことはほとんど話さなかった。武富はこの戦争を未だに総括できていないし、自分には語る資格がないと思いこれまで沈黙を守って来た。(武富)

9 　健児とは臨時召集令によって沖縄地上戦に従軍して戦死した学徒兵のこと。沖縄師範健児之塔は校長以下300余柱を祀る。戦死者の実数の把握は、10月25日注1の理由により困難。「余」が正しく、具体的な柱数を示す資料はむしろ疑わしい。武富の経験では、学徒兵としての戦死が裏付けられなくとも、当時は遺族から合祀の申出があれば人情と

して拒否できなかった。"軍命令と集団自決"（武富の戦場での体験の範囲内では見聞したことはない）と遺族年金受給の問題にしても、一人でも多く救済しようという当時の社会的な気運があってのこと。（武富）　沖縄県立図書館の諸資料では柱数を実数で記している。特に、師範・一中両健児之塔の学徒数の差が１柱で、教職員を合算すると両者が307柱の同数となる文献は不審。（編者）

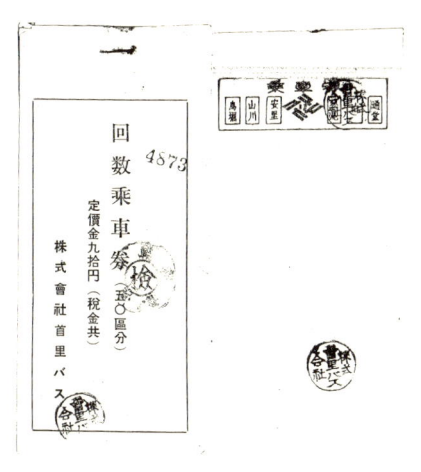

日記12ページ添付乗車券（中の回数券を使い切る）

10　沖縄本島最南端の丘の頂上から約10m下った海に面した崖の自然洞窟内に最後の司令部があった。洞窟の入口近くで切腹。牛島中将の自己演出ではないことを、中将の名誉のために記す。
11　原ノートｉの下に２重傍線と感嘆符を付して、caN-mabuni ではないことを注意喚起。（上村）

10月10日（月）

午前９時前に平良　進氏(注1)〈名刺、沖縄歯科医師会会長〉来訪。徳川宗賢氏〈言語学・方言学研究者〉を泊めたと。徳川氏に何かことずけはないかという。一週間ほどの予定で医師会に出席のため東京に行かれる（飛行機にて）。柳田先生(注2)とも懇意のようなり。胡屋朝賞さん〈10月７

日〉より伺った所によると、武富さんは数え年73才であると。

国語学とドイツ語の授業をすませた頃、腹痛をおぼえて下痢する。カンケツ的に痛みが来るので、言語学をやらないで下宿へ帰る。

絶食し、ビオフェルミンとクレオソート丸をのむ。よくねむる。痛みはなくなる。

注1　11月18日。口絵写真14（12月24日）参照。
　2　柳田国男。以下の柳田も同じ。昭和29（'54）年5月24日昭和天皇御進講を共にする。この時柳田は、日本人の祖先は南島にのみ生息する宝貝を求めて南方から北上して来たのであろう、と講じた。宝貝の学名を柳田に確認せられた後、2度目の機会（同慰労の会）に天皇は、御用邸海岸で自ら採取せられた宝貝の標本を示された。帝王学で批判的な意見は何も仰せにならなかったが、柳田は自説の根拠の揺らいでいることに気付かないかのように、「ほう、綺麗ですな」とのみ答えたという。この様子を見て、以後四郎は柳田の学問に信を置かなくなったと。亀山市歴史博物館蔵の「服部四郎遺品・記念品目録」番号22・238・239の宝貝3種は、この関心により蒐集したものであろう。

10月11日（火）
自宅(注)（新聞、普通便ニテ）

一日ねころびながら読書。仲原善忠：『琉球の歴史　下』、平良文太郎：『英訳琉歌集』

注　以下、当日の郵便物の発信・受信を記録する。ここは発信で、「新聞」とは来沖時の地元紙か。

10月12日（水）

琉大で三つの講義をすませる。

高津氏〈春繁、東大文学部言語学科教授〉よりの航空便受取る。8日に〈渋谷区〉代々木郵便局発、9日 NAHA 受取の印がある。10日余が帰宅した後に大学に来たものか。

教育研究会が沖縄児童の語学力（語彙）調査のことで相談に来る。

ヨシヒロさん〈10月3日、武富良浩氏〉と那覇〈神里原通りから平和通り…武富〉に買物に行く。靴墨（注）、ブラシ、エハガキ、本を買う。

晩に宇座幸子という学生〈名刺、琉球大学教育学部教育学科・琉球大学新聞部 記者〉来り、琉球大学新聞に琉大に関する感想文を書けという。建物や先生方に対する感想はあるが、学生とは話したことがないから感想が書けないと答える。

注　四郎は、当時米国の紳士淑女・将校（軍靴ではない。沖縄でも同じ）の間で流行した tan という茶系の靴墨（Kiwi 社製）を平和通りの東端、外国製品を並べた東京「アメヤ横丁」風の一角（名残あり）で買った。その時の tan という英語の本格的な美しい発音に驚く。その音を靴墨の色と共に今も鮮明に覚えている。（武富）

10月13日（木）

北村氏（注）（飛〈航空便〉）

講義準備。〈琉球〉大学新聞原稿執筆。桑江良行氏著書。

注　北村 甫（1923～2003）。言語学、チベット語研究者。当時東大文学部言語学科助手。当年・翌年アイヌ語調査に従事。後、東京外大アジア・アフリカ言語文化研究所教授・東洋文庫理事長。以下の北村も同じ。

10月14日（金）

講義をすます。昼の時間に男子学生寮〈11月9日注1〉の下の売店でウドン(注)を食う。キシメンの如くややかたし。カマボコ二切れ、肉一きれ。

雨大いに降る。久しぶりにて人々喜ぶ。下宿でも井戸水が3尺位残すばかりとなり、風呂は銭湯へ行っている。

注　沖縄にはウドンとソバの両方が戦前からあり、ウドンの方が上流食品（麺も出汁も異なる）で、ソバ屋よりもむしろウドン屋に行くよう教えられた。店の佇まいも両者には違いがあった。ここは学生売店で「ややかたし」・「肉一きれ」とある処からすると、所謂「沖縄ソバ」のことであろう。ウドンには蒲鉾位しか入らない。本土の蕎麦は一般的な食品でなく、「黒いソバ」の呼称で区別し、特殊な機会でないと食さない。（武富）　那覇の下町生活中ウドン屋と「黒いソバ」屋の店舗を見た記憶なし。（編者）

10月15日（土）

来信　麻生学部長〈磯次、東大文学部長〉(注1)、福田氏、小学館(注2)

発信（夕方、いずれも航）学部長、辻先生〈直四郎、東大文学部教授〉(注3)、高津氏、福田氏（「崇元寺」(注4)）

午前中に銀バスにて胡座に行き（¥18）、更に石川市まで行く（¥18）。帰りは大山経由にて帰る（石川からここまで¥30　1時間余）。

普天間あたりまでは、多少あれているようには思ったが、沖縄の田舎の景色を楽しむことができた。然るにそれ以北はほとんど家が立ち並びペンキを塗ったカフェー　飲屋なども多く、基地化している。石

川市なるもののそういう種類の家が多い。帰りは普天間から、大山、大謝名、安謝〈西海岸側〉などを通ったが、米軍の建物がいずれも広々とした土地をとっているのには驚いた。住家にしても全部平屋で庭を思う存分とっている。米国内でもできないことをしている〈資料18参照〉。沖縄は依存経済だというが、余の考えでは然らず。これだけの土地を借〈貸〉して居れば、それだけでも働かないで食えるはずだ。琉球大学の三つや四つは建っても何のフシギもないはずだ。

　午後仲宗根氏と伊平屋島田名出身の名嘉君とが来る。

　那覇市議選挙のため昨日よりやかましくなる。明日が投票日だ。

　○○にお願いしますとマイクでどなって歩くのだ。

　午后5時頃、多和田真淳氏〈名刺、琉球林業試験場 場長〉来訪歓談す。次の知識を特に記しておく。南九州とつながりのある縄文後期の土器は出るが、弥生式は出ない。その後の祝部式（いわいべ）となると伊平屋島から波照間島まで出る。〈資料17参照〉

　この情報は余の言語年代学的研究とあまりくい違わない。但し、今後の発掘が期待される。

　午後7時那覇劇場の金武良二（キンリョージ）氏二十年祭芸能会番組〈資料2〉を見る。仲宗根氏と共に大学の自動車にて行く。2階正面の招待席にて我々のすぐ前に文教局長、胡屋前琉大学長など見えた。余の横に琉銀総裁が見えた。

　金武良二氏のレコード放送はまことにすばらしかった。音量豊富、悠揚迫らず、強弱抑揚ことごとく表情を含み、而も枯淡の境地に達している。

　音楽では十番の池宮氏、屋嘉氏のがよかった。

老人踊の象徴的、四ツ竹の華かな静けさ、千鳥節（cizuibusi）の鼓・囃子（ciziɴbeesi）、衣裳の可憐さなど目立った。

組踊（kumiʔudui）[注8]はせりふの節まわしが型にはまって居り面白し。

17番安里屋〈ゆんた〉を見て11時に引揚げる。

【切抜き】沖縄タイムス　10月15日（夕刊）「金武良仁先生の思い出　備瀬知範」

注1　福田すゞ子（1934～）（現姓田村）。言語学、アイヌ語・バスク語研究者。当時東大文学部言語学科4年、アイヌ語調査中。ここも調査に関する件であろう。後、早大語学教育研究所教授。以下の福田も同じ。

2　小学館『図説日本文化史大系　1』（12月10日『琉球大学新聞』18号注1論文）の刊行についてであろう。注6参照。

3　この時期の矢内原総長、麻生文学部長、辻・高津両教授との連絡は、四郎による東大文学部ロシア語学科設立の活動であろう。このほかにも、当時総長にはアイヌ語の研究調査費捻出の相談もしている（『アイヌ語方言辞典』序文）。

4　琉球国廟・尚家廟崇元寺（堂宇は沖縄戦で壊滅、石垣塀のみ残存）の絵葉書を使用している。以下、絵葉書を使用する場合被写体名を記録する。

5　名嘉順市（一）（1933～）。琉球方言学研究者。当時琉大教育学部初等教育科3年。後、琉大教育学部教授（国語教育）。以下の名嘉も同じ。口絵写真13（12月24日）参照。

6　本書所収諸論説と12月10日『琉球大学新聞』18号注1論文（刊行は昭和31年7月であるが、この時には既に書き上げていたことになる）等参照。

7　現存せず。現那覇市壺屋1丁目6、壺屋児童館（同1丁目5）の道

路を隔てて西向かいの地点にあった。(武富)

8　kumi'udui が正しい。(上村)

10月16日 (日)　発

木村彰一(航)[注1]　Frank氏[注2] (「花風踊り」)

今日は投票日だのに「○○に投票して下さい」と盛んにマイクでどなって歩いている(午前11時現在)。言葉は全部日本語。

武富先生、ヨシヒロさんと大洋劇場[注3]にて、漱石の「心」、「くちづけ」という映画を見る。2時15分より6時40分。

【切抜き】沖縄タイムス　10月16日 (日刊)「金武良仁先生の憶い出　浜松哲雄」「方言旅行　新里 繁」

注1　木村彰一 (1915〜1986)。ロシア語・ロシア文学研究者。当時北大文学部教授。翌年アイヌ語調査に従事。後、東大文学部ロシア語科教授。
　2　Bernard Frank (1927〜1996)。日仏言語文化研究者。当時日仏会館(東京)滞在研究員、四郎宅にも来訪。後、同館フランス学長。
　3　現存せず。現那覇市樋川2丁目3の地、農連市場北西向いの広場にあった。首里劇場よりも小さな、小学校の教室二つ三つ程度の小屋掛け風建物で映画・芝居を上演した。当時は娯楽に飢えていた時代で、こうした小さな活動写真小屋風の劇場が各地にあった。(武富)

10月17日 (月)

昼食の時間に男子寄宿舎〈10月14日〉の下の売店でウドンを食べていたら、一昨日仲宗根君と来た名嘉という学生が牛乳を飲みに来た。新聞について話す。琉球新報は軍の宣伝画報を出している位で、アメ

10月17日購入のカラカラ（左）とダチビン（右）

平成16（'04）年9月2日故四郎書斎机で編者撮影　（現三重県、亀山市歴史博物館蔵）

リカにへつらう傾向あり、読者も少ないと。沖縄タイムズ〈ママ〉〈ス〉はその点では骨があり読者も多いと。

　言語学の講義を終った後、学部長室で東大教養学部教授須藤利一氏にお会いする。琉球新報社記者〈名刺〉外間正四郎氏〈武富一中1年上級生…武富〉来り我々二人に明日午後5時より講演をするよう頼む。引受ける（会場の都合により来る日曜日午后2時からに変更）。

　須藤教授・外間氏と博物館を見る。同館に勤めている外間氏の兄〈外間正幸…武富〉の方も加わり琉球方言のことを話す。

　壺屋（cibu˥ja 陶器製造所）〈現那覇市壺屋1丁目の焼物店街〉へ行く。灰皿とダキ〈ママ〉〈チが正…名嘉〉ビン（ ̄dacibiɴ）を買う。￥20、￥100

焼きがまを見る。「あわもり」を入れる手のついた容器は ⁻karakaraa という。小橋川〈名刺、琉球陶器製造販売　小橋川製陶所　小橋川永昌〉は1月に1回カマをあけ、もう一軒のは50日に〈1？〉回あけると。次は12月上旬。

　家に帰り武富先生に dacibiN をお見せしたら、死人に酒を持たせやる器だとの事、床の間の花いけにしようと思ったとて大笑い。武富先生の応援された婦人市議氏当選。よかった。

　晩に外間氏（正四郎氏兄）来訪。同氏宅〈現首里当蔵町3丁目、当時は当蔵区3班…武富〉に行く。dacibiN は地方の豪農が山林を見廻る時酒を携帯するために使用したのだと。士族はあまり使わなかったらしい。

　外間氏宅にて多和田氏、元円覚寺住職(注2)、金城某氏集まり首里語の会話を聞かせて頂く。大変よかった。11時帰宅。

【名刺】比嘉善雄（沖縄キリスト教会理事長　沖縄内外協会議長　沖縄聖書委員会委員長）「17日午前琉球大学学長室にて」〈四郎注記〉

【切抜き】沖縄タイムズ〈ス〉（ママ）　10月17日（日刊）「珍しい"琉球語"のバイブル　ベ〈ベッテルハイム〉博士訳　聖書記念式に展示」・「古代数学の調査に　須藤利一教授来島」

【広告チラシ断片】「霧の中の少女　大洋劇場」

注1　現首里当蔵町(とうのくら)1丁目県立芸大敷地内にあった琉球政府立博物館（「首里博物館」の看板を掲げる）。首里城北殿内にあった博物館の宝物を当蔵町の民家他に戦争疎開させた（武富も手伝う）が、米軍の攻撃が予想外に早く（日本側も軍国時代で文化財を大切にしようとする気持も

乏しかった)、また首里が激戦地となったため、失われた宝物も多い。占領後、各地に残った宝物を集めてこの博物館を建てた。後の県立博物館の前身。(武富)
2 　首里城久慶門北方にあった琉球臨済宗総本山。沖縄戦首里最後の攻防戦によって壊滅。現在でも復旧していない。元住職とは、最後の住職第百十三世慈雲宗興和尚(能山宗興氏)のこと。堂宇が存在しないため、ここでは「元」としている。(武富)

10月18日（火）
昨日家よりハガキあり。旦(注1)より英語の質問あり。
返信を出しに美栄橋郵便局(注2)へ行く。帰りに仲原〈善忠〉氏『琉球の歴史 上下』文教図書出版所で買う。
昨日から大雨が度々降り道は悪くなったが宿の水不足解消。
午后南風原朝保博士(注3)〈名刺、沖縄群島医学会々長 医学博士〉来訪〈口絵写真4・14〉。比嘉〈春潮〉氏と知合いなりと。明晩純粋の琉球料理にお宅へ招待して下さる。
東京を5日に出た小包（時枝氏〈10月7日〉文法2冊）今日午前中にようやく到着。13日かかった。
今晩、アカヒラ〈現首里赤平町…武富〉の外間氏〈10月17日〉〈沖縄〈琉球〉新報〉(ママ)宅〈現首里当蔵町3丁目…武富〉でお婆さん達が集まり、須藤教授も見えて suucuumaa(注4) を見せて貰うはずだったが、ひどいあらし〈沖縄独得〉となったので取りやめた。

注1　あさけ。編者（1941〜）、四郎長男。学校の授業に関する質問であろう。当時渋谷区立代々木中学校2年。後国文学・民俗学研究者（本書

奥付)。
2　牧志にあり、当時は沖縄の中央局の機能も果していた。首里で投函するよりも2日位本土に早く着いたため、わざわざ出掛けた。中央局という安心感もあったであろう。投函の使いに武富は度々出掛けた。そのためか、今でも大切な郵便は中央局で出す習慣がついている。(武富)
3　"民間外交"と称して来沖の要人を自宅でもてなすことを楽しみにし、滞在客を置くこともあった(口絵写真14)。良寛風の書を能くす(10月19日図版参照)。須藤利一教授・金関丈夫教授とは台湾以来昵懇の間柄。『琉球新報』昭和37('62)年3月3日日刊に、金関氏による追悼文あり。実弟南風原朝光氏は洋画家(朝保氏長男故助泰〈通称千里〉氏夫人弘子さん談。10月19日注2・3も同じ)。口絵写真4〜6・14(10月19日・12月24日)参照。
4　スーチューマー。沖縄本島で行なわれた藁算の如き数標文字習俗。「琉球算法」。

10月19日（水）

新聞を見ると、今年はコザ中央病院調べによると、コザ警察管内だけでも9月末日までに自殺やその未遂事件が28件もあり、戦後の最高記録であると。原因は借金苦、失恋、家庭紛争その他多様。戦前は稀有のことであったという。戦前は殺人はなかったというが、戦後は兄弟殺し親殺しまで現れたそうだ。9日の日曜日に仲宗根氏の宅で靴をしまいながら、戦後はコソドロがチョイチョイあるのでとの事だった。余の下宿の付近は今でもドロボウがなく乾物も出したままでねている。首里でも sankaa〈三ヵ村の意〉という方面（町人、酒醸業者）ではお祝などに行って下駄をかえられ、ゾーリをはいて帰ることが以前から

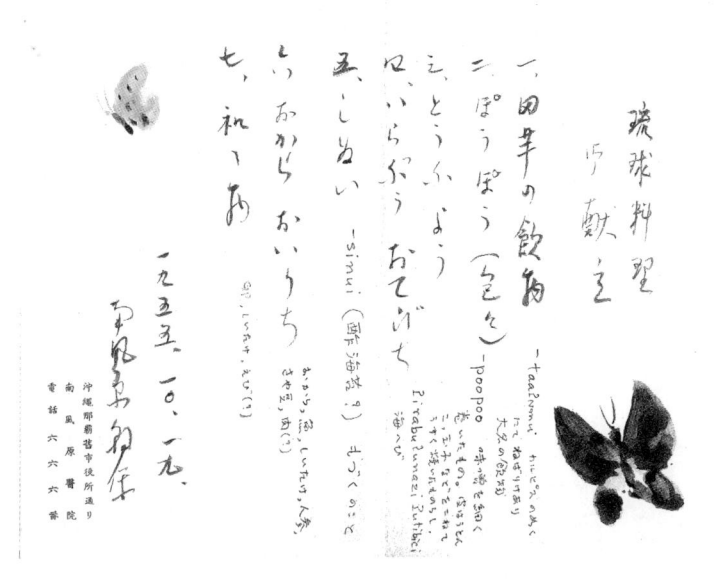

「服部先生御献立」（表紙：南風原氏毛筆書き）
〈以下、献立に記入されている四郎メモ〉

-taaʔNmu　　　　　　　　カルピスの如くにてねばりけあり、大名の飲物
-poopoo　　　　　　　　　味噌を細く巻いたもの。皮はうどんこ、玉子など
　　　　　　　　　　　　をこねてうすく焼いたものらし。
ʔirabu ʔunazi ʔutibici　海へび
-sinui（酢海苔？）　　　　もずくのこと
おから、魚、しいたけ、人参、さや豆、肉（？）
卵、しいたけ、えび（？）

あったとのこと。泥棒事件は戦後ふえる一方のようである。

今日もまだあらしがあれている。ひどい風に雨が降る。自動車が迎えに来ないので電話で尋ねて頂いたら、大学ではまだ授業が始まっていない由、始まるようになれば迎えに行くとの事。

授業もなく、教研の会も無期延期となった。

7時から、安里学長、仲宗根氏と南風原博士宅〈旧市役所通り。現那覇市牧志3丁目11、現存せず〉へ行く。藤井教授、須藤教授の外に数名見えた〈口絵写真4～6〉。南風原さんは台湾で大きな病院を持って居られた方で、藤井教授とは台湾時代からの知合らしい。引揚げの時米人に御馳走をしておいて、掛軸200本位と本を多量に沖縄へ送られたのだが、荷揚げの際本を沢山抜きとられ、グロリア颱風でとばされ、市長公宅（？）に保管中に紛失したりして3分の1位になったという。それでも何千冊という蔵書を持って居られる。『万葉〈集〉総索引』、『ユーカラの研究』、『新万葉集』などのようなものまである。

邸宅(注2)は木工場を改造したものだそうだが、色々こった造りつけがしてある〈口絵写真14〉。天井が細竹で造ってある。窓下は壁にせずに三寸幅の板を横にうち、各板の間に斜めのすきまができるようにしてある。夏でも涼しいという。

御馳走(注3)は純粋の琉球料理で、しかも上流の人達しか食べなかったもの。いずれもおいしかった。全体的な印象はあまりあぶらこくないことだった。琉球料理はもっとあぶらこいものらしい。

安里学長は1ケ月位の予定で日本へ行かれる。今日の飛行機で立たれるはずだったのを颱風がまだ残っている5時に飛立つというので、明後日に延期したと。

11時帰宅。須藤教授より Basil Hall の『琉球航海記』の訳本を頂く。

【名刺】上地一史（KAZUFUMI UECHI 沖縄タイムス社・取締役編集局長）　池宮城　秀意　琉球新報社主筆「イケミヤグスク　ドイツ文学」〈四郎書き込み〉

注１　共同体的な親密さから生まれるルーズさであろう。平成19（'07）年にかけて宮古島出身の歌手が、郷里の宴会帰りでの同じ出来事を主題にした「僕の草履がない」を歌い、沖縄本島でも大いに当たった。しかし、そうした"人の物も自分の物も区別しない"感覚に共感できない本島人との間で、反目や軋轢も起るという話を那覇で聴いた。
　２　朝保氏は住まいに凝る人で、住み込みの大工を抱えて気の済むまで造作させた（口絵写真４〜６・14）。
　３　南風原夫人登美さんの手造りで、腕前は本職並みであった。実弟南風原朝光氏（口絵写真５）の娘逸子さん（資料４中の「綛掛（カシカキ）」演者）は琉舞が達者で、朝保氏の宴会に花を添えることがあった。　逸子さんによると、朝光氏は昭和13（'38）年藤田嗣治一行が来沖した際（波上宮の宮司宅に滞在）に沖縄の各地を案内し、清明祭には母方の墓地に参った。逸子さん姉弟は浴衣を着て藤田のモデルになる。藤田の昭和13年制作「孫」（沖縄県立美術館蔵）に描かれた、浴衣姿の姉弟と背景の亀甲墓はそれかと。（編者）

10月20日（木）

家（ハガキ　飛）

午后１時頃、屋慶名行きのバスに乗り終点まで行く（￥32）。天気よく海青し。日本の海のように暗い色ではなく実に明るい青にゴフンを混ぜたような、緑がかった部分もある色〈特に屋慶名附近〉だ。バス

整備された勝連城址

四郎は写真正面の側（北東）から中腹に登り、次に右端
（北側）の斜面を登った。平成19（'07）年1月9日編者撮影

の中からは伊計、宮城、平安座、浜比嘉の島々が見えたが、このヤケ
ナの船つき場〈現存〉からは平安座と無人島の薮地島が見えるだけ。
そこに居る船頭風の男（50才位）に尋ねたら、立派な日本語で次のこ
とを教えて呉れた。ここからどの島へでも船の便がある。お客があり
次第行く。平安座には宿屋が2軒ある。引潮の時は〈干潟を〉歩いて
渡る〈現海中道路〉ことさえできる。ヤケナの町の裏の丘の上にあっ
た見張台のようなものは何かと聞いたら"日本時代"の見張所〈遺跡
残存〉だという。引返して村の中を歩く。どの家もひどく貧乏らしく、
タタミを敷いている家は1軒もない。役場〈現「社会福祉センター」〉
の裏から例の見張所へのぼる。トーチカのようにコンクリートで造っ
てあり、多少の戦闘さえできるようになっている〈米軍機の攻撃を受く
と〉。金武湾とこの辺の部落一帯を見下し景色よし。バスで西〈前が正…

名嘉〉原へ行く（¥5）。大きな高等学校あり。勝連城（kaQciN gusiku）の跡を訪れる。低いけれどもトッコツとしてそびえ立つ岩石〈山？〉〈ママ〉である。畑で薯を掘る女に道を尋ねのぼろうとしたが、草深く、ハブの居るおそれあり。金武湾〈北〉と中城湾〈南〉とを眺め得る地点で休む。無謀〈謀叛？…上村〉をおこして首里に攻め上った英雄あまわり〈アマワリは英雄の名…上村〉の居城だけあって、ここに住んでいれば天下をとりたくなるような所だ。引返して〈北西〉南風原への5間幅位の道路（ホソーなし）を歩いて行くと、北側から勝連城趾へ昇って行く道があるので行って見る。之も次第に草深くなって進めず。この山の南斜〈面〉のいも畑でいもを掘っている女二人あり。ハブの有無を尋ねしに、ウルハジ〈いるだろうの意…上村〉という。余が引返すのを見て声を立てて笑う。北の方の数々の部落が樹にうずもれて美し。無性に行きたくなり、太いバス道をゆっくり進む。西原〈前が正…名嘉〉高校〈現与勝中学校の地、現存せず〉から帰る学生3名がおいついて来た。17〜8才の男の子をつかまえて話しながら行く。勝連城趾には大きな石垣があったのを、下の畑に海水がはいって困るので、海岸に石垣を作るために全部運び去られたと。この辺は丘の上の方まで薯畑になっている。田と畑の割は1対3位だと。甘蔗〈砂糖黍〉も少し作っている。村人の仕事は、と聞くと、百姓と軍作業だという。この道は1時間に1回位那覇行きのバスが通っているという。川田の手前で学生と別れる。家をのぞいて歩くが、いずれも豊かではない。かなり貧乏なのが多い。やや豊かなのは大きなレンガ形の石で垣を作り、入口の所は図〈次ページ下〉のようについたて形の垣が作ってある。貧乏なのでも板で同じような形に垣をつくる。子供達が遊んでいると

耳を傾けながら立ちどまる。皆方言を話しているのでうれしくなる。女学生にクマーマーヤカ〈ここはどこかの意…上村〉と尋ねて、タカエスデス〈高江洲ですの意…上村〉と答えられてがっかりする。「軍作業」から帰る人々らしく若い男女が三々五々やって来るのに行き違う。高江洲の部落を過ぎる頃から昇り道〈現県道16号線〉となり、勝連の山、津堅島など見渡せる。島にはもう灯がついている。久高島らしいもの遠く線の如く見ゆ。6時頃となったので、かなり暗くなってきた。坂を10分も昇り少し下りとなった所に宮里の部落がある。約5分、赤道〈アカミチ〉〈現県道75号線〉の停留所、丁度来たナハ行きのバスに飛乗る（ナハまで¥22）。家へ帰ったら7時半を過ぎていた。

【切抜き】沖縄タイムス

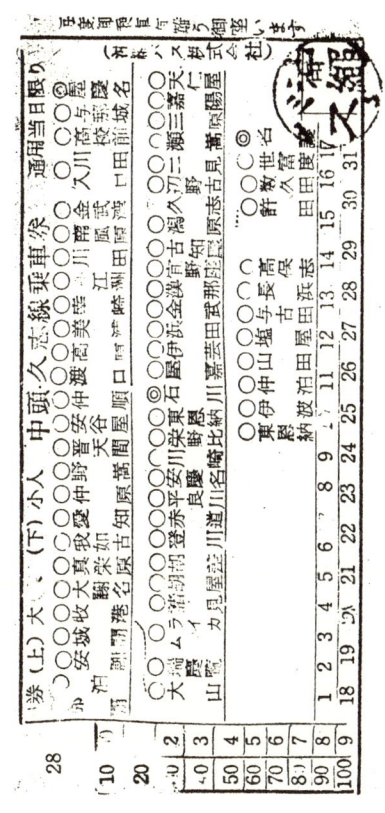

屋慶名でバスを下りる時記念にとて車掌に貰った切符

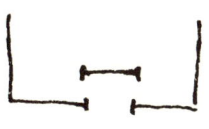

10月20日（日刊）「北辺の学校めぐり　悩みは多し僻地教育　機会均等はかけ声ばかり　視察にも来ない草深さ　生涯教育は盛ん」

注1　頂上からは四周沖縄本島中部東方全域の伸びやかな美観が得られる。ここはその気分を述べたもの。
　2　ヒンプンと称する、屋敷の入り口に設けられた目隠し。現在も旧家や地方に残存。

10月21日（金）
講義後学生達5人が集って方言研究(注1)の相談をする。八重山、宮古、久米〈島…名嘉〉、久志〈現名護市〉、伊平屋〈島〉出身の学生達(注2)。金曜日の午后4〜6時にやること、段々時間をふやすこと、日曜毎に自動車で方言調査に出かけること、など相談する。仲宗根氏は勿論参加される。

下宿へ帰ったら、山本〈謙吾〉(注3)、北村、福田の3氏より航空便あり。

注1　琉大、琉球方言研究クラブ結成契機の最初に当たる。同クラブは現在も活躍中。資料22参照。
　2　東盛　永（八重山）・泉 よし子（宮古）・山里昌秀（久米島）・松田国昭（久志）・名嘉順市(一)（伊平屋島）。口絵写真13（12月24日）。
　3　山本謙吾（1920〜1965）。言語学、満州語研究者。当時跡見学園短大（文科）教授。翌年アイヌ語調査に従事。

10月22日（土）
山本、北村、福田の3氏に航空便を出す。
三栄橋郵便局で投函。山川〈首里、やまがわ〉でバスを下りたら首里

64

高等学校の運動会なので一寸人々の後からのぞいて見ようと思って行くと、余の国語学の講義を聞いているという先生につかまり来賓席にすえられる。校長〈12月14日伊集盛吉〉からよく来て下さいましたと礼をいわれる。午前中見物することに決心する。ことに男の学生達はせが高いのが目についた。沖縄の人は一般に本州人よりも小さいという印象を受けていたのに皆中々大きく体格もいいのでうれしかった。女の学生がシャク銅色にやけたたくましい太腿を皆出しているのに、男の学生は長い白ズボン〈トレーニングパンツ・トレパンと称し、本土でも流行〉をはいている。リレーの選手達がズボンをぬいだのを見たら、脚が陽やけしていなかった。こんなつまらないアメリカの風習がとりいれられているのだ。

　唐手の実演で板2枚、瓦10枚を割るのが面白かった。

【添付物】「創立七周年記念運動会プログラム　首里高等学校」〈資料3〉

【名刺】比嘉徳太郎（知念高等学校長）「首里高校にて」〈ノート四郎補記〉　安村良旦（沖縄ＰＴＡ連合会・子供博物館理事　事務局長）「この余に写真をとらせて呉れと丁寧に頼む」〈ノート四郎補記〉

　家よりの第三信（代々木〈渋谷区〉　20日　14～16時、ナハ　21日）午前中につく。

　夕方　福田氏発信（普通　エハガキ「琉球政府〈建物〉」）

　那覇劇場〈10月15日注7〉へ奥間英五郎一座の劇を見に行く。午后8時開演。

　現代劇は稀に日本語を混ぜる外はほとんど沖縄方言。時代劇は士達

が刀を1本ずつさしていて大剣劇となる。ほとんど方言ばかり。芝居そのものは面白くないが、沖縄方言がこんなに沢山話されるのを聞いたのは始めてだからうれしかった。但し、所々わかるだけでわからない方が多い。10数才の子供達でもわかるようだから、方言を話す人々は那覇でもかなりいることがわかる。武富先生のお話ではこういう芝居は下層の人々が見に行くのだと。11時半にはね、〈現平和通りを抜け…武富〉11時45分国際通り発(注)の最終バスで帰る。家へ帰ったら夜12時少し過ぎていた。

〈欄外記〉

　この劇を観覧中気づいたのは、踊りの手足ことに手の動作に唐手のそれと共通したもののあることである。それは、社会習慣的

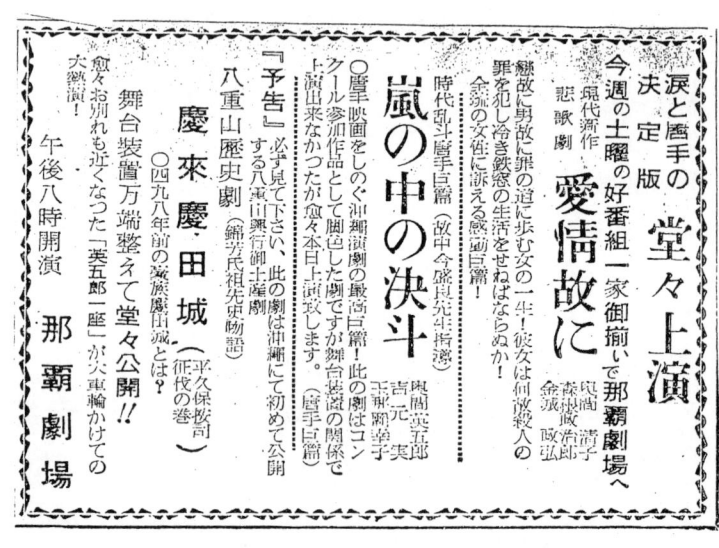

「1955年10月22日　沖縄タイムス　朝刊」〈四郎記入〉

要素を多く含んでいると認められるので、甚だ興味がある。それは沖縄の人々の日常の動作にも現れるかも知れない。

注　占領後の那覇市街地は広く米軍基地となって民間人が通行できなかった。現国際通り・平和通りはこれらを迂回するために造られた新道。（武富）

10月23日（日）
朝　発信　松尾氏（注）（「守礼門」、飛）

午后2時半から教育会館での「南島文化講演会」で「言語年代学より見た沖縄方言」と題して講演した。須藤利一教授は「来琉異国人と航海記」と題して話された。〈口絵写真7〉

会後、琉球新報社前のレストラン松屋で須藤教授『バズィルホール航海記』翻訳出版祝賀会があり、多くの方々と知合になることができた。頂いた名刺をはっておく。

【名刺】当間重剛（「那覇市長」〈四郎書き込み〉）・屋良朝苗（ヤラ アサナエ《ルビ印刷》）（沖縄教職員会・沖縄教職員共済会・沖縄戦災校舎復興促進期成会・沖縄子供を守る会 会長）〈本土復帰後初代県知事〉・西銘順治（琉球政府立法院議員）〈後、県知事〉・城間朝教（那覇琉米文化会館長・文化財保護委員 「首里の方」〈四郎書き込み〉）・山城篤男（沖縄群島福祉協議会長・南西諸島恩給促進会長）・金城賀徳（糸満町議会議員）・徳元八一（沖縄ＰＴＡ連合会長・子供博物館長）・長嶺善久（琉球新報社 重役室長）・山城宗雄（沖縄前原地区 田場小学校長）・浦崎康華（「人民党初代委員長　比嘉氏〈春潮？〉友人」〈四郎書き込み〉）・千原繁子・金城清松

（金城内科医院）・源河朝成（医師）・金城紀光（元順医院）・当銘由金（琉球文教図書株式会社　取締役社長）

　その他比嘉春潮氏の甥にあたる島袋慶雄（ヨシヲ）（沖縄バス専務）、その友人川平(カビラ)朝申氏（ハワイより帰国）、首里語をよくされる西平守模氏（首里警察向側）などともお知合いになった。

　注　松尾　聰（1907～1997）。国文学研究者。一高同期生、東京帝大文学部
　　国文学科卒。当時学習院大文学部文学科教授。以下の松尾も同じ。

10月24日（月）

　福田氏より飛行便（17日付、〈杉並区〉石神井17日12～18、ナハ20、首里21、大学22日）　Haltod 氏より飛行便（注）（20〈日〉付、チトセ20日16～18、ナハ23日、大学24日）

　福田氏よりはアイヌ語研究の障碍が生じた話。Haltod 氏よりは、カリフォルニア大学より解嘱となるので、日本で何か職を探さないと日本に滞在があと2ヶ月でできなくなる、とのこと。対策を考える。

【切抜き】琉球新報　10月24日（日刊）「琉球文化を内外資料で究明　須藤・服部両教授の講演会」（〈前略〉「言語年代学より見た沖縄方言」と題して演壇に立った服部四郎教授は「琉球語が日本語と同系であることはチェンバレンや伊波普ゆうの文献にもある通りで両語を調べてみると文法や発音の組立など規則正しく対応していることがわかるが、はたしてその両語が同一の祖語から分れたのはいつ頃のことかとなると、これはたとえば英語と独語の場合などと同じく、学者の間でも種々な方法が試みられているが未だ確かな年代は明らかにされていない。この算定には考古学や文化人類学、

体質人類学などの援助も必要とすることであるが、私が京都方言と首里方言の共通の残存語を調べたところによると約65%近くもあり、それから算定すると、琉球語が祖語から分れたのは約千年前になるが、しかし琉球はその間も本土と接触する機会が多かったので、その言語の変化は言語年代学の経路(ママ)より近くなっており、それから考えて私は約1500年から2千年ほど前に分れたのではないかと想像している」と述べた。〈後略〉)

沖縄タイムス　10月24日（日刊）「狭い土地と軍用地　沖縄の軍用地分布図」(地図の上で見ると沖縄本島の殆どが軍用地だ、といった印象を受ける〈中略〉沖縄の土地は狭少なため、極めて人口密度が高く一平方哩当り、1142人というあまり例のないもので、米国の約22倍である。〈中略〉この事実は何ものにもまして沖縄の土地が如何に貴重なものであるかを示す。然るに軍用地に対しては、現在適正なる補償がなされていない。〈中略〉今回さらに4万余エーカーの接収が発表され住民を恐怖に陥れている。〈後略〉〈資料18参照〉

　注　Mattew M. Haltod（1917～1970年代）。モンゴル語研究者。当時東大文学部言語学研究室会講師、四郎の内モンゴル、チャハル方言インフォーマント。後、ボン大学助手（私設？）。

10月25日（火）

Haltod 氏（飛）、福田氏（「ナハ牧志通り」）

大学から山川のバス停留所まで歩いて行く〈現県道50号線〉途中「一中健児の塔」(注1)という指標を認め、左へ折れて掘り割りの石道〈現存〉を下りて行く。70才余りの老婆が来たので、「健児の塔はどこで

すか」と標準語で聞いたのに方言で教えて呉れたのでうれしかった。ことにそれが全部わかったのでうれしかった。こういう事件がそれほど稀なのを残念に思う。三栄橋郵便局で投函して帰るさ、安里までといってバスに乗ったら、ナハの裏町を見物することができた。農事試験場、中学校〈神原中学校…武富〉などの前を通った。

注1　一中は首里高校の前身。10月9日参照。一中健児之塔は首里金城町1丁目5にあり、校長以下300余柱（部隊の全滅、部隊への出入りで実数の確定が困難であった）を祀る。この場所で戦死した一中関係者は4名であったが、ここに寄宿舎養秀寮があり、そのテニスコートで鉄血勤皇隊一中隊の結成式が行われたことにちなみ武富等生き残りの同窓会生達が建立した。この地は、一中の一番最初に戦死者の出た所であり、一番最初に一中戦死者を埋葬（と言っても、砲弾で開いた穴の中に納めて上から土を被せる程度。再び同じ場所に砲弾が落ちると遺体が飛び出す有様）した縁りの深い場所である。

　　一方、10月9日の沖縄師範健児之塔の現在地に建てられた理由について、南接する洞窟（岩蔭）を師範学徒隊の根拠地としていたからとする話は、洞窟内は狭まく、武富の知る当時の戦況からすると信じ難い。あのような岩蔭を様々な部隊とその配属者が一時的な宿りとし、何処かへ出て行くという利用の仕方をしていた。ナパーム弾を落とされるから、長居できなかった筈（11月15日注3）。師範、千早隊の生き残りである太田昌秀元県知事が、あそこでは師範隊の自決者・戦死者は出ていない、と語った地元新聞を読んだ記憶がある。（武富）

2　現在の与儀公園・那覇警察署・旧県立那覇病院一帯。（武富）

【切抜き】琉球大学新聞 17号　1955年10月25日

沖縄と琉球大学の印象　　　　　　　服　部　四　郎

　東京の羽田を立つ10月2日の夜はあいにく大雨だった。夜半を少し過ぎてから離陸。幸い雨がやんで来たので機の窓から外界を眺めようとしたが、眼下に展開し始めた灯火の海も忽ち雨雲に呑まれて後はエンジンの音を聞くばかり。しばらくまどろんでカーテンをあけると、月が照っている。下界はまだ真暗だが所々白いちぎれ雲が浮いている。晴れたのだ。あと1時間足らずで沖縄だというので、何物も見逃すまいとしている私の耳に、カーテンをしめろとの放送が流れて来る。残念ながら目を閉じる。ガタン！着陸だ。機の外に出るとポッと暖い。同窓の友仲宗根副学長や翁長さん〈俊郎、琉大事務局長〉武富さん〈兄良信、琉大庶務課長…武富〉が迎えに来ていて下さった。千葉大学の藤井教授と別れて自動車に分乗立派な自動車道路を走るが、未明のこととて戦災の跡も復〈複を四郎誤植訂正〉興の様子もよくわからない。首里の小き麗(ママ)な明かるい下宿に案内していただいた。東京を飛立ってから4時間足らず、30年来の憧れの地への到着としては誠にあっけないものであった。

　数時間まどろんで雨戸をあけると、まず私を驚かせかつ喜ばせたのは空の色である。その透明に澄んだ淡い水色は、光が飽和して、南国らしく〈く活字顛倒、四郎訂正〉漆喰でかためた朱色のいらかと著しい対比をなしている。私は未だ曾てこんな明かるい水色の空は、どこでも見たことがなかった。戦時中以来私の頭の中に沈澱した沖縄に関する幾多の悲しい情報は私をして沖縄の空までも暗いものを想像させていたのだ。私は自分の想像とはおよそ反対のその輝かしい空を仰いで、

戦後の苦しい生活に耐えて居られるであろう南の島々の同胞がこのような光に満ちた空の下に生活して居られることを心から祝福したのであった。

大学へ案内していただいた。これがまた私の予想を裏切った。1952年の7月、マルセイユからフランス船のマルセイエーズ号で帰国の途次、遙か南方から沖縄島を望んだことがあったが、その時のこの島は、水平線上に、太い直線のようになって長く横たわっていた。私は傍にいたフィンランド人に、あの板の様な島の上で如何に激しい戦斗が行われて如何に多くの同胞が悲惨な最後をとげたかを物語ったのであった。一方、私の見た地図は島尻地方が全く平地に近いような印象を私に与えて、首里がこのような高い丘の上の景勝の地にあることを想像させては呉れなかったのである。大学はその丘陵の中でも最も高い頂にある。

首里城の壊滅は、聞くだけでも心を痛ましめる。我々は封建的風習からは脱しなければならないが過去の時代の記念物を大切にすることが、我々の前進に何らのブレーキとなるものではない。賢明な沖縄の同胞は、自己の歴史を尊ばれると同様に、首里城をいつまでも大切に保存されたことと思う。然るに戦争はこの人類の宝を容赦なく木端微塵に粉砕した。もう過去をしのぶべき1片の瓦も、1箇の礎石もなかった。そこで不屈不とうの同胞は、未来の象徴としてその廃きょの上に堂々たる大学を建設し始め〈原文の倒置を四郎誤植訂正〉た。而もそれは沖縄島〈原文倒置、四郎誤植訂正〉の南半を一望の下におさめる最高の丘の上である。

これがどこかの陰気な谷間にあったの〈原文倒置、四郎誤植訂正〉な

ら、沖縄の文化の最高峯を示す学府〈問を四郎誤植訂正〉としてふさわしいものとは言えないであろう。私はこれほど景勝の地に聳え立つ数々の立派なビルディングから成る大学を想像する事ができなかった。そしてその現実の姿を見て心からこみ上げて来る喜びを禁ずることができなかった〈11月19日参照〉。どうか立派な建物の数を更にふやして、外観内容ともに琉球の最高学府となし、未来の躍進のために備えていただきたいと思う。

1952年の夏、2年ぶりで祖国の土を踏んだ私を悲しませたのは横浜東京の人々が、暫く見なれて来た欧米の人々と較べて、著しく痩せこけ、顔色の悪いことであった。

今度沖縄へ来るにつけても、どういう初印象を受けるかと、その点が気がかりだった。所が始めて大学へ案内されて接した学生諸君や先生方が、皆陽によく焼けて元気そうで、活動的なので、明かるくなりかけていた私の気持は益々明かるくなった。年配の先生方がお元気で朗らかであられるのも嬉しいが、若い溌らつとした先生方が数多く見えるのは、この大学の将来が保証されているようで楽しい。

大学の方々から受ける活動的な印象は、それが孤立したものでないだけに一層頼もしく感ずる。那覇の町々を歩いて見ても復興の活気で満ち満ちている。戦前にはあまりなかったというビルディングが立ち並び店々には商品があふれている。あの戦争のもたらした災禍は誠に甚大であったし、戦後の困窮も私どもが本州で経験したのとは比較にならないひどいものだが、それらのすべてを過去へと押しやって未来の建〈健を四郎誤植訂正〉設のために努力している人々の様子は、どんな縁の遠い異民族であったとしても頭の下がるものに違いないのに、

私ども本州に住む者にとって最も近しい親戚である沖縄の人々の現状であるだけに、私の喜びは何十倍も大きくなるのだ。

　勿論、現在の沖縄の状態が満足すべきものだというのでは毛頭ない。耕地に対する人口の密度が世界〈ママ〉〈界の脱を四郎補う〉無比だと私の考えている日本本州よりも更に密度が高いことが、首里から那覇への自動車道路を歩〈歩の位置を四郎誤植訂正〉けば、手にとるようにわかる。〈句点を四郎補う〉悪い条件にもめげず、人々が元気発〈ママ〉〈溌〉らつとして働いて居られることを、心から喜ぶのである。

　学生諸君は文化のパイオニアとして選ばれた、沖縄の将来を担う人々である。沖縄の言語と文化は世界にただ一つしかない。そしてその担い手は沖縄の民族をおいてはない。一つの文化があらゆる面で他の文化より劣っているということはあり得ない。科学(注)の点で進歩している民族でも、文化のすべての点で他に勝れているわけではない。沖縄の文化が他に掛替えのない〈句点を四郎トル〉長所を含んでいることは疑いない。自己の文化を尊び愛することは排他的・非進歩的となることを意味しない。否、自らの歴史を軽んずる民族に未来はない、とさえ言われる。学生諸君は新しい学問にいそしまれると同時に、沖縄の言語・文化・歴史の尊さに対する自覚を保持し、何人に対しても卑下することなく、堂々と胸を張って、光輝ある沖縄の建設に邁進されんことを熱望する。　　　　　　　　　　　　　　　　　　　　（10月14日）

注〈編者〉　米国（大学）での失望体験が念頭にあるのであろう。「大学生の
　　知的会話は、日本の旧制高等学校の生徒の方が上質」、とか「ああいう人
　　種差別は、欧州から余程程度の悪い連中が渡って来ていたからだろう」

等の感想を漏らしたことがある。占領中の在米経験は、四郎にとって日本人に対する認識（自信）を新たにさせる結果となった。ローマ字論者から転向したのも、米国での失望体験によるという（四郎一周忌柴田　武氏挨拶）。毎日新聞社から昭和25（'50）年刊行予定奥付の四郎著『ローマ字と日本語』（248ページ）が校正刷のまま出版されずに遺されているのは、この関連か。

10月26日（水）

この頃アメリカの調査団が来て軍用地〈の強制収用〉について琉球側官民の意見を聞いている。〈資料18注2参照〉

山林地が解放されると婦女子(注1)が暴行されるおそれがあると言ったのに対し一米人が「日本兵は暴行しなかったか」ときつ問したので、その琉球人が「日本人がやったからアメリカ人もやっていいというのか」と応酬した記事が載っていた。

中今助教授〈信、琉大文理学部国文学科〉より琉球芸能公演会の招待を受く。伊波〈普猷〉氏の『琉球戯曲集』を貸与された。「護佐丸敵討」を勉強することとする。

発信　午后5時　家（飛「ナハ泊港」）、音声学会、三重県人会(注2)

注1　四郎来沖の前月9月3日に白人米兵アイザック・J・ハート軍曹（31）が6歳の幼女強姦事件（「由美子ちゃん事件」）を起し、軍事裁判中であった。滞在中の12月6日死刑判決が下り県民を安堵させたが、後に本国に送還、減刑されたことが明らかとなる。次いで、同年の9月10日にも黒人米兵レイモンド・エルトン・パーカー1等兵（21）が具志川村で7歳の少女を強姦する「S子ちゃん事件」を起す等、米兵による日本女性に対する性暴力は、沖縄戦中・占領直後から今日まで

枚挙に遑ない（天願盛夫編『沖縄占領米軍犯罪事件帳』、ぐしかわ文具店発行、平成11〈'99〉年、具志川市。ほか）。
　2　四郎は三重県亀山町（現亀山市）東町の出身（巻末略歴）。

10月27日（木）

発信　高里氏、唯氏〈10月2日〉（ハガキ）

仲里、平良、中今、藤井の諸氏と沖縄文化協会芸能部主催の「琉球の芸能」公演を見る〈資料4プログラム〉。第10回文部省芸術祭参加を前にしての公演である。平和通〈10月22日注〉の国映館(注)は日比谷映画劇場と同じ設計によるという。

踊りも組踊りも今までに見たものの中では最も上出来であった。衣裳も美しく練習もよくつんであるように見えた。真境名由康氏は名人と言ってよいようである。

あとで「折れた槍」というアメリカ映画をやり印象がすっかり消されて了ったように思ったが、後になると映画の印象の方が却ってうすれて来た。

【添付物】「琉球之芸能　当地公演」プログラムと案内状同封の封筒〈10月26日受領か〉。同じ封筒内に未使用の印紙と切手をハトロン紙に包み保存。「琉球政府印紙」1円2枚・3円2枚・5円2枚・10円2枚。「琉球郵便」50 SEN　4枚・1円4枚・2円4枚・3円2枚・4円（野国総管　甘藷伝来350年記念）2枚・6円2枚・10円2枚・13円（AIR MAIL）2枚・5円2枚・20円1枚。〈沖縄の象徴として使い残りを保存したのであろう〉

当時のまま残る首里劇場

四郎は下宿と琉球大学の間を通う途次、この前を通った。首里大中町にて、平成19（'07）年4月23日編者撮影

注　現存せず。現那覇市松尾2丁目5、国際通り沿いイケミヤパーキングとOBJビル（浮島通り東角）の間にあった。（武富）

10月28日（金）
　授業の後で4時〜6時に方言調査の演習をやる。久志〈現名護市〉の方言の調査を始める。
　晩8時から首里劇場〈現存〉で芝居を見る。翁長小次郎一座。護佐丸の最後、あまわりの最後、外に現代物二つ。ほとんど方言なので面白かった。幕間の口上は方言と標準語との混りでわかりやすかった。舞台に近い佐敷〈ママ〉に坐る人々の会話を聞くのも面白かった。

【添付物】「入場券　首里劇場　大人25円」

10月29日（土）

午前11時琉球新報社集合。久高島調査旅行にでかける〈資料22参照〉。(注1)
一行は須藤利一教授（東大教養学部）、山元恵一助教授（琉大）、数田雨条氏（那覇高校の先生、俳句）、記者金城一夫氏、余の教えている琉大学生4人（久米島、久志、今帰仁、伊平屋）〈10月21日参照〉。

12時　バスにて那覇出発。真玉橋〈王朝時代の名橋、沖縄戦で壊滅…武富〉、識名園〈琉球王家別荘、沖縄戦で壊滅…武富〉を見る。

12時45分　馬天港着。新垣孫一氏より色々の説明をきく。

2時45分　馬天港をスクラップ船（港内の鉄屑を拾う船　数トン）で出発。風波強く船のゆれ甚し。山元氏はテンプクを恐れる。

3時半〜4時　エンジン止り漂流す。ゆれひどく心細きこと限りなし。ようやく動き出す。

4時25分　久高島着。12〜3才以下の女の子が20人余り迎えた。

学校に行く。久高小中学校。小学校生徒92人　中学校生徒43人　校長　吉元仙永氏（38才）　先生　男3人、女4人（内1人だけ土地の人）。校長は玉城〈本島南部の村〉の人で1年半になるが方言が全然わからない。足を洗おうとしたが水が無い。井戸は島内に五つだけ。最近2ヶ所掘った。

字は一つだけ。130戸、約700人。長寿の者多し。

姓は西銘(ニシメ)、外間、内間、糸数、知花(チバナ)、並里(ナメサト)。〈ルビは「メ」のママ(注2)〉

もらわれて来たり、養子になって渡って来た人々が戦後祖先の姓にもどした。福治(フクジ)、安泉(ヤスモト)、仲松(ナカマツ)、玉那覇(タマ)、比嘉、西銘（←田盛(タモリ)）。

区長糸数次平氏（48才）　この人の家で御飯を頂く。

安泉松雄(マツヲ)氏（52才）　終戦当時の校長先生。

ウタキは3ヶ所　kuˈbanu ʔutaki　神谷原

この島にはハブがいないと。

内間仁栄氏　青年会長　青年会員（25オマデ）52人、同女子部（23オマデ　結婚しても子供ができるまで。子供ができると婦人会に入る）40数人。

全部見合結婚。巡査、医者なし。

高田普栄氏　知念村村議会議員　小学校は長崎、シンガポールに長く住む。もう一人福治万正氏が当地より出ている村会議員。

とれるものは：4時間位沖へ出て　イカ（5月～10月）、マグロ、カジキ、フカ。近海で小魚、タカセ、サザエ、ウニ、海人草、タコ、エラブウナギ（ここの名産）。途中に見えるのは、クマカ(注3)という無人島。

晩に子供達に発音を教わる。[t']は喉頭化無気音でdental、それに対する無声有気音は[ˈθ]　はぐき音でそりじた。ほとんど破裂させず[θ]をわたり音的に発音、舌尖は下へflapする。[ᵖΦ]もごく弱い破裂音が聞え、[Φ]はわたり音。いずれもmellow。ヒツジ「p'iˑ⌐」:「p'iᵈzaˑ⌐」

ヅとズの区別なし。t'iriN《太鼓》、miri《水》、hiri《傷》、hari《数》

海岸に出て沖縄島を眺める。胡座の方と勝連半島のワイトビーチ〈ホワイトビーチ米軍基地〉辺だけが明るい灯火ギラギラしている。

内間順一氏の家に泊めて貰う。5人ザコ寝。かけぶとんなし。かやをつる。須藤教授等は女子青年会員3人が案内して呉れたので月の海岸を散歩して来られたという。12時過ぎて就寝。

【添付物】「回数乗車券（100区分）定価金百八拾円（税金共）　株式会社首里バス〈全部使い切る〉」

【名刺】新垣孫一（文化財保護史跡専門委員〈10月9日〉）伊豆見元一（琉球新報社東京総局　総局長）・山元恵一（琉球大学理学部美術工芸科）

【添付メモ】「民族発祥との関係語」(「新垣孫一氏筆」〈欄外に四郎補記。写真版は、新垣孫一氏作成メモ〉

注1　「切抜き」はないが、この日に次の記事あり。『琉球新報』10月29日（夕刊）「久高島の探究に　須藤、服部両教授きょう渡島」
　2　名嘉氏ナミサトを正とするも、原ノート、野帳ともナメサトとす。
　3　名嘉氏クマカを正とするも、原ノート、野帳ともクマカとす。

10月30日（日）

5時半頃起きて西海岸へ出る。頭に大きな水槽をのせた若い女達に出遭う。ついて行くと海岸の方へ石だたみを下りて行き洞窟のような所に井戸がある。水を汲み終った女は皆が手伝って槽を頭の上にのせてやる。ティブン ヤミラニ（頭がいたくないか）と言って皆を笑わ

してやる。久米島の学生が出て来たので二人で畑道を北の方へ散歩する。ほとんど甘蔗畑ばかり。岩が見えていて地味がやせている。それらの畑と斑になってアダンの林がある。南方に来たという感じ。土地は全部が村有で各戸に割当てられるのだという〈"琉球共産制"の研究あり〉。

朝食後村の婦人達が固有の服装をし、娘達が洋服を着て ?usideeku（ウシデーク）〈臼太鼓〉を踊って呉れる。8月11日12日の祭の時におどる踊りだという。手のひるがえし方が首を立てやる点本島の踊りと全く違う。終ってから5〜6名の女達が1〜2名ずつ出て踊った。一人の娘が本島式の手と首のふり方を一寸まぜたら皆どっと吹きだした。踊りの動作でもきっと単純な数少ない要素に分析できるのであろう。そこへ外来の要素が一寸はいっても目立つのである。村中の婦人子供達が集まって盛況であった。

10時〜1時半　方言調査。西銘カメ（59才）、シブ（51才）、フミ（42才）の3人。新垣孫一氏はカメさんを推薦していたが、標準語で答えたり、こういう字を書くと言ったりしてだめ。フミさんが一番よかった。

島内の探索に行かれた須藤教授等も帰られ、昼食後金城記者が我々に座談をやらせて記事〈11月1日注5〉を作る。

今日は昨日より波が静かだという。島の東南端によい船つき場がある。昨日は西南端につけたのだが、船頭が知らなかったのだろうという。第一あの船は帆柱があり、テンプクし易くて危険だったという。

3時50分　久高発。今日のは連絡船だというのだが、昨日のより小さくボートのようなもの。風は右前〈北〉から吹いて来てゆれは昨日

よりひどし。

　4時35分　安座間に上陸。5時半頃のバスにて6時過ぎ那覇着。新垣氏の好意で馬天の連絡船掛りの老人（久高出身）から借りたレインコートを久志出身の学生が返して呉れる。

　後で聞いたのだが、今日は海上警戒警報（暴風に対する）が出ていたので山元助教授のお宅では帰って来ないものと思っ〈ママ〉〈て〉居られたという。

【添付物】「島尻線乗車券　東陽バス　安謝間　那覇　上り　大人 30」

　注　添付「切抜き」はないが、この日次の新聞記事あり。
　『琉球新報』　10月30日（日刊）「久高島の古文化探究に　服部、須藤両教授きのう出発」〈前略〉服部教授の話＝言語学の立場から久高島を訪問したいと思っていたが、機会に恵まれその上須藤教授とも連れ立っていくことは大へん嬉しいことです。久高島は沖縄民族発祥の地として歴史的重要な島であり、この島の持つ方言は独自な貴重性があり研究対象としては価値あるものと思っております。〈後略〉）

10月31日（月）

大東（飛）　福田（「山原船〈民間帆掛商船、11月26日〉」、「かしかけ踊」）

　料亭松華で文部省の春山大学課長、高里事務官歓迎（琉大主催）がある。女達が古い髪をゆって居り、方言を自由に使うのが目立った。余も彼らの一人について方言を習った。

【名刺】小橋川　寛（琉球大学教育学部）・与那嶺松助（琉球大学教育

学部教授)〈名刺横日記に「春山 高里両氏会」の四郎注記あり〉

　会後隣の部屋で須藤教授の明日の出帆をひかえ川平氏の歓送会がありそれに招かれる。宮平敏子嬢がこの松華の経営者だと署名入りの写真（踊り）4枚貰う〈口絵写真8〉。木曜日〈10月27日、資料4〉の晩「柳」を踊った人。□□□□□〈人名5字省略〉というゲイシャ、余の傍に坐りナハ語を多少習う〈資料22・23参照〉。

【名刺】宮平敏子（沖縄文化協会　芸能部）・花城長允（琉球海運株式会社　経理課長）〈名刺横日記に「須藤教授会」の四郎注記あり〉

注1　大束百合子（おおつか）（1919〜）。言語学、英語学研究者。当時東京理科大助教授。四郎の推薦によりロンドン大留学中（指導教授 J. R. Firth〈1890〜1960〉）。後、津田塾大学長。
　2　沖縄建設業界の筆頭国場組の社長国場幸太郎氏（12月12日）が、敗戦後辻遊郭の名楼松華楼（しょうか）の名を襲い那覇市松尾に建てた戦後那覇の代表的料亭。公私の重要な会合が開かれた。（武富）

11月1日（火）
井田（注1）（「識名園」）、島村（注2）（「泉崎橋」）、金田一（注3）〈京助？〉（「円覚寺」〈10月17日注2〉）、外間〈守善〉（大学新聞3）

　11時40分出帆のナハ丸で鹿児島へ立たれる須藤教授を泊港に見送る。明日午后1時につくという。

　午后　武富先生、良浩氏と木下恵介氏（注4）〈映画監督〉の「遠い雲」、「愛の一家」（注5）を見る。

【添付物】「岸壁通行券 Pier Toll No.1053 NOV.1.　金五円也」

注1　井田栄三（1874～1956）。三重県出身の実業家。私的奨学施設「樹人荘」の設立者。四郎は一高・東京帝大在学中荘人として支援を受く。没後荘人達は毎年命日に墓参を続けた。

2　島村幸三郎（1875～1966）。元大連満鉄図書館初代館長・東亜考古学会幹事。四郎の後援者。アイヌ語調査を物心共に支援。四郎は相手の境遇の変化により態度を変えない性格で、敗戦後の島村氏公職追放後も終生変らぬ交誼が続いた。

3　王朝時代の名橋、沖縄戦で壊滅。戦場となった地域の橋は日本軍が撤退する際に爆破し、これに米軍の砲爆撃が加わった。（武富）

4　11月2日。昭和27（'52）年7月仏国より帰国のマルセイエーズ号（10月25日『琉球大学新聞』参照）同船者。作曲家黛　敏郎氏も同船。黛氏の創作上の悩みを聴き、四郎は「日本音楽の中にも学ぶべきものはありませんか」と示唆したと。

5　添付「切抜き」はないが、この日次の新聞記事あり。

『琉球新報』　11月1日（夕刊）「由縁(ゆかり)の島に学究のメス　収穫どっさり3教授帰る　久高島の秘境探検　面白い方言の変化　千年前の貝塚発見　滅びた古代算法」（〈前文省略〉服部教授談＝知念から僅か2里近い島であるのに知念の言葉と全く異なるということは、以前から聞いていたが、日本本土ではこのような例はめったにない。ここ久高島の言葉は、離島の言葉がよくそうであるように、いくたのふるい特徴を保存していると同様に、独特の新しい変化も生じているので興味がある。久高島の言葉と首里方言との言語年代学的距離は、計算してみなければ正確にはわからないが、あまり遠くないようである。それにしても、本島の人々が久高の人の話すことが理解できないのは興味ある事実で、言語年代学的距離と方言の分り易さはとは、必らずしも正比例していないことがわかり、大変面白かった。この島の方言は色んな点から見て興味があるので、もし命がもう一つあったら、3ヵ年位こ

の島に住んで徹底的に研究してみたいと思うくらいである。〈後略〉)

11月2日（水）
木下〈恵介〉[注]（「鳩間節」）、外間〈守善〉（「観音堂」〈11月19日〉）、〈東大〉研究室（「ナハ市場東通り」）、福田氏（航、6、4、3、1、1）、家（飛、6、4、3、1、1）

授業の後で沖縄教職員会で琉球全域の小学校に入学する児童の語彙調査に関する相談会があった。仲宗根氏、□□氏〈ノート2字分空白〉、比嘉氏に小学校の先生方8人ほど。方言ばかり話して来た子供が小学校へはいっていきなり国語読本を習うわけだが、その頃果してどの程度の標準語基礎語彙がわかるようになっているかという調査をやろうというわけである。

【名刺】喜屋武真栄（きやたけしんえい）〈ルビ印刷〉（沖縄教職員会　事務局次長・経済部長・教育文化部長）

注　昨日の映画の感想であろう。木下監督の代表作「二十四の瞳」は、当時「文部省特選」の「日本中が泣いた」とするヒット作であったが、四郎はさして評価しなかった。大石先生の反戦的言動に対して、「当時の日本人は真面目に戦争を戦っていたから、あれはウソだ」即ち、敗戦後の観点から描かれた戦前世界（の虚構）、という趣旨の感想を書き送ったと。この頃は親交があり、10月13日付で木下氏より長野県から「野菊の墓」撮影の近況報告の葉書が来信したが、やがて年賀状（晩年まで続く）のみの交際となる。

11月3日（木）

比嘉〈春潮〉（飛）、北村（飛）、柳田（「かしかけ踊り」）、東条〈操、方言学研究者、学習院大文学部国文科教授〉（「琉球行政府〈建物〉」）、松尾（新聞）、福田（新聞）

一日読書する。意味論に関する諸論文を読む。

11月4日（金）

北村（琉球新報、琉大新〈聞〉）、市河〈三喜、上村氏解説〉（「ナハ牧志通」）

放課後4時～6時　久志方言を松田国昭君について調べる。

11月5日（土）

北村（「行政府遠望」）、溝部〈孝、一高同期生〉(注1)（「行政府」）、新村〈出、国語学研究者〉（「ハトマブシ」）　快晴

仲宗根氏、武富良信氏〈琉大庶務課長、実兄…武富〉、良浩氏、名嘉君、カデカル〈嘉手苅喜昌〉運転手の一行6名。午後1時40分首里発。泊より第1号線〈現国道58号線〉にて嘉手納（カデナ）のロータリー〈米国風、現存せず〉に出、右へ曲り、右手に大飛行場〈嘉手納米軍基地〉を見て進む〈現県道74号線〉。知花に至る途中で飛行機が道端に落ち黒こげとなっていた。まだ煙の臭がしていた。

知花〈十字路〉より北に進み〈現国道329号線〉石川通過が2時35分〈現在に比すれば非常な速さ〉、ここから始めての土地へ入ることとなる。金武湾の水青く美し〈独特の色で、10月20日の海の色との書分け正確〉。まだこの辺は所々に米軍の施設がある。〈北部の山脈の最南〉恩納嶽〈嶽、オンナ〈ママ〉琉歌の名所。四周に目立ち愛さる〉のやさしき姿見ゆ。ギノザ〈宜野座〉を過ぎ古知屋潟原（kucakatabaru）カタバルから左へ山中に入る〈現県道74号

受領日不明のメモ

線〉。松多し、すすき多し〈痕跡現存〉。低い峠を越えて西海岸へ出る。この辺山の中腹に沿って道路のように山がけずってある。エンエンと山を縫ってのびている。イノシシよけなりと。許田の手水（cudanu timizi）〈琉歌に詠われた名泉、現存〉を上から望む。付近の谷一つ一杯になって面白い枝ぶりの大木が密生している。〈許田から〉名護に至る海岸道路は第1号線で幅10米位、アスファルトで舗装されている。右手のけわしい岩石〈ママ〉〈山？10月20日〉に段々畑が作ってある。このような異常な努力は日本内地でも見られない。

「平良文太郎図書館長より」〈四郎記入〉

　恩納岳あがた里が生れじま　森もおしのけて　こがたなさな

昔手にくだる情から出ぢて　今に流れゆる許田の手水

　浦々の深さ　名護浦の深さ　名護の女童の思深さ

　3時半　名護。徳田球一〈日本共産党創設者の一人〉の出身地なりと。この辺より家の作り方が違っているのに気づく。ひさしが数本の柱でささえられている〈残存〉。この海岸は山がせまっていて耕地少なし。本部の手前はひどい岩石、危〈奇〉〈ママ〉岩怪石多し。平らな瀬底島見ゆ。4時　本部（Mutubu Tuguci〈渡久地〉）　ほこりをかぶった町、バスのお蔭だ。イエ〈伊江〉島は全く平らだが東に片寄った所に城山が突忽〈兀〉〈ママ〉としてそびえている。Basil Hall の本か何かに写生図があったと思う。

　今帰仁村にはいる頃より次第に景色かわり濡い〈ママ〉を帯びて来る。田畑肥、草木繁茂し松並木美し。陵線が円く本州を思わせる。子供達はやはりはだしがかなり多い。ナキジン〈今帰仁〉城址の山を右手に見る。与那嶺で左へはいって仲宗根氏の宅〈現存〉に寄る。4時20分仲宗根氏宅着。石垣をめぐらし、赤 紫の色彩のあでやかな草が庭を飾っている。kuninbu の木がある。〈注2〉こんな部落でも米軍は民家を焼き払った。仲宗根氏の家も焼かれ、戦後村の山林の材木で建てられたものだという。正面にイハイ〈位牌〉があり、左手にカンウ〈関羽〉〈注3〉の掛図がまつってある。カステラと牛乳入りのコーヒーを頂く。樹にうずもれた部落を歩いて見る。仲宗根氏〈今帰仁方言の専門家、上村氏序文〉の故郷でなければ住んで言葉を研究したい所だ。5時10分同発。海岸に出ようとして出ず〈この付近の道判り難し〉。Nakoosi〈仲尾次〉を通り崎山の aʃagi〈祭祀用建物、現存〉の所から右へ本道〈現国道505号線〉へ

現存する関羽の掛図

仲宗根政善氏長男泰昭氏宅にて、平成19（'07）年3月20日編者撮影

出る。

　この辺道路の幅は東海道よりも広く、ほこりの立たない白い土で松並木〈痕跡現存〉があり実に立派な道だ。戦後道路で褒賞を受けたと。運天港〈名嘉氏郷里への連絡船港〉には寄らずに湧川（ワクガワ〈ママ〉）に出る。この辺〈現「湧川マリーナ』〉松島を思わせる。冬は鴨が下りると。?oo〈奥武〉の島から屋我地島へ橋がかかっている。伝説の夫振(注4)（wutupui）岩海中〈源河川川口沖〉に見える〈現国道58号線〉。塩屋（suja）湾にさしかかる頃たそがれて次第に景色が見分けにくくなる。この湾ではカキの養殖をしている。日本よりも3倍も早くできるが味はおちると。

　ヘントナ〈辺土名〉に近づくと米軍施設の電気がコーコーとしてい

る。

　7時5分前　ヘントナ着。バスの停留所の「普通旅館」あけぼの〈現存せず〉に1泊。この辺までバスがヒンパンに通っている。本部半島は勿論のことである。（国頭村辺土名14班　館主　山入端(やまのは)ユキ）

- 注1　アイヌ語調査費醵金の支援者（岩波書店『アイヌ語方言辞典』序説9ペ）、ここも調査費についてか。以下の溝部も同じ。
- 2　音声表記原ノートのママ。柑橘類の総称。
- 3　昔の田舎の家には、福禄寿や漢人の絵柄の掛図がよく掛かっていた。（武富）
- 4　若い醜男と美女とが両親によって、この岩に流されてめでたく結ばれたという伝説。沖縄芝居の題材。

11月6日（日）

　晴　朝、名嘉君と村内を散歩、海岸に出る。子供達が三輪車で遊び cuukú uʃiree（うんと押して）といっていた。「簡易旅館」という看板を見掛ける。「普通旅館」はそれより上[注1]なのだろう。

　名嘉君の故郷伊平屋の島々が見える。イヘヤではイゼナ〈伊是名〉島のことを meeˈʒi〈meeˈzi:…名嘉〉、伊平屋島のことを kuʃiˈʒi〈kuʃiˈzi:…名嘉〉という。後者は山ばかり、前者は平地が多いと。

　9時47分　ヘントナ発。自動車の哩数を見ると27828。

　仲宗根氏が当地の高等学校の先生と連絡をとり、ベノキ（国頭村字辺野喜）の調査が円滑に行くように手配して呉れられた。

　この辺山が海にせまり、ほとんど耕地なし。ひどい岩山の急斜面まで耕している所がある。川があり海岸線が少し凹形をなしている所に

部落がある。昔は部落と部落の連絡も容易ではなかった所だ。

　謝敷板干瀬に　うちゃい引く波の謝敷　みやらべの目笑はぐき

　10時10分　ベノキに着く。狭い谷間に家の密集した部落。背後の岩山は高い所までたがやされ、イモが作ってある。村人達は物珍しそうに、しかしなれなれしく迎えて呉れる。大抵はだしである。

　金城親吉氏の宅で調査を開始。東恩納寛朝（74才）さんと当地小学校の先生、金城親孝氏（26才）と3人を調べる。言葉も答えも極めて明確である。アクセントもはっきりしていて当方の問いに速答を与える。非常によい informants である。仲宗根氏に従えば之が当地の気風で、最北端の奥 oku の人々にもそういう特徴があると。非常に調査に協力的であった。1ヶ月位調査に来たら小学校の宿直室にとめて呉れるという。調査に約4時間かかった。

　2時35分　ベノキ発。27837哩。3時前　茅打バンター（Kajauci bantaa）〈バンターは断崖の意〉に至る。数百米の断崖、南の海岸を眺めた景色は絶景、沖縄新八景の一つ。与論島が見えるのだそうだが、今日はかすんでいて見えない。3時25分　ベノキ、3時43分　ヘントナ。この辺はかなり美田があるのだが、それを米軍が取りあげようとしているという。塩屋の景色を楽しむことができた。この辺も急傾斜の岩山を耕している。

　5時5分前　ナゴ着。コカコーラで一休み。5時15分発。名嘉君運転する。1号線を突走る。素晴しいドライヴウエイである。こんな立派な道でも、それが言語に絶する犠牲〈強制土地収用〉によって出来上ったものなので、走っていてもあまり良い気持になれない。

山田から喜名までは部落なくタコウ〈多幸〉山あり。昔は追はぎの出た hwee⌐reeduku⌐ru〈追剥所〉であると。6時、以前の名所比嘉橋を渡り嘉手納にさしかかる頃アメリカ色溢れ来る。これからは坦々たる平地で良田ばかりだったのを全部アメリカに押えられたのだ。

　6時40分頃　首里着。全体的な印象をいうと、之の国頭郡は可耕地が恐ろしく少ない。最も肥沃な中頭地方は全部米軍に押えられた、ということである。沖縄人の生活の根拠は、根本的徹底的に破壊され奪われたということができる。〈資料18・19参照〉

注1　建物が新しく、向いの国頭村役場に用向きの上客達に多く利用された。
　2　比謝橋、古くは比嘉橋(ヒジャ)とも。王朝時代の名橋。沖縄戦による破壊と占領後の米軍による1号線拡張工事のため消滅した。当時は米軍工兵隊架橋風の鉄橋。この川口一帯が米軍の上陸地。首里から海上を眺めると、大小の艦船が海面が真黒に見えなくなる程ひしめいて、一斉に砲撃して来た。

　　敗戦後10年位の間、無事だった者同士の挨拶言葉に「カンポーヌ　クェーヌクサー」というものがあった。「自分は艦砲が喰い飽きて、食い残しにした者です（あの激しい艦砲射撃にすら見離された者です）」の意である。当時生き残った者は、悲惨な亡くなり方をした人を見ているから手放しに喜こべず、むしろ自分が何か悪いことをしたような気持を抱いていた。そこで、自分以上に悲劇を背負っているかも知れない先方に対して失礼にならぬよう、自らは惨めな生き残りであると自虐的な言い回しによって気遣いしたのである。4、50秒間隔でレーダーを用い正確に巨弾を撃ち込んでくる艦砲はそれ程恐しかった。（武富）

11月7日（月）

雨後曇り

晩に名嘉君とマカベ殿内(トゥンチ)の家〈現首里当蔵町2丁目〉に首里語を習いに行く。同君が元下宿をしていた家であると。60才余りのお婆さんで標準語がほとんどできない。はっきりした首里語を豊富に聞くことができた。

注1　真壁ツル（1887～1983）。以下の真壁も同じ。殿内(トゥンチ)は高級士族の称。ツルさんの次男和次郎氏によれば、真壁家は遠祖が尚貞王子尚綱に溯る家系（家系図を伝う）であるから、正確に言えば御殿(ウドゥン)（王族の称）という。〈資料22参照〉

2　和次郎氏の夫人静(しず)さんによると、庭の草1本引いたことのない生粋のお嬢さん育ちで、首里から外に出たことのない人だったため、四郎はその言葉を貴重とした。夜、四郎が静かに優しい声で「ユシリヤービラ」（近づきますの意から、「ご免下さい」の最高敬体）と言いつつ家の入口の引戸をそおっと開けて入って来た様子が今も眼に浮かぶと。

11月8日（火）

大江孝男（「琉大〈建物〉」）　11月分月給入る

高良商店〈平和通りの国際通りから入って東側、現存せず…武富〉というので会話語の多くはいっているレコードを買う。

塩屋のパーパー（タイヘイ s-532）；村語の訛（タイヘイ695）、船遊び；農村朝起唄（s-531）、職業口説（606）、間違結婚；せんする節（692）；ユタの願文（628）；辺土名ハンド小（557）二；伊江島ローマンス 辺土名ハンド小（558）；家なき娘（573）二；家なき娘 三（574）

レコードを買っている時、名嘉が来て買い物について歩いて呉れる。米人の所へ自動車運転のアルバイトに行っての帰りなりと。2時間で¥100（B円）(注4)アルバイトとして良い方なりと。

新垣菓子店〈当時は壺屋小学校の南東隣…武富〉で -cinsukoo〈金楚糕〉を買う。¥65 （家へ送る）

タイチーチョー〈大鶏餃〉¥65 （11箇）（マカベさんに）

暫くして主人帰る。武富先生からの紹介なので大いに丁寧に取扱う〈沖縄の商法〉。東京に親戚のあることなど話す。

安里川（といってもドブ川だが）を渡ってバス通り〈国際通り…武富〉へ出、北上して琉銀安里支店の前からバスに乗る。この〈西方〉一角はもとの一高女跡(注5)だが、名嘉君はそこが女郎屋のセンターだと教えて呉れた。ナハの元の辻遊廓は池〈波〉（ママ）の上の辺にあった〈現風俗街は名残りか〉が、それが多くここに移って来ているとのこと。

【名刺】新垣淑扶（琉球御菓子商〈「成城大学教授（国文学）新垣淑明氏は親戚なりと」と四郎日記横に補記〉

【切抜き】沖縄タイムス　11月8日（夕刊）「全琉人口80万を突破」〈記事本文は資料5に移動〉

【添付物】「内容紹介　大鶏餃（タイチイチャウ）　花ぼーる　金楚糕（チンスコウ）　光餅（クンベン）　新垣菓子店謹製」

注1　大江孝男（1933〜）。言語学、朝鮮語研究者。当時東大大学院言語学専門課程修士1年。後、東京外大アジア・アフリカ言語文化研究所教授。
　2　現在島根県立大学「服部四郎ウラル・アルタイ文庫」収蔵。

3 小（グヮー）は、可愛らしいものの意。（上村）　卑小なもの、と蔑む意に用いる場合もある。（編者）

4 米軍政下の通貨Ｂ円軍票（Ａ円軍票は一時期米軍基地内でのみ使用）のこと。円・銭単位だが、銭は1953年末までの流通。日記本文末尾にＢ円の実物を多数添付（本書ではその一部を写真版で掲載）。四郎によれば、当時沖縄の人々は米国のセントをセン（仙・銭）と言い換えて（抵抗して）いたと。

5 現在のモノレール安里駅東側「栄町リウボウ」（スーパーマーケット）の地に当たる。一高女と女子師範とが併立していた。ひめゆり学徒隊の出身校。故にここを通る国道330号線の通称を「ひめゆり通り」と称し、安里川に掛かる橋を「ひめゆり橋」と称す。（武富）

11月9日（水）

高津氏より来信（飛）　午后2時過家へ書留航空。菓子を書留

真壁さん〈11月7日〉の所へ行こうとしたら〈入口の〉露路〈現存〉の所で名嘉君に出遭った。寮を見せて呉れるというので行く。2階の一番東の部屋だ。色々の学部の学生が6人一部屋に居る。丈夫な2段式のベッドが三つある。質素だが清潔でよい。机が六つ雑然と向い合って並んでいる。之では一寸勉強に不便だろう。一人でじっくり勉強するのは困難だ。窓は北向き、廊下は南に通っている。

今日は真壁さんの三男の方がついていて通訳して下さったので非常に都合がよかった。

注1　琉大男子寮、現存せず。現首里当蔵町1丁目県立沖縄芸術大学の敷地内で、真壁さん宅への「露地」の入口から見て左（西）筋向かいに当たる。

96

2　ツルさんに三男はない。二男（和次郎氏）の誤りであろう。

11月10日（木）

比嘉氏、福田氏、Haltod 氏より来信（いずれも　飛）三栄橋郵便局より高津氏（「泊港フトー」、飛）、辻先生（「羽地内海」）、麻〈生〉先生（「普天間」、琉大新聞）、福田氏（「塩谷〈ママ〉〈屋〉内海」、飛）

良博〈ママ〉〈浩〉さんに教わり神里原〈注〉〈通り〉の入口右側の床屋へ行く。良く肩をもんで呉れたので時々行こうと思う。国際通りへ出てバスを待っていると、下りて来た小さい断髪婦人が余に挨拶した。10月31日の須藤教授の会で会った芸者だった。琉球髪はかつらだったのだ。

【切抜き】琉球大学新聞12〈ママ〉〈11〉月10日　「大学祭行事日程　プログラム12月9日〜12日」

注　カンザトバル通り。現在地図や公の表示には見えないが、今のひめゆり通り（国道330号線）の神原（かみはら）十字路（信号標識は「壷屋」）を発し、県道220号真地・久茂地線を西進180m、さらに北に折れて250m白山歯科の信号（チブヤヤムチン）（壷屋焼物通りに続く通り）までの間をいう。占領後米軍が許した最初の商業地域。沖縄の代表的デパート（当時は現在の町中の小さなスーパーマーケット程度の広さ）の、リウボウ・山形屋・マルキンは当初此処にあった。地質が悪く、交通不便のためもあってやがてさびれた。現在通りの所々の店名に「神原」を冠するのはその名残り。（武富）

11月11日（金）

放課後、久米島の方言調査。晩、真壁さんのお宅で首里方言調査。

11月12日（土）

雨。家より郵便物を航空便で郵送し来る。

真壁さん休。

佐々木〈信綱〉先生[注1]（「花風踊り」）、井田欣平氏〈11月1日栄三氏令息〉（「ひめゆりの塔」）、大友信一[注2]（「沖縄師範健児之塔」〈口絵写真1に同じ〉）

注1　佐佐木信綱。歌人、国文学研究者。その生家（三重県旧石薬師村）を四郎の母方の実家藤田家（三重県旧井田川村字和泉）が住宅として買った（後、佐佐木信綱記念館として石薬師に再移建）縁で好意を受けたが、作歌を勧められる理由から深くは交際しなかった（「佐佐木信綱先生の思い出」『一言語学者の随想』）。時節の挨拶はまめに行った様子。

2　大友信一（1920〜）。国語学研究者。当時東北大大学院博士課程1年。後、千葉大教授。

11月13日（日）

晴　家（航 6．4．3．1．1．）、矢内原〈忠雄〉先生〈東大総長〉（「塩屋漫湖」、琉大新聞）、小酒井〈五一郎〉（飛）、塚田武彦（飛）、長 正三（「魂魄の塔」）、金田歯科[注]（「健児の塔」）［牧志郵便局にて］

午后12時過から5時40分頃まで、真壁さんの所で首里語調査。令息〈和次郎氏〉が熱心に協力して下さった。　　　ハナボール¥100

注　金田義夫。東京銀座西、四郎総入歯製作医師。交換教授時代に米国で総入歯にし（米国の技術を「原爆にやられたものだから過信した」という。動機不明。音声の完璧な発音を目指してか）、昭和27（'52）年帰朝後は同歯科医院を掛り付けとする。発音への影響があるため、調整に苦労することがあった。12月24日『音声学』録音時の調子は良好であったら

しく、発音に苦労した話は聞いていない。12月24日注1参照。

11月14日（月）
晴　鳩沢平賀[注]（航、「観音堂」〈11月19日〉）

【切抜き】沖縄タイムス　11月14日（日刊）〈前文〉「今年の1月14日「沖縄の軍政批判」という見出しで社会面の全面をつぶし人権協会の調査報告書をかかげた朝日新聞の記事はいわゆる「朝日報道」として大きな反響を呼び、沖縄の軍用地問題に一つの転機を与えた感さえあったが、当時の執筆記者岩中〈下〉[ママ]忠雄記者はこのほど下院調査団取材に来島、実際に目で見た「沖縄の姿」をつぎのように伝えている。」〈5回連載〉

11月14日「沖縄の顔　あふれかえる車」11月15日「タバコ王国」11月18日「墓　階級別に三つの型　戦時中は防空壕に」11月19日「八重山　悲劇の"移民史"石垣に水道は引けたが」11月20日「戦いの跡　眠る三万五千の霊　民政による開発進む」

注　当年夏に調査した北海道のアイヌ語インフォーマント、鳩沢ふじのさんと平賀サダさん。福田すゞ子氏調査に関してか。

11月15日（火）
来信　家（アグノエル）[注1]、北村、福田　福田（「琉大本館」15）

10時に琉大本館前で琉球政府主催の全琉球戦没者追悼式があった。招待は受けていなかったが歩いて行くと、琉球新報社の親泊社長〈政博、写真5・14〉の車に乗せられ一番前の席につかせられた。鳩山首相代理や両院議院長代理が悼辞を述べたのはよかった。日本遺族代表の福島未亡人がオエツしつつ悼辞を朗読された時は、方々からすすり

泣きの声がきこえた。〈資料6にガリ板刷の「次第」を収録〉

【名刺】石野朝季（琉球新報記者）（「余に執筆を頼みし記者」〈四郎補記〉）

　今朝は朝食の直後、いつも〈下宿から〉眺めている谷〈通称宝口（たからぐち）の谷。口絵写真11・12参照…武富〉を一つ越えた北の丘に登って見た。琉球大学のそびえ立つ首里の丘が逆光線に美しく〈当時は廃墟に近かったため見通せた〉、那覇の海岸も米軍の基地化した西海岸地帯〈那覇市泊・天久・安謝一帯〉も一目に見えた。北には更に丘がいくつも重なって続いていた。米軍を1ヶ月以上も釘づけにしたのはこれらの丘々であった。〈10月4日参照〉

注1　Charles Haguenauer（1896～1977）。仏国の考古学・哲学・民族学・日本語学研究者。当時ソルボンヌ大学教授。日本の本の購入の依頼などがあった。
　2　四郎が立った場所は、現首里儀保町4丁目「市立森の家　みんみん」附近に当たる。（武富）
　3　首里末吉町（すえよし）・大名町（おおな）とさらに浦添市沢岻（うらぞえ・たくし）一帯の丘陵。米軍の猛烈な砲爆撃によって岩の白い芯まで露呈した姿となっていた。武富の首里大中町は、9.7m間隔で虱潰しに迫撃砲弾を撃ち込まれ、これに海上からの巨大な艦砲弾、空からのロケット砲弾が加わったから逃げる場所もなかった（洞窟内に身を潜めても、空からドラム缶大のナパーム弾を落され、中は一瞬にして火の海となるから、長く居ることができなかった）。敗戦後の首里一帯の丘陵は赤禿ならぬ白禿山となって、樹木は1本もなく、遠方から丘陵全体が白く見えた。現在は樹木が繁り南端の末吉町の丘しか見えないが、当時は北の丘陵が遠く見通せた。武

富が転戦したこの丘陵で日本兵・民間人4、5千名が戦死し、戦車隊と臼砲隊が全滅、米軍側も大きな損害を出した。(武富)

11月16日 (水)

ボールス先生[注1]に申請書提出[注2]の件につき。木村(アエログラム)、北村(10.4.1)、福田(10.3.2)

朝よい天気になりそうだったのに風強く雨も降りだした。今日は真壁和次郎氏も当番だし、疲れたので真壁さん行きは休んだ。

注1　Grodon T. Bowles (1904〜1991)。米国の文化人類学研究者。四郎一高時代 (1925〜1928) 恩師 (2学年次英文学)。国際文化会館 (東京麻布) 創設者、当時常務理事。後、米国シラキュース大教授。占領中の日本の教育行政に関与すること大なりと。
　2　アイヌ語調査研究費の申請であろう(『アイヌ語方言辞典』序説8ペ)。

11月17日 (木)

一日小雨がつづく。国語学の講義準備とチェンバレンを読む。中々よい会話のテキスト〈琉球方言〉を取っている。こういうのを見ると、現在余の習っている首里語はかなり普通語の影響を受けているという印象を受ける。真壁さんの所へ行く。

11月18日 (金)

藤田恒太郎〈文京区、樹人荘人、一高理甲大正13('24)年卒〉(「崇元寺」)、藤堂[注1]〈明保、東大文学部中国文学科助教授〉(「守礼門」)、佐藤 誠〈函館市〉(「真玉橋」)、大竹〈魁、埼玉県〉(「山原船」)、小林理研(「ハガキ」[注2])、大日本図書(「ハガキ」[注3])　　雨降る

放課後久米島の方言を調べる。

午後6時より平良　進氏（沖縄歯科医師会長）〈10月10日〉のお宅で宴会がある。仲宗根氏、南風原朝保氏〈10月18・19日、12月24日〉、大宜見朝計氏（仲宗根氏の沖縄一中（在首里）福岡高等学校の同窓）、親泊政博氏〈10月4日・11月15日〉、伊豆見元一氏、池宮城秀意氏〈10月19日〉、大島真一氏らが出席。南風原氏のお宅におけるような最上級の琉球料理が次から次へと出た。

談論風ハツ誠に愉快、平良氏も随分太った人だが大宜見（オギミ）氏はそれ以上に大きく、容貌怪異座談の中心になられた。大宜見氏、南風原氏、親泊氏等の話を聞いていると、沖縄の小天地を忘れアメリカも何のそのという気分になり愉快である。新橋に沖縄屋という料亭あり、首里人のお婆さん数名あり琉歌などを作っていると、伊豆見氏が案内して呉れられることになる。

注1　東大で四郎の音声学講義を学生と共に受講。四郎は藤堂氏の博士論文審査者の一人。

2　昭和27（'52）年帰朝後、週1回ソナグラフ（音声波形記録装置）を用いた音声分析の共同研究のため理研に通い、藤村　靖氏がその助手を務めた。今日の音声の科学的分析研究を当時から志し、藤村氏の恩師東大理学部教授高橋秀俊氏（物理学）に相談した結果という。11月22日注2参照。

3　当時教科書編集に関与、上村幸雄氏もこれに加わる。

【名刺】大宜見朝計（大宜見医院）・大島真一（日本航空株式会社沖縄支店　支店長）

11月19日（土）

久しぶりで天気がよかったので、ドテラ〈口絵写真9～12〉のままで大学の南側を散〈歩？〉（ママ）する。国語学の講義をする教室からこの方面がいつも見渡されるので一度行って見たいと思っていた。桃原から鳥堀までバスにのり、西南へはいる道を歩く。聞いていた通り酒製造工場が多い〈首里赤田町・崎山町…武富〉。識名園まで歩こうと思い道を聞いたのだが、標準語がわからないらしく袋小路へ入る。城南小学校付近〈現御茶屋御殿跡（ウチャヤウドゥン）…武富〉からは〈東方〉ヨナバル〈与那原〉方面の海が見える。大学の建物の見える丘の上〈現崎山公園…武富〉に出る。卵色の本館の一部と芸術学部（ママ）〈教育学部が正…名嘉〉の緑がかった水色の大きな3階建のビルディングとがそびえている。何といっても琉大は傑作だ。いい場所に立てたものだ〈10月25日『琉球大学新聞』参照〉。深い谷〈現金城ダムあり…武富〉をへだてて向うの丘に識名の部落が見える。首里から後退した部隊はあの辺でも大損害を受けたのだ。引返して道〈瑞泉酒造前（北）の道…武富〉を西に取る。部落をはずれて大きな岩の間を通り放送局〈琉球放送〉の下のグラウンドに出た。〈南に〉引返して石畳の道を西へ下の方へ下りて行く。また部落がある。具志堅醤油製造工場などがある。宮古の小学校長をしていた人とかで、軍とうまく行かずやめてこういう方面のことを始めたのだが、2年ほど前より急に大きくなったと。一中健児の塔の部落を過ぎ更に西に行く。いつもバスで首里へ登る途中見える、洋服（ママ）〈館〉の大きな邸宅がすぐ下に見下される。千手観音（sintikwannun）に出た。昔は遠くへ旅立つ時にはここにお参りしたと。今でも糸満〈漁師の多い地域〉の人達はよく参詣するという。戦後鉄キンコンクリート建として復興した

〈現存〉。外の寺（三つの寺があった）が復興しないのは民衆の支持がなかったからではないか。バスで桃原（Toobaru）まで帰る。 晩は真壁さんの所へ行く。 家、千野〈栄一〉君より来信

注1　現存せず。現在の復元された首里城城壁の西南端下、現首里金城町1丁目32に北接する路上にあった。敗戦後この付近には岩や城壁の石が散乱していた。（武富）

2　琉球大学記念運動場（旧師範記念運動場）、現存せず。現在の首里城地下駐車場の地に当たる。（武富）

3　注1の現金城町1丁目32から始まり南西に下る坂道。現在その起点に「真珠道　シマシービラ」（ヒラは坂道の意）の石標が立つ。起点標の両向いの道縁にも敗戦後大岩があった。この坂道を下った先に名所の「金城町の石畳道」がある。起点標から下った最初の曲がり角の右（西）方横穴（古墓）に第五砲兵隊衛兵詰所があった。最後の琉球王尚泰の孫今帰仁延子さん（武富セツの友人）の次男朝秀君（武富の一中後輩の学徒隊兵）は、此処に詰めて居た時に米軍の長距離砲弾の着弾と弾薬の誘爆により10名程と共に戦死と伝う。文献では朝秀君戦死の確証を得られないが、武富は現一中健児之塔付近で運ばれて行く朝秀君の姿を見、「高貴な身分と雖も戦場では逃れることができないのだ」という感想を抱いたことを今も記憶している。（武富）今帰仁延子さんは、12月23日注四郎遺品録音テープ首里方言会話の話者。（編者）

4　現金城町1丁目・2丁目の「アカマルソー通り」沿いにある人家を指す。（武富）

5　現在は跡地のみ。商標（赤丸の中に宗の字）にちなみ、店の前（南）の通りを「アカマルソー通り」と今も呼んでいる。この場所は醤油工場が建つ以前から大豆の資材置場（持主不明）となっていた。沖縄戦中武富は弾雨を掻い潜り此処を通り抜けて下（南）方の泉（「寒川樋川」）

へ沐浴に行った。泉の周辺の岩に絶えず当たる迫撃砲弾の破片の音に脅かされ、早々に逃げ帰ったことが数回ある。（武富）

6　宮古群島行政府任命知事が正。昭和25（'50）年具志堅醬油、昭和32（'57）年沖縄の代表的地場産業「オリオンビール」を創業した、故具志堅宗精氏。戦前市街地で上級警察官用の制服にサーベル姿の同氏を見掛けたことがある。「軍とうまく行かず」は少なくとも表立ってのことではあるまい。占領中は米軍の許可なしには何の事業もできなかった。群島知事が公選制となったのを機に立候補しなかったことを、左様に取沙汰したものか。（武富）

7　現金城町1丁目10附近の人家部に当たる。健児の塔は10月25日注1参照。（武富）

8　現存せず。敗戦後の実業家（「沖映」〈沖縄映画劇場〉経営者）宮城次吉氏の邸宅。今日の沖縄で一般的に見られる鉄筋コンクリート建の四角いビル風の建物（11月26日写真参照）の、首里に於ける魁であった。現在跡地の首里寒川町2丁目24に高層マンション「首里花御内（はなどぅんち）」が建つ。（武富）

9　正しくは siNtikwaNnuN。（上村）

10　どの寺を指すのか不明。首里には王府の三大寺として円覚寺・天王寺・天界寺があったが、沖縄戦で消滅。円覚寺（10月17日注2）の場合は、民衆の支持の有無の問題でなく、琉大の敷地に掛かったこともあり復興しなかった。（武富）

11　千野栄一（1934〜2002）。言語学、スラブ語研究者。当時東大文学部言語学科3年。後、東京外大教授。以下の千野も同じ。

11月20日（日）

家（15）千野（「泉崎橋」13.2.）　チンスコー￥85

3時〜5時真壁さん。　夜7時より、那覇崇元寺〈10月15日注4〉付

近の伊平屋〈島〉在住のおばあさん（名嘉君の隣人）の言葉を調べる。小さな小屋に居る。雨が降ると満潮の時は玄関先まで〈安里川から〉水が来ると。孫娘の夫（馬車屋？）の小屋なりと。その娘の姉が病気でナハの病院へ来たので付添って来たのだ。純粋のイヘヤ人なのだが、多少ナハ式の発言をまぜるので困る。孫娘の夫という人がよく説明して呉れる。嵐のような雨風だった。

11月21日（月）

真壁さんが映画に招待されているというので、7時半から首里劇場の乙姫劇団の歌劇を見に行った。「中城情話」は首里から来た侍が田舎の娘の心を動かし、その許婚との間に問題を起し、手を切ろうとするが女が男について首里へ立去る話。「浜育ち」は啞者と、海でおぼれかかっているのを自分の助けた那覇の大学生と、村長の息子とから結婚を申し込まれた美しい娘があった。3人の親から同時に頼まれた盲目の父親が、娘からもその選択をまかされ、困って海へと飛び込んで死ぬ。娘は始め大学生に心を惹かれていたが、父親の自殺の時にただ一人海へ飛び込んで探して呉れた啞の青年になびくという筋。方言がかなりわかるようになったので嬉しかった。武富先生もおいでになって時々説明して下さったので一層よかった。suu（父）、ʔaNmaa（母）、ʔahwii（兄）、ʔaNgwaa（姉）などのような田舎の方言を使った。

【添付物】「入場券　首里劇場　大人25円（税込）」

11月22日（火）
やっと良い天気になった。家（桂子）[注1]、藤村 靖氏[注2]より来信。藤村氏

にハガキ（航）

　伊平屋のお婆さんの言葉を調べに行く。名嘉君、松田君、山里君がついて来る。このお婆さんきっすいの島生れだけれど我々に向って言葉をやや那覇式に改めて教える傾向あり、てこずる。例えば形容詞の語尾 haN を必ず saN といい、夜を jiru: というを ju:ru:~juru: という。第一音節の母音が長短の動揺を示すので変だと思ったら、そういうわけ。那覇に来たのは生涯3回だけ。10日、15日と今回の20日が一番長いに過ぎない。却って、若くても頭のしっかりしている先生のような人の方がよい。今日も3時間余り、併せて5時間余りかかった。

　また乙姫劇団を見に行く。「澄子の心」という現代物は和服を着たカフェーの女給達が出て来た。日本語も時々まざり面白くなし。「美里里之子」（NzatusatuNusi）という時代物は衣裳がきれいで、大名、侍、百姓の言葉が聞けて面白し。王女が美里里之子を恋し歌を送って城内であいびきする。警ム〈務〉の侍達が発見し里之子を捕えようとしたが、取りにがす。しかし里之子は落した扇子により発見され島流しとなり、百姓の家で百姓をして暮し、そこの娘とむつまじくなる。そこへ王女が侍女をつれて訪れる。そのことを聞きつけて、日頃王女を思っていた侍が家来をつれてやって来て、王女達を無理につれ去る。畑から里之子が帰って来て後を追おうとするが百姓老夫妻にすすめられてとどまる。百姓の娘は里之子が王女を愛しているのを知って家を出、王女をつれ去った侍の家来に頼まれて里之子を毒殺するために帰宅する。里之子が毒の入ったお茶を飲もうとする瞬間、娘はその茶碗を叩き落す。娘の白状によって事情を知った里之子は娘に毒を渡した家来を捕え、王女が古寺に監禁中であることを知り剣をとってかけつ

ける。王女をラチした侍は王女にいいよるが、聞かれないので腕力で欲望を達しようと寺の庭で王女の着物を1枚1枚はぎ、ジュバン姿となった王女の髪をつかんで奥へ引き込れる(ママ)。そこへかけつけた里之子がその悪侍と渡り合い、しばり上げる。まもなく首里から使者が到着、王女と里之子との結婚が許可された旨をつげる。しかし、里之子は百姓の娘とこの島にとどまる意志を表明、王女は泣く泣く帰城する。11時終幕。上間好子、大城光子の名が掲げてある。

注1　山田桂子（現姓　林）。四郎母方叔父山田諭吉の孫。当時早大文学部学生。四郎妻マヒラ母一行の満州引揚船興安丸（12月18日朝舞鶴港入港）出迎えに付添う。この件についての往来。
　2　藤村　靖（1927～）。東大理学部物理学科卒業後当時小林理研助手、四郎の理学的音声共同研究に加わる。後、米国のM.I.T.を経て東大医学部音声言語医学研究施設教授（文学部言語学科併任）。四郎はM.I.T.ローマン・ヤコブソン教授（上村氏解説）への推薦者。

11月23日（水）

那覇地区教育長事務所の砂辺〈正孝〉氏〈名刺、指導主事〉が見え、先日〈武富先生宅〉隣の阿波根〈朝松〉氏(注)〈12月25日〉が頼まれた講演（3時半）を12月1日の午後1時半からやって呉れといわれる。

7時から中今助教授の案内にて首里劇場の楽屋裏に行く。乙姫劇団の団長及び副団長に会う。団長はふくよかで、まだ中々美しい人で愛嬌がよい。日本語と沖縄語と半分半分話される。副団長はやせていて、かなりしわがよっている。俳優はめいめい自分で化粧し着つけをしている。人にはあまり手伝って貰わない。

山里君が2階の席をとっていて呉れる。「ポーポーハシシー」(「美人の妻、情の妻」)、ポーポーは料理の名前、ハシシーは那覇語で《お婆さん》、妻を10分間貸す証文をとったりする現代喜劇。席が遠くて早口なので十分わからなかった。歌う時の方がよくわかる。「思姉神物語」('unaigami)は時代もの。師匠に仕えている主人公が兄弟弟子からねたまれ、はれの衣裳くらべの席へ姉の心ずくしの礼服を着て出席、師匠より一番と判定されたが、兄弟子にはかられて師匠のご馳走の汁を飲んで毒死するが、姉の愛が死体をさるウドゥン〈お殿、御殿。按司の邸宅…上村〉の屋敷へつれて来て蘇らせるばかりでなく、そこのお嬢さんと逃げる。恢復後、師匠の前で兄弟子と舟漕ぎの競争をして勝つ。その時その兄弟子の悪事が露見し、主人公との果し合いとなる。主人公は負けそうになるが、恋人と姉の愛とに助けられて敵を打ちとる。姉は二人の手を結び合せ、かもめとなって飛去る。

【切抜き】沖縄タイムス　11月23日〜12月2日（夕刊）　10回連載
「三つの危機 ①―郷土の歴史を顧みて　宮城松昌」(〈前略〉〈沖縄の歴史の中で〉民族の興廃にかかる重大事件と思わるるものが三つある。その第一が、慶長年間における薩藩の侵こう、その第二が、明治維新における王統の廃止、廃藩置県、その第三が、第二次世界大戦に伴う米軍の本島占領と軍事基地化である。〈後略〉)。「三つの危機 ⑩」(〈前略〉最後に歴史をもち、文化をもつ民族は、決して亡びるものではない。我ら琉球人は民族的のプライドと自信をもって困難な運命を開拓し、前進することである。〈中略〉(筆者は名護町の出身〈戦前〉県立農林を卒え、高文予備試験合格、大蔵省日本通運会社までに勤務、終戦後帰郷現在は名護町戸籍調査委員長。)

注　アハゴンと訓む（方言訓みはアファグン）。前首里高校長、武富前義兄（亡姉の夫）。宅は今も隣りに現存 。（武富）

11月24日（木）

発信　糸数〈次平、10月29日〉（「山原船」、書留としてアサヒ写真ブック「琉球その後」　2冊）吉元〈仙永、10月29日〉（「崇元寺」）、安泉〈松雄、10月29日〉（「識名園」）、高田〈普栄、10月29日〉（「円覚寺」）、新垣〈孫一、10月9日・19日〉（「弁財天堂」）；金城親吉〈11月6日〉（「真玉橋」）、〃親孝〈11月6日〉（名刺同封）；山田桂子（「識名園」）

家より来信。母とマヒニュルがハイラル〈旧満州〉を立ったという通知が来た。家（「守礼之門」15.）

午后4時過仲宗根君と平〈良〉文太郎氏〈10月11日。琉大英文学科教授…武富〉と共に医師崎山毅博士を訪れる。方言の研究家である。夕食をご馳走になり、大いに談る。金関〈丈夫〉教授の説〈11月30日ほか参照〉に反対して八重山の人民が日本系であることを強調される。武富（TakiduN）〈八重山〉出身の方。武〈竹〉富の民謡を歌って聞かせて下さった。

7時半から仲宗根君、平良文太郎教授と首里劇場へ行く。今晩は一層の満員であった。今晩で4晩目だが段々雰囲気にとけ込んで、気分が一層よくわかるようになった。「桃山の契り」は、学生時代に結婚を約束した男女が女は盲目となり男は海軍中尉となって再会、再び結婚を約して男は軍艦に乗る。時代舞踊歌劇は、労働に従事する夫婦のつかず離れずの愛情。ˉʔakaNgwaaʔiju（人魚）は美しい舞踊歌劇。仲宗根氏も平良氏も感激。平良氏は「之が低級でしょうか？　No！」

劇場広告ちらし

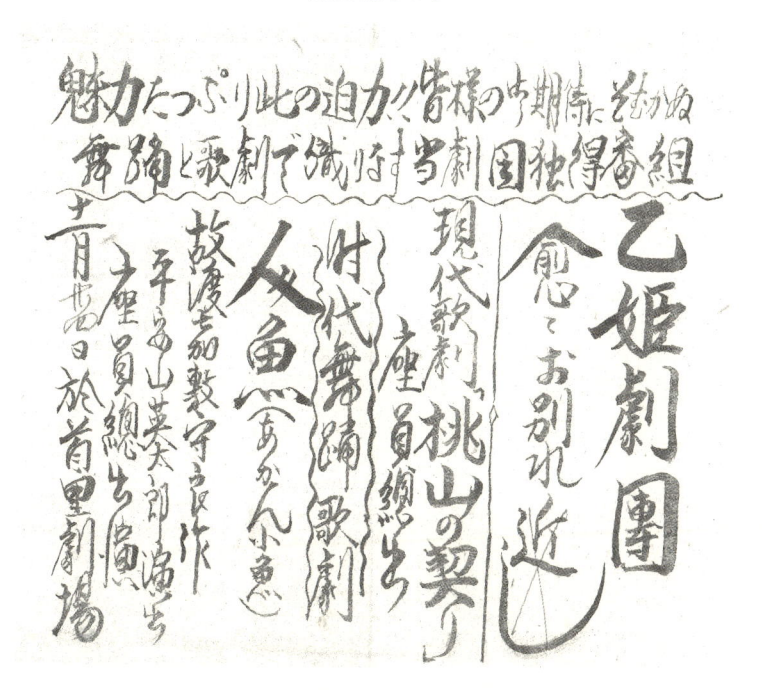

> 魅力たっぷり此の迫力〻皆様のご期待に添わぬ
> 舞踊と歌劇で識ります当劇団独得番組
> 乙姫劇団
> 愈々お別れ近し
> 現代歌劇「桃山の契り」　座員總出演
> 時代舞踊歌劇
> 人魚（あかん小魚）
> 故渡嘉敷守良作
> 平安山英太郎演出
> 座員總出演
> 青年當日旅首里劇場

といわれた。民衆のための"低級"な芝居の中にも芸術的なものが少なくない。

注1　10月20日円覚寺の西、円鑑池中の中島にある小堂。付近に陸軍司令部があり、沖縄戦中これらを狙う米軍機の1トン爆弾で直径15m程の大穴が開き、跡形もなくなる。占領後最も早く復興した部類であろう。（武富）

2　四郎の妻の母マンスール・ラティファ（1881〜1972）と妹小早川マヒニュール（1915〜）。日本への引揚げ許可が出て居住地ハイラルを出

立したの意〈11月29日にもあり〉。マヒニュールの子ムラット（俊夫）・ナルキス（敏恵）も同行。

3　竹が正。沖縄本島は武富、八重山は竹富と区別する。（武富）

11月25日（金）
放課後久米島の方言を調査。　晴

11月26日（土）
比嘉氏（航）、浅井氏（「泉崎橋」）、松本君〈未詳〉（「弁財天堂」）[注1]
仲宗根君と、名嘉、松田、山里、東盛、長浜の5人の学生と松田国昭君の郷里久志村汀間（tiima）〈現名護市の東海岸〉へ方言調査に行く。
首里1時5分発　　33080哩　　快晴
　　4時10分前　　汀間着

辺野古を過ぎた頃より次第に登り坂となり、山の中を通って断崖の[注2]上へ出る。二見へ下りて行く道〈現存〉はかなり危険である。とにかく樹々が茂っているのは気持をよくしてくれる。この辺の部落はがけと海との間の僅かの土地を開墾したもので、部落と部落との間には住めるような土地なく交通も不便な位である〈残存〉。

汀間の部落は戸数60位、完全なゴバン目に整理されて居り〈附近からの移住村〉、各々の家の四周の垣をなしているフク木は高く茂って絵のようである。ほんとうに美しい部落だが、いつも気の毒に思えるのは、かなりの貧乏が支配している。豊になるほどの耕地がないのだ。松田君の家はお父さん〈松田健徳氏〉が校長先生なので土地の有力者らしく立派な家〈現屋敷跡のみ〉である。ことに庭の植込みが美しい。部落の東に汀間川の河口が広く淀んで防波堤によって良い港をなして

汀間の美観

コンクリートの家屋は新しいが、碁盤目の通りと防風林のフク木並木は現存。久志中学校東脇より東方を望む。
平成（'07）年2月27日編者撮影

いる〈現存〉。山原船〈10月31日〉がはいるという。稲のみのる田も少しある。以前にはみだりにはいることのできなかった ugaNnzu〈拝所〉の森〈残存〉は一部がアメリカ人のためにきりはらわれ、子供の遊び場〈現存〉となっている。

晩に玉城定喜氏の言葉を調べようとしたが西銘育ちなのでやめる。

注1　浅井享氏か浅井恵倫氏のいずれか。
　2　名護市の東海岸側、米軍普天間基地移転予定地として長らく係争が続く。

11月27日（日）
快晴

運転手が石川へ行った外は、学生も全部松田君の家に泊る。ご馳走になり大変お世話になる。家で作られたバナナおいし。

　宮里主市氏の言葉の調査に成功。

4時10分	汀間発	33232
5時30分	石川通過	}46哩
6時20分	首里着	33278

11月28日（月）
真壁和次郎さんがお留守だったので、童謡や琉歌を筆記した。

11月29日（火）
ハイラルの母がマヒニュルらと出発したとの通知あり。
晩に真壁さんの所へ行く。

11月30日（水）
西山(注1)（航　ハガキ）家（④④6.1）ハルトード（航　ハガキ）
「民族学研究」19の2の金関丈夫氏の論文〈11月24日〉(注2)を読む。

注1　西山文(かざる)。マヒニュールの夫小早川未義（ソ連による不法強制抑留中で、一緒の引揚げは叶わなかった）の義兄。引揚げに関する連絡。12月18日舞鶴港着のマヒニュール一行を未義の兄と文の子息が出迎えた。当時東大北海道演習林勤務。
　2　「服部金関論争」に発展す。12月18日開始『琉球新報』連載、および資料7〜17参照。

12月1日（木）
午后1時半〜5時　那覇地区教育委員会主催の講演会。

「沖縄方言と言語学」(向うが勝手につけた題)

【名刺】比嘉寿助(琉球史料研究会)〈名刺右横日記に「10枚位の執筆を頼まる」の四郎注記あり〉・阿波根直成(沖縄校長協会長　沖縄高等学校体育連盟長　那覇高等学校長)・伊良波長正(那覇区教育委員会事務局)

12月2日(金)
「琉球新報」の記事は大体よきも「沖縄タイムズ(ママ)」のは余の趣旨が全くわかってない書きぶり。まちがいだらけ。金関氏に関することなど困る。

【切抜き】琉球新報　12月2日(日刊)社説「方言と地方文化」(〈前略〉服部教授が方言を尊重せよ、と説くのは、決して単なる研究のため材料を残しておくという我田引水的なものではなく、言語の本質から方言の意義を認め、方言をまっ殺して共通語は考えられず、また方言は文化の地方分化の見地から当然なければならぬものというところから主張されているのであって、これは同時に、政治上における民族主義、および民族性を尊重する連邦政体にも通ずるものである。〈後略〉)

琉球新報　12月2日(日刊)「方言を尊重せよ(注1)　服部博士市民講座で強調」(那覇地区教育委員会主催の東大教授服部四郎博士の「沖縄の方言と言語学」についての講演会は開南小学校で1日午後1時半から開かれ、各学校長、教員その他約百名が聴講3時間にわたって、沖縄語と日本古語との関係を言語学的に究明、さらに最近発表された金関丈夫博士の沖縄に関する人種学的研究論文にも言及、金関氏の沖縄人はインド・ネシア(ママ)より由来すると

115

の論拠は言語学的にはいまだ研究の余地をのこしており、断定するには早いと注目すべき見解をもらした。なお服部博士は「方言に対する教育者の態度」についても意見をのべ、方言をマツ殺しようなどとの政策はきわめて非文化的で、方言を尊重しながら共通語を育成すべきであることを強調、聴衆に多くの示唆を与えた。【写真は講演する服部教授】)

　沖縄タイムス　12月2日（日刊）「方言を誇りに　服部博士講演」(注2)

注1　本書では四郎に係わる新聞記事をこれまで収録して来たが、以下の12月5日の『琉球新報』講演要旨記事に対して四郎は非常に不満足であったから、収録しない。12月2日の本記事については「大体よき」と評しているから、採録する。また、12月2日の同紙社説は記者の講演に対する理解とみなし、関係箇所のみを採録した。
　2　本記事も四郎にとって非常に不本意であった。後世に四郎の言説として引用されることを防ぐため、これも収録しない。

12月3日（土）
「沖縄タイムズ（ママ）」へ行って記事の訂正方をたのむ。一部の執筆をたのまれる。

12月4日（日）
快晴　松田健徳氏〈11月26日〉（「円覚寺」）
午後真壁さんのお宅へ行く。家へ　花ボール¥120　マカベさん¥80

12月5日（月）
家（④④ 4.3）、三根谷〈徹、東大言語学科助教授、翌年アイヌ語調査に従事〉（「市場通り」④. 10. 1）、松尾（「博物館」④. 10. 1）、(注)

溝部（「沖縄田舎風景」）、徳川〈宗賢〉（ハガキ）　家へハナボール送る。

　琉球新報が無断で余の講演主旨を出した。大体よきも所々まちがいあり、殊に終りの方がひどく間違っている〈12月7日参照〉。

　放課後2時半から6時半まで久米島方言、宮古方言の調査をやった。

【切抜き】琉球新報　12月5日（日刊）「沖縄方言と言語学　服部四郎教授の講演から　日琉両語は同系〈小見出し〉—両語の分離年代〈小見出し〉—金関教授の論拠〈小見出し〉」（〈前文〉日本言語学界の権威として知られる東大教授服部四郎博士は、目下琉大招聘講師として来島中であるが、さる1日開南小校（ママ）で開かれた市民講座で、同教授は概要つぎのように"沖縄方言について"講演した。〈12月2日注1に従い以下を省略〉）

注　松尾　聰氏長男逝去のお悔やみ、およびマヒニュール一行引揚許可により予定を早めて12月26日帰京に変更の由。別の某氏宛書翰によれば、四郎は「半月ほど首里語をみっちり勉強したい」と思っていたが、帰京することにしたと。

12月6日（火）

ナウカ〈東京神田、東欧系洋書店〉（ハガキ　航）￥29620注文　Haltod氏より来信。

　真壁さんからの帰り道で名嘉君より次のことを聞く。真壁さんの所に下宿している琉大経済学部の学生は、同宿の妹を学校へやるために自分はアルバイトでほとんど通学できない。そのアルバイトたるや基地の自動車運転手で夜半12時から朝8時まで勤務。Step One なので

1時間15円、1晩に120円。これは日本金の360円にあたるが物価が高いので、240円～300円位の購売力しかない。この Step One がやとわれてから3ヶ月続き、Step Two、Three、Four、Five（夫々3ヶ月）となるにつれ、手当は16円、17円、18円、20円と上る。Five を半年勤めると Six となり22円。

12月7日（水）
家（□□□）(注1) 奈良(注2)（「行政府庁」）

放課後2時～6時半、学生達に方言研究の指導をなす。

余が沖縄タイムズ〈ママ〉に出した「方言と共通語」と題する一文に対し同意を表明する人多し。胡屋前学長も喜んで挨拶された。

琉球新報の出している"要旨"〈12月5日記事〉にも誤報が含まれて

受領日不明のメモ

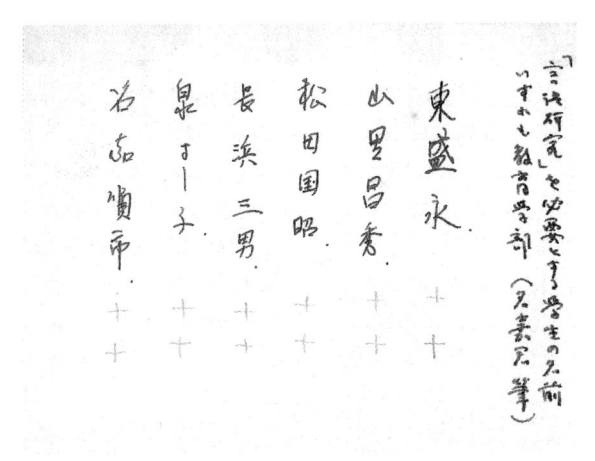

「言語研究」を必要とする学生の名前
いずれも報告学部（名嘉氏筆）

東盛永．
山里昌秀
松田国昭
長浜三男
泉ます子
名嘉憤市．

右端四郎自筆

いるので、自分で執筆することとする。^(注3)

注1　アラビア文字によるタタール語。小早川マヒニュールの解読によれば、Biekdan och!（ビークダン エイチ！）即ち「高い所から飛べ！」。真意不明、引揚に関する問題か。アラビア文字によるタタール語表記はマヒニュールが最後の世代で、現在はキリル文字表記（小早川俊夫）。四郎は在満中修得。
　2　奈良　毅（1932〜）。言語学、ベンガル語研究者。当時東大大学院言語学専門課程修士1年。後、東京外大アジア・アフリカ言語文化研究所教授。
　3　12月18日連載開始「琉球の言語と民族の起原」。
　4　上掲メモ写真中の「言語研究」とは、四郎の論文「『言語年代学』即ち『語彙統計学』の方法について―日本祖語の年代―」『言語研究』第26・27号、昭和29（'54）年12月、であろう。

【切抜き】沖縄タイムス（日刊）　1955年12月7日

方言と共通語（上）　　　　　　　　　　　服　部　四　郎
〈服部四郎顔写真〉

> 筆者は、琉大が招聘した東京大学教授で沖縄の方言に関する研究をわざわざ本社に寄せたもの。

　いわゆる「標準語」ばかりを尊重して、方言を蔑視し之を撲滅しようとする政策は、正しいとは考えられない。第一に各地方人は、その方言を如何に見下げられ如何に賤められようとそれを愛しようとする気持、少なくとも潜在意識がある。それは色々な表現となって現れる。^(注1)

119

たとえば、土佐の人々が「ズ」と「ヅ」、「ジ」と「ヂ」を区別して発音している点などから、自分たちの方言を由緒正しいものとして軒昂とした自信を示す如きがそれである。〈四郎句点を補う〉逆に「シ」と「ス」、「チ」と「ツ」の発音を混同している東北地方の人々でさえ、それでよくわかるのだから我々の言葉の方が経済的ではないかという。このような感情を無下に押えつけるのはよくない。第二に、方言蔑視の思想は地方文化の蔑視につながり、ひいては地方人に自己蔑視の感情をうえつけ得る。〈四郎句点を補う〉しかし、一国の文化は首都のそれのみが勝れているのではない。〈四郎句点を補う〉首府と並び立つ都市はいうに及ばず、どんな片田舎の文化にも他には見られない独得の美点長所が含まれており、その地方の人々にはその文化の担い手であることを誇りとする権利があるばかりでなく、誇りとすべきである。各々の地方は自己の郷土と方言を愛する権利があるばかりでなく、それを見下げることによって自己蔑視に陥ってはならない。すべての人々は自己の尊厳を自覚しなければならない。

　自己の尊厳を自覚しこれを保持することは、同時に他人の尊厳を尊びそれを犯してはならないことを意味する。従って、他地方の文化を軽蔑し、他地方の方言をあざわらうべきではない。〈四郎句点を補う〉「標準語」のみを尊しとして方言をさげすむ思想は、この意味からも根本的に清算されなければならないと思う。

　しかしながら、このように主張することは、いわゆる「標準語」正しくは「共通語」の普及に反対することを意味しない。それどころか、共通語の学習々得は一層強力に行われることが望ましいと私は思う。

　我々は一地方人としてのみ各々の地方に立籠って社会の進展から取

り残されたり、またその進展に寄与しなかったりしてはならない。各々の村、各々の地方が互いに排他的となり自己の殻に立籠っていると、結集した大きな力となり得ないから、文化的経済的にも進歩がおそくなり生活も退嬰的となりがちである。〈四郎句点を補う〉これに反し、文化的経済的に密接な関係を持つ村々、地方々々が協力して一つの民族或いは一つの国家というヨリ大きい社会を作るならば、封建時代のように各地方が割拠していた場合とは比較にならないほど大きな力となり、その結果、各々の地方の文化経済も進展し一層有利な社会生活を営み得るようになる。〈四郎句点を補う〉そのような大きな社会集団を形成するためには、その大共同体内の言語的伝達が円滑に行われる必要があり、従ってその民族或いは国家の全領域に通ずる共通語の普及が必要となる。このように、共通語はそのような大きい共同体の言わば文化的靱帯となるものであるから、その共同体の各成員は共通語の学習習得に努力しなければならないのである。

けれども、そのような民族或いは国家の形成が我々の最後の目的ではない。世界にはいくたの民族や国家が存在するが、それらが互に見下げ合い、かつ侵略し合うことのない所の、真の意味で互に協力し合う所の世界連邦[注2]の形成が最後の理想である。〈四郎句点を補う〉そのような世界連邦においては各民族各国家が平等であるから各々が自己の言語・文化を尊重すると同様に他の言語・文化にも敬意を払う。従って一つの国語のみに優位を与えて他の民族語・国語を圧迫撲滅しようとする政策を取らず世界全体を結ぶ伝達の道具としての人工的な国際補助共通語が採用されるべきである。人類がその意志を有するならば、理想的な極めて習い易い言語の作成は決して夢ではないであろう。そ

して、そのような国際補助共通語の作成には、言語学、言語哲学が大きい寄与をなし得るであろう。

しかしながら、現実はまだそのような理想的な世界連邦からはおよそ遠い状態にあり、各国家・各民族が自己中心的に行動する面が非常に多い。言語的に見ても自分の国語を押売りしようとする気風さえ一部にはないことはない。けれども、科学の面で後進的地位にある諸民族でもその言語・文化がすべての点で他に劣るのでは決してない。それらの民族が自らの言語・文化を劣等視し、やぶれぞうりのように棄て去るようなことがあれば、人類の大きな損失となるであろう。我々は自己の言語・文化の尊さを十分自覚し、民族としての力を結集して自らの文化的経済的力を向上せしめることにより、世界人類の福祉に貢献するよう努力しなければならない。共通語の学習習得を奨励しその普及をはかるのは、このような大目的ともつながるものである。

注〈編者〉1 四郎の処女論文は自己の方言（巻末略年譜）。「ふるさとのことば」『一言語学者の随想』参照。
2 世界大戦後、人類の悲劇を繰り返すまいと世界連邦を構想する動きが諸国に興った。ここはまだそういう気分の残っていた時代。実際に、朝鮮戦争による第三次世界大戦の恐怖から更なる地方疎開を行なった日本人のいたことを知っている。

沖縄タイムス（日刊）　1955年12月8日

方言と共通語（下）　　　　　　　服　部　四　郎

このような自覚の下に、各地方人が共通語の習得に努力するならば、

自分や他人の方言を劣等視することもなくなるばかりでなく、共通語の学習にも一層の熱意を示し得るようになるであろう。その結果は、公的な生活における共通語と私的生活における方言とを使い分けるようになるであろう。共通語を努力して習う地方人は、如何に熟達しても、共通語を話す時には無自覚的な努力をしている。親しい人々と方言で会話する時には緊張が完全に解消して誠になごやかな気分となる。そのような気分にひたる時に、方言に対する劣等感から、うしろめたさを感ずるのではたまらない。堂々と方言を使いたいものである。

　このような共通語と方言との使い分けの美事な実例を私は先日経験した。乙姫劇団が首里劇場での公演中、さる俳優が観衆に向って共通語と沖縄語とであいさつをした。最初に立派な流暢な共通語で一場のあいさつをしてから、これまた極めて美しい首里式沖縄語で親しみ深い呼び掛けをしたのである。私はその時、ふと、選挙演説などでもあのような使い分けをする候補者があったら立派な政事家であると同時に親しみ深い政事家であるという印象を与え得るであろうと思った。学校における国語教育でも方言を無下にさげすむような思想を育てないようにして頂きたいと思う。

　最後に付言しなければならないのは「標準語」とは異なる「共通語」の概念についてである。それは右述のような目的に奉仕する言語であるから、世界の共通語としての国際補助語の場合と同様、理想としては一地方の実在の方言をそのまま共通語として採用すべきではないわけである。しかし、わが国の場合、現実には東京方言式の言語が行われているから、それを引続き利用して行くことは差支えないであろう。殊に東京方言そのものが純粋の関東方言ではなく、関西方言の影響を

受けた或程度混合的な方言であるのは、この観点から結構なことであるとはいえ、東京の或一定の方言をとって標準とし、全国のものがあらゆる点でそれを模範とすべきだと主張するのは適当ではない。そうではなくてもっと幅を持った共通語というものが考えられるべきである。たとえば母音間の「ガ行音」は鼻にかけなくてもよい、「クヮ」「グヮ」を「カ」「ガ」になおす必要はない、単語のアクセントは一々細かいことを気にかける必要はない、等々の許容が必要である。東京語を完全にまねすることは地方人には不可能だから方言的ななまりが混ずるのが常であるが、折角努力して習って立派に伝達の目的を果す自己の共通語に対し、わずかのなまりの故にいつまでも劣等感を懐かなければならないようにしむけるのは不当である。各地の人々の話す共通語にお国なまりの混るのは、決して笑うべきことではなく、却って風格があって面白くほほえましいと思い合うような気風の育成に努力すべきである。各地方人もお国なまりについて卑下すべきではない。

　明治・大正の時代とは異なりもう全国に共通語が十分普及しているのだから幅のない固定的な標準語を立てて全国の人々に正確にそれをまねさせようとするような行き方は、今後は廃止さるべきであると思う。

おことわり　本紙12月2日付朝刊（2面）の私の講演要旨には多くの誤報が含まれているが、特に次の点を次のように訂正して頂きたい。即ち、琉球の言語と民族の起源に関する金関丈夫博士の説に対して宮良当壮博士が反駁論を発表したが今回金関博士が雑誌「民族学研究」に詳細な見解を発表したので、宮良博士の攻撃が必ずしも当っていな

いことが明かとなった。金関博士は琉球諸方言が本土諸方言と同系であることは認めているのである。ただ、南九州及び琉球の現在の住民がインドネシア系であって元インドネシア系の言語を話していたのを8世紀以降に言語の取換えが起り日本語系の言語を話すようになり現在の琉球方言が出来た蓋然性があると説くのである。しかしこの仮説の根拠はいずれも確実なものではないから九州方面から日本語系の言葉を話す有力な移住民があったために現在の琉球諸方言が生じたとする仮説を存続させる余地はまだ十分ある。

12月8日（木）
福田（「糸満〈漁港〉」13. 2）

　大学祭で金曜日の授業が午后休となるので久高島へ出かけることとする。大城 健氏同行。学生2名（名嘉〈順市〉、山里〈昌秀〉）8時半まで待っても来ないので2人で出発。馬天港で尋ねしに島から12時頃船が来る予定なりと。2時間以上もあるので、久手堅の新垣孫一氏の所へ行くこととする。学生2人追いついて来る。バス代　ナハ－馬天¥12、馬天－久手堅¥10

　10時半久手堅着。新垣氏在宅。バナナを樹から取って歓待さる。11時半まで方言調査。さすがに言語意識がはっきりしていて非常によいinformant。

　11時40分のバスで馬天へ帰る。まだ船がはいっていないという。ソバ屋でsuba（キシメンと同じ。カマボコと肉片を入れている。¥20)〈10月14日注〉を食いながら歓談。

　1時半頃船入りたるも、積んでいるスクラップ（クズ鉄）を下すの

に時間かかる。芝生でねころびながら話す。3時半頃漸く出発。波はかなり荒いがこの前のよりはよし。天気もよし。4時50分、久高着。大城氏名嘉君かなり酔う。余は平気。十二三の女の子が大城君の大きなトランクを頭にのせて運んで呉れる。学校へ行き校長さんに挨拶する。明日内地より寄贈された器具が来るとでかなり忙しそうなので辞して、区長糸数次平氏の家に行き一泊を乞う。大城氏持参のパンで夕食。サバのカンヅメ￥40

　この前泊った家に案内さる。敷ぶとん2枚。カヤ（¯kaca）をつってザコ寝。

12月9日（金）

糸数氏の家で朝食。

　元校長安泉松雄氏（糸数氏隣）の言葉を調査する。80才位の母堂の外に夫人、糸数氏夫人も御参加、調査結果は良好であった。午前・午后にわたる。

　夕方散歩をした時道を左にとりちがえて墓地の脇に出る。細いけれどもはっきりついている道を怪みながら進んで行くと断崖の上に出た。断崖そのものが海水の浸食で海の方へかたむき、土地が割れて深い谷のようなさけめを生じている。その谷底に真新しい棺桶が見えた！こうもり傘がしばりつけてある。古い棺桶も見え、破片らしきものも散らばっている。首を納めたかと思われる石箱のようなものも並んでいる。昨日石垣の元に灰をまきめぐらした家を見て人がなくなったものと推定したが、この新しい棺桶はそれであろう。我々は道に迷って村人の禁じている（この前来た時そういったと思う）風葬場をはからず

も見ることができたのである。夕闇が迫って来て幸い村人には気付かれなかった。夕食後糸数氏宅で歓談。〈以上資料22参照〉

【添付物】志喜屋記念図書館落成祝（於「松華」）招待状（安里源秀〈学長〉国場幸太郎〈国場組社長〉）

12月10日（土）

朝4時半に起きて見たら素晴しい星空である。学生2名を伴って島の東北端まで行く。4時45分出発、5時40分着。

東の空に弦月が輝いていて道がよく見える。北斗星を左前方に見て畑道を進む。名嘉君が先立ち山里君が従う。アダンの茂みを通っては甘薯畑に出る。クバの林はジャングルのようで気味が悪かった。ハブがいないと聞いているので安心して歩けたものの草も深い。その林をつききると海岸へ出た。月が海に砕けている。勝連半島と胡座の方はアメリカ〈軍基地〉の電灯で明々としている。津堅島らしい暗い影が遙か沖に見える。芝生にねそべって歓談する〈資料22〉。山里の郷里、久米島では山などで男女が会うと utakakiee（注1）というのをやるそうだ。即興の琉歌のやりとりである。例のふしで歌い合う（この節は録音（注2）させて貰うこととする）。それで意気投合すると約束してまた同じ所へ来て会うという。万葉の、こもよみこもち（注3）、の歌もこのようにして歌われたのではないか。先日乙姫劇団の劇を見ていた時、会話の時に突然歌い出すので変だと思ったが、この風俗の反映であろう。仲〈ママ〉〈中…名嘉〉今氏〈信、10月26日〉によるとあの劇は廃藩置県後のものと言われたが、伝統のない所にどうしてあんな型ができて来たのかと思った。名嘉君に従えば、伊平屋島では男と男とが歌合戦をやるそうである。（注4）

12月10日採取の貝殻と石

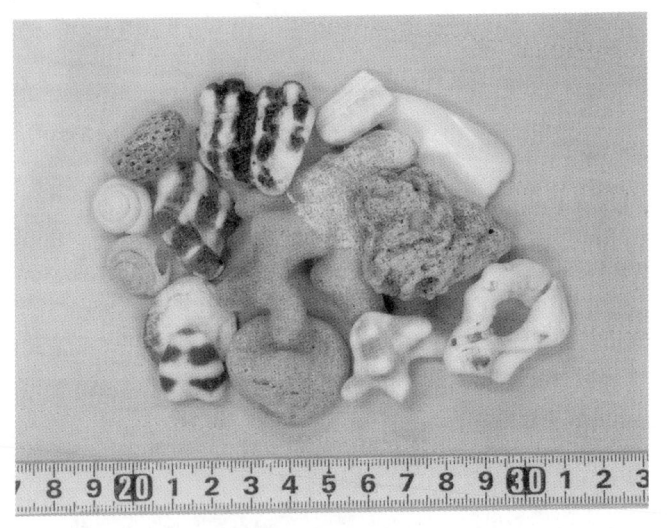

三重県亀山市歴史博物館蔵　平成20（'08）年4月10日同博物館撮影

これらの風習をよく調査研究する(注5)ことを両君にすすめる。大分東の空が白んで来た。少しおそくなるが日出を見て帰ることにする。海岸の貝殻や石を拾う(注6)。7時10分頃日出。棚引いている2本の雲に切られて赤い太陽が絵のように大きく昇る。海は金色と朱を流したようになった。

　南側の海岸添いの道を帰る。畑がよくできている。境界は小さい石が並べてあるだけでよく見えない。海との間には日光の通らないほど繁ったアダンとフクギの防風林ができている。山里君がこのフクギを見て、この辺には元部落があったのではないかといったほど、このフクギは古く、20～30年はたっているという。この防風林といい畑の手

128

入れ具合といい実に整然としている。畑はサツマイモが大部分だが、所々マメも混ぜて植えてあり、少しばかり麦の作ってある所もあり。海岸へ出る道があったので出て見た。サンゴ礁の突こつとしてものすごい併し美しい海岸である。部落へ帰ったらもう船が待っているという。急いで飯を食べ船に乗る。快晴。

　今日は冬の海にしては極めて静かだ。夏は油を流したようになるという。海は濃い青、空は淡い水色で、いずれも光を飽和して極めて明るい。陸の色もそれに劣らず多彩で、茶、緑、黄、えび茶、橙などの混った明るい雑色である。丘の形は直線の組合せから成る部分が多く、突こつとしていて下の方がつぼんだ形さえしている所もある。丸い本州の丘や山とは非常に形が違う〈10月9日〉。村々の藁屋根は茶色い灰色・えび茶色で陸の色にとけ込んでいる。

　琉大の教育学部にこの島出身の宮原トシエという学生が居る。中城〈村、か〉から通っていると。

　午前8時32分久高発、9時42分馬天港着。11時過帰宅。途中砂糖キビ畑が多く、花盛りだった。淡えびちゃ色の上品な花だが、形がひょうきんだ。長い旗竿のように葉からぬけ出た柄の上に三角形の帆のようについている。どの株も皆競争のようにしてそんな旗を高くかかげている様子が滑稽である。

　午后、琉大へ行き各教室の展示を見る。

　晩に真壁さんの所へ行く。7時過家へ電報を打つ。「アニ　マヒニュルオメデトウ」シ〈下記電報の返信〉 (注7)

【添付物】電報[注8]　ハハトイモウトカエル」マヒラ

注1　本土古代の「歌垣」と同じ語であることが注目される。
　2　結局録音はしなかったらしく、心当りのテープは未見。「例のふし」とは、現在も地元のテレビ放送の伝統芸能番組で耳にするそれであろう。
　3　『万葉集』第1番歌雄略天皇御製。
　4　『古事記』下巻袁祁（け）の命と志毗（び）の臣の歌合戦も男同士。歌垣は異性に限らず、同性間でも自由に行われ得た。
　5　四郎は琉球語（日本語）と琉球民族（日本民族）の起源の研究に見る如く、歴史言語学者でもあったから上代日本文学の歌垣を知っており、その関連性を察知したのであろう。昭和25（'50）年の米国交換教授の際には、日本文学も扱った。沖縄芝居で「会話の時に突然歌い出す」のは、『記・紀』の散文と歌との関係にも通ずる。『記・紀』の場合も、四郎の言う「伝統」が背景にあったから、「物語の進行（要所）には歌が必要」という"約束"があったのではないか。
　6　現亀山市歴史博物館収蔵品。「服部四郎遺品・記念品目録」番号23に「服部四郎沖縄久高島にて拾う。海岸の石」とある。貝殻と石の入っていた沖縄タイムス社社用封筒表側に、赤鉛筆による四郎手跡で「久高島」と記入す。
　7　タタール語で「お母さん」の意、義母を指す。
　8　マヒニュール一行引揚げ日取り決定の報。

【切抜き】琉球大学新聞　第18号　1955年12月10日

琉球の諸方言　　　　　　　　　　　服　部　四　郎

琉球列島の諸方言、すなわち北は奄美大島から南は八重山諸島にい

たる島々に行われる諸方言が、本州・四国・九州の諸方言と同系である事は、言語学上から見て疑う余地がない。言語学で「同系である」とか「互いに親族関係を有する」とかいうのは、それらの諸方言の構造・体系と其核心的部分とが同一の祖語（この場合「日本祖語」）のそれから各々異なった変化・発達をとげて出来たものであるという事である。言語はその発達の途上、いろいろな付加的要素も加わる。外来語はその一例である。言語の系統を論ずる場合には、これらの付加的要素ではなくその根幹的要素が問題となる。たとえば、日本語にはペン、インク、ナイフ、テーブル、などの単語があり、英語にはmoxa（もぐさ）ricksha（人力車）などの単語があるが、それはこの両国語が近い過去において交換した外来語であって、これらの類似をとらえて日本語と英語とが同系であると論ずることはできない。両言語の構造体系が根本的に異なるからである。

　二つの言語が同系であることを証明するのは、それらの言語が話されるのを聞いただけでは不可能である。そうではなくて、それらの言語の構造・体系を分析的に研究し、それらが、一つの体系から出て来たものであることを明かにしなければなない。二つの言語が同系である場合、両者の体系の間に極めて整然とした対応関係が存することを明かにしたのは、19世紀初頭以来発達して来た西洋言語学の大きい功績である。それは最初印欧語族について実証されたのであるが、世界中の如何なる言語においても同じ法則が支配していることが、諸言語の言語学的研究が進むにつれて益々明かとなって来た。日本本土方言群と琉球方言群を比較研究しても、同じ法則がここにも支配していることが明かとなっている。

両方言群の間に基礎的な単語のおびただしい類似が見出されることは、素人の人々にも容易にわかることである。この類似そのものが既に偶然事ではあり得ないのである。なぜなら、如何なる言語においても単語の音と意味との関係は必然的・自然的ではないからである。たとえば、日本語では「犬」を表わすのに「イヌ」という単語を用いる。しかし、この単語の音がinu以外であってはならないという必然的理由はない。色々な国語において、「犬」を表わす単語の音が種々様々になっている事実をみればこの事は容易に諒解できる。この故にこそ、本土諸方言と琉球諸方言との間におびただしい基礎的単語の類似が見出される場合、それが単なる偶然事であるとは考えられないのである。〈四郎句点を補う〉一方、言語学者が二つ（以上）の言語の親族関係を証明するのに物の音をまねた擬音語を利用しないのは、このためである。即ち、擬音語はまねた音に類似した形を持っているから、系統的に関係のない諸言語において類似したものが独立にできる可能性が非常に大きいからである。

　言語学者は、言語の親族関係を証明するのに、更に有利な立場に立つ。即ち、二つ（以上）の同系の言語の間には、「音韻法則」更に正確には「音韻対応の通則」が見出されるからである。例えば本土諸方言や上古日本語と琉球諸方言とを比較した場合に単に多くの基礎的な単語が類似しているというだけではなくて、それらの間に整然とした音韻の対応が見出される。〈句点を補う…編者〉東京方言のa、e、i、o、uはそれぞれ首里方言のa、i、i、u、uに対応するが東京の「ス、ズ、ツ」に対しては首里の「シ、ジ〈四郎ジを補う〉、チ」が対応する。又上古語の語頭〈四郎ジを抹消〉の「オ」と「ヲ」の区別は

東京其他の本土諸方言では失われているが、首里方言では u、wu の区別として保たれている。そればかりでなく、両方言の間には、アクセントにまで整然とした対応関係が見出される。例えば、東京の「書き、読み、立ち、成り」の下降型に対し首里の「カチ、ユミ、タチ、〈四郎読点を補う〉ナイ」は平板型であり、東京の「乗り、飛び、咲き〈四郎「行き」を「咲き」に訂正〉、死に」の平板型に対し、首里「ヌイ、トゥビ、サチ〈四郎イチをサチに訂正〉、シニ」は下降型である。このように、アクセントが逆でありながら対応するという事実はその類似が借用関係によって生じたものである蓋然性、いいかえればたとえば首里の人々が東京の方言などをまねたために生じた類似である蓋然性の極度に少ないことを物語る。

琉球諸方言の動詞・形容詞は、本土諸方言のそれと著しく異なる活用体系を有するようであるが、それらが同一の活用体系から生じたものであることは、音韻法則に準拠した厳密な方法によって証明することができる。

このように、本土方言群と琉球方言群とは、基礎的な単語や文法体系という言語の核心部が単に類似しているというだけではなく、その間に整然とした音韻対応が見出されるのであるから、その類似が単なる偶然事である蓋然性は皆無であると言ってよく、又、言語のこのような核心部が借用されるとすれば、それはもう借用ではなく言語の取換えである。故に言語学者は両方言群が同系であると考えるのである。

それではこれらの諸方言の源となった日本祖語は、いつ、どこで話されていたであろうか。以前には祖語の年代は直観により推定するより外に道はなかったが、最近後に述べる言語年代学という方法が考察〈ママ〉

〈案？〉されて、或程度それを算定することができるようになった。それによって京都方言と首里方言との距離を計算して見ると約1450年であり得ることが明かとなった。両方言は分裂後もその間が完全に隔離されていたとは考えられないので、祖語の年代は更に古い蓋然性もある。私は本年の1月斉〈斎〉藤 忠氏にお渡しした未刊の論文で、日本祖語は西暦紀元前後北九州で話された弥生式文化時代の言語である蓋然性のあることを述べた。その後当地へ来て沖縄では弥生式土器の出ないことを知ったので、祖語の年代は言語年代学の示す数字に近く引下げるべきかも知れないと考えていた。然るに最近金関丈夫教授は雑誌「民族学研究」（第19巻第2号）に「八重山群島の古代〈代ト ル〉文化」と題する論文において次のような仮説を発表された。「琉球列島及び南九州にはインドネシア系の種族が住んでいて、これが現在のこれらの地方の住民の祖先になった。この種族はもとインドネシアの言語を話していたが、水稲と鉄への魅力から北方の隣人の言語即ち日本語を受入れて自己の固有語を棄てた」そして教授は「結局大和の言葉が大和の文化と共に琉球諸島に南下したのは、8世紀以後の事であろうと私は推定する」と結論している。其論拠を一々検討するに、いずれも有力なものではないから（それに関する詳しい私見は別の機会に述べる〈12月18日連載開始「琉球の言語と民族の起源」〉)、「かなり多数の移民が九州から南下した」という仮説も立て得る余地はまだ十分ある。ことに、日本祖語が8世紀の上古語よりも古い時代に属しなければならないということについてはかなり確実な論拠がある。即ち、私は雑誌「言語研究」（26・7号）に発表した論文において、上古日本語から現代日本語への残存語が74.71％であり、これを千年単位に

換算すると78.43%となるから、スワデシュやリーズ等が13ほどの言語について算定した数値と合致するが、京都と首里との共通残存語は64.80%だから、これを彼等の示す公式 d = logc÷2logr の c に代置するとdは1.029即ち両方言〈四郎「語」を「言」に訂正〉の祖語は1千年余前の言語ということになる。然るに、上古語と首里方言との共通残存語は66.46%だから自己矛盾を生ずる。そこで私は右の公式で2と〈四郎「と2」を「2と」に訂正〉いう数字を仮定するのを疑い、英語とドイツ語の場合について計算して見た所2の代りに1.4という数値を獲、この仮りの公式によって京都・首里両方言の言語年代学的距離の算定を試みたのが前述の約1450年という数値である。

とまれ、琉球の諸方言が本州・四国・九州の諸方言と同系であることは疑いない。しかし、両者の差異もかなり大きいものがある。それは、両者が同一祖語から分れ出た後に、各々違った方向に発達をとげたからである。全く同様な事実が世界各地の同系語間で見出される。

言語学上から見て琉球の諸方言が極めて興味があるのは、それが本土の諸方言と類似していると同時に違っているからである。

後者が失っている古いものを保存していると同時に、後者には見られない新しいものを生じている。国頭地方などの方言が語頭のP音を保存しているなど二三の古い特徴をとらえて、琉球語は古代語であるかのように説かれたことがある。しかし、如何なる言語も時代とともに変化し、而もその変化は音韻、文法、語彙のあらゆる面で起る。一つの言語がその全体系において古風を保つことはあり得ない。

私は、琉球の諸方言と本土の諸方言との比較研究により、『古事記』『万葉集』の言語よりも古い時代の日本祖語を或程度再建し得る希望

を持っている〈後、大修館『月刊言語』に於て発表〉。比較が確実な方法で行われ得る丈に、我々の母語に関する比較研究を行おうとする学者にとっては恰好の仕事場であろう。〈句点を補う…編者〉一方、現在の琉球諸方言を綿密に研究すれば、言語の変化の一般法則の探究に貢献し得るであろう。言語の記述的研究の方法論に貢献し得ることはいうまでもない。

我々はもう、方々の方言から若干ずつの単語を非組織的に集めて歩く様な調査には興味を有しない。〈句点を補う…上村〉又方言の中に古い特徴の残存ばかりを探し求める行き方にも賛成し得ない。そうではなくて、語頭のp音の保存、同じくk音のh音への変化、ki〈四郎 ikをkiに訂正〉の原音の保存、uとwu或いはiとyiの区別の保存等々の諸点に関して、各地の方言をしらみつぶしに調査する「言語地理学」的研究や、個々の方言に関する全体的な記述が必要であると思う。後者の様な研究はすべての方言について行う事ができないから特徴ある方言を選んで、其すべての単語を網羅的に記録しその文法体系を全体的に記述するのである。〈句点を補う…上村〉琉球の諸方言が各地において若い世代から忘れられつつある時、この様な研究は特に緊急(注2)を要すると思う。これらの方言は、一度消滅するや、二度と復元するよすがはない。そしてそれだけ人類の言語に関する知識が狭められて行くばかりでなく、殊に身近かな我々にとってはかけがえのない貴重な資料が永久に消えて行くのである。

私の予想では、まず琉球の諸方言を比較することにより、その歴史をかなり明かにすることができるであろう。琉球の諸方言の比較研究を本土諸方言少くとも本州・四国の諸方言との比較研究に先行させる

方が、全体的な研究を一層有利に展開せしめることになるであろうと、私は考えている。

いずれにせよ、これらの研究において、琉球大学(注3)が一大中心となることを私は熱望する。　　　　　　　　　　　　（1955年11月28日）

注〈編者〉 1　服部四郎の「日本語の系統」『図説日本文化史大系　1』、小学館、昭和31（'56）年7月、東京。言語地理学や比較人類学上の知見も交えて考察。書物の性格上平易に説く。汲古書院『服部四郎　著書論文目録　増補改訂版　1991』には副題として「日本祖語の年代」を付すが、原典にはない。10月15日注2・6参照。
　　2　後、次の論説を発表。「沖縄研究─現状と課題9：急を要する方言研究（『沖縄タイムス』昭和48〈'73〉年3月14日日刊）。「急を要する琉球諸方言の記述的研究」（『言語』第2巻8号、大修館、昭和48年8月、東京）。
　　3　後、琉球大学内に事務局を置く「沖縄言語研究センター」（現代表上村幸雄氏）が設立さる。

12月11日（日）

快晴

琉球新報の社長〈11月15日〉に会い、戦後外地より引揚げた琉球人の数〈12月22日「琉球の言語と民族の起源」⑥参照〉、基地の特殊婦人(注1)の数に関する統計表を手に入れて貰うことを頼む。同新聞のため余の執筆した論文に必要なのだ。〈統計の転（摘）記を日記巻末に掲載〉

神里原〈通り〉の床屋(注2)〈11月10日〉へ行く。よく肩をもんで呉れるので助かる。

午后、志喜屋図書館(注3)〈琉球大学内〉の開館式。

晩に真壁氏。

注1　資料18執筆の用意か。特殊婦人は当時本土でも行なわれた売春婦の言い替え語。「基地の」がこの場合「基地内の」か「基地外の」か未考。地元の方から、「米国側は公式に認めていないが、沖縄の側から一般市民に影響が起こらないように働きかけての自衛策だったと思う」と聞いた。警察史・女性史関係の図書を見た限りではその施設の存在を裏付ける文献・統計表はまだ見ていない。日記巻末に特殊婦人の統計表はないから、この時点では入手していない模様。日記巻末統計表注7の「軍カンパン」について、上記の方は「特殊婦人ではなく、交通不便な地からの住込み勤務者を指す」とする。沖縄には占領後1万〜3万に及ぶ売春婦がいたといわれた（宮城栄昌『沖縄女性史』369ぺ、沖縄タイムス社、昭和42〈'67〉年、那覇市）。

2　現廃業、店名失念。神原（標識「壺屋」）の十字路北北西真角、現在の梁氏呉江会館に東接する駐車場の地にあった。浮島通りの「ナイル理容店」と並ぶ達者な店故、四郎を案内した。主人の言葉は宮古島訛りの様子であった。（武富）

3　琉大図書館新館（10月4日、口絵写真13）のこと。沖縄民政府初代知事、琉大初代学長志喜屋孝伸の名を米国流に付した。（武富）

12月12日（月）

快晴　家（エハガキ13.2.母上　マヒニュルに）本の包（書留）

9時半〜11時　琉大5周年記念式典

晩に松華で志喜屋記念図書館の祝宴。米人多数出席。金森〈徳治郎、初代〉国会国書館長、文部大臣代理某氏など出席、大いに盛会。

この前の松華で会った若い尾類(注)今日は日本髪で来ていた。いつかバ

スを待っている時会ったことを覚えていて、是非遊びに来て呉れという。余の気には入っているが、料理屋遊びをしたことがないので二の足をふむ。miziagi〈水揚げ…上村〉ということを始めて習い知る。その経験なしという。その真意はかり難し。〈資料22・23参照〉

【名刺】国場幸太郎（合資会社国場組社長）〈10月31日・12月9日〉

注　ジュリ・zuri とよむ。従来女郎の転とされたが、近年「料理」に対応、転じて「賄いをする女」かとする説がある（野原三義『うちなあぐち考』）。（上村）

12月13日（火）
泉〈よし子〉さんの宮古方言、東盛〈永〉君の八重山方言を調査する。少し風邪気味となる。

12月14日（水）　金田義夫〈11月13日〉、久野〈暲〉(注1)（ともに「フテンマ」〈普天間〉④10．1．）矢内原、麻生（沖縄タイムス、琉大新〈聞〉）、比嘉氏（琉大新）

金森氏〈12月12日〉の講演で午前中つぶれる。風邪気味なので家に帰り休養。

朝、首里高校長の伊集氏〈盛吉、10月22日〉(注2)の訪問を受く。比嘉春潮氏・高里良薫〈熏〉氏〈10月2日・31日〉(注3)の紹介状を有すると。首里語を調査して呉れとのこと。

【名刺】伊集盛吉（首里高等学校長・定時制首里高等学校長・養秀同窓会副会長・沖縄高等学校長会会長・沖縄教職員会中央委員会議長）

〈受領は12月12日の可能性もあり。資料23参照〉

　13日に方言調査後　東盛、泉、名嘉、山里の4人の学生と玉御殿^(注4)Tamaʔuduɴ〈第二尚氏王統陵〉を見に行く。砲撃によって石塀などは見る影もなく崩れ、人間の丈の2倍もあるすすきがまだ穂をつけたまま生い繁っている。三つの入口あり。右手の王女達を崩（ママ）ったという墓に木の扉を排して入る。戦争中防空壕として使われたという。骨を納める小さい家の形をした石造りの箱など倒れたり蓋がころんだり雑然とかためてある。一番奥の中央にあるのも蓋がなく、中に人骨があった。頭骨だけ完全に残り、他は破片となっている。乱雑さは戦場のようで、それを整理する人もない。学生達は用意した2本のローソクに火をつけ感慨深そうに眺めて歩いた。石の扉を排して中央の墓に入る。二つとも天井は高くはないが、立って悠々と歩ける。栄華をつくしたこれらの王たちも今は全く顧みられない。人々は日日の生活で手一杯なのだ。〈資料18参照〉

注1　久野　暲（すすむ）（1933〜）。言語学、文法研究者。当時東大文学部言語学科4年。後、ハーバード大言語学科教授。

　2　伊集盛吉氏は首里生まれ首里育ちの国漢教員で、首里訛りの強い人であった。占領後各戸に有線放送が敷設された際に『徒然草』を放送したことがあったが、首里方言丸出しの印象深い講義であった。伊集氏の長男（男子は一人のみ）盛昭（もりあき）君は武富の一中1年後輩の学徒兵で、沖縄戦中負傷。武富等首里の一中隊本部詰め学徒兵は、盛昭君他6、7名の負傷学徒兵と健常な教職員・炊事班等2、30名を護送して南部に下る。現豊見城市の保栄茂（ビン）の迫撃砲部隊（入れ替って出動）の陣地の壕に於て彼等を待たせ、保護のための壕を探しにさらに南下した。し

かし、猛砲爆撃の下軍の指揮系統は失われ右往左往する外なく、濠を見つけられぬまま戻るより先に彼等全員は濠を出てしまった。盛昭君は喜屋武(キャン)の村の南の海岸に隠れていたというが、その後消息不明となる。摩文仁付近の海岸（10月9日注7）で恐らく戦死したものであろう（10月9日注8参照）。当時は皆がそれぞれに戦禍を受けているから、ことさらに自己の家族の運命を語ることはなかった。武富（資料21解説）は今もそうしている。（武富）

3　紹介状を2通も用意するところは大仰なようだが、当時の東大教授は"天皇陛下よりも偉い"という感覚で、今日の比ではなかった。この感覚は本日記の随所に伺われる。（武富）

4　この裏側の洞窟内に武富配属の第五砲兵隊司令部があった。玉御殿の左側の石室の屋根の上には、占領後暫くの間米軍の艦砲主砲の巨大な不発弾（長さ約1.8m・直径約45cm程）が載っていた。（武富）

12月15日（木）

家　本小包(注) 書留2個

朝、首里郵便局へ行った帰りに警察前で歯科医をやっている西平守模氏に寄びとめられた。明治時代に出た『日本地誌名勝案内』に田山花袋が琉球に関する1冊を出していることを知った。言語に関する記述は中々正確で、桃太郎や猿蟹合戦などの琉球語訳がついている。

伊集先生が10時頃から4時頃まで琉球語の調査をさせて下さった。国語の先生だけあって語感に鋭敏であり、非常に良心的な方である。

晩に真壁さんの所へ行く。

注　島根県立大学「服部四郎ウラル・アルタイ文庫」に琉球関係の文献が相当数収蔵されている。本滞在中に購入したものがある筈。

12月16日（金）

風ひどし。琉球大学は高いから風あたり強し。

放課後、八重山方言を調べ、久米島方言の音韻記号をきめる。

12月17日（土）

風少し弱くなる。　高里氏（ハガキ航）麻生先生（「羽地内海」）福田（「博物館」〈10月17日注1〉）臼井　潔〈横浜市〉（ハガキ）

午後琉球大学講堂でミシガン州立大学(注)のクリスマスパーティあり。全職員とその家族達が集まり、各人にアイスクリームとポップコーンを、子供達全部に靴下型の網にはいったキャンディーを呉れる。キリストの話をし、讃美歌を歌う。全部で500人以上集ったであろうか。一種の慈善パーティーである。

【添付物】ミシガン、ステイト、ユニバーシティーミッション（D. B. Kuhn 他5名）からの琉大教職員宛クリスマスパーティー招待状（英語日本語併記）　1枚。封筒上書き Professor Shiro Hattori。

注　琉球大学を指導する意味で米国ミシガン州立大学から教員が派遣されていた。ミシガンミッションと称し、事務所は新図書館内にあった。（武富）　上村氏解説参照。（編者）

12月18日（日）

快晴

儀保の伊集盛吉氏(注1)のお宅で首里語を調べる。琉大を真向うに見た静かなお家である。今度来た時は宿にして呉れといわれる。方言の研究に興味を持って居られるので、熱心にやって下さった。

晩に首里の京屋(キョーヤ)という風流な料亭で文学部の方々の送別会。余、首里語で一場の挨拶をする。皆シンとして聞いているので間違えられなくて困った。全く首里人のようだとの批評であった。〈後に資料23で種明かしをする〉

【名刺】外間政章（琉球大学教授 〈「東京大学大学院学生外間 寛(ほかま ひろし)（社会科学）の父」と外間氏名刺に記入〉）・中村龍人（琉球大学教授 〈「来年4月より1年間東京大学で文字学を研究」と日記に四郎補記〉）〈10月30日〉

注1 現存せず。現首里儀保町4丁目32にあった校長官舎。伊集氏の前は、武富の前義兄阿波根朝松（11月23日注）が住んだ関係で、出入りしたことがある。戦禍により当時は遮る物がなかったため、縁側から琉大が良く見えた。伊集氏は、後寒川町1丁目に転居。（武富）
2 現存せず。現首里当蔵町2丁目親泊内科付近にあった有名料亭。（武富）

「琉球の言語と民族の起源」を琉球新報に執筆。掲載始まる〈『琉球新報』日刊寄稿（7回連載）〉。

【切抜き】琉球新報　1955年12月18日（日刊）

　　琉球の言語と民族の起源　①　　　　服　部　四　郎

言語が同系であっても、人種まで同系であると直ちに断定できないことは、学界の常識である。なぜなら、人口の少ない種族や、隣接の民族に文化的にひけめを感じている小民族が、自己の言語を忘れて、隣接の有力な民族に言語的に同化され、その言語を話すようになった

例は少なくないからである。

　琉球の言語・民族・人種の起源を論ずる場合にも、我々は右の点を警戒する必要がある。琉球列島に行われる諸方言が日本本土の諸方言と同系であること、言い換えれば、同一の祖語から分れ出たものであることは、言語学的に十分証明できることで、疑いない。しかしながら、そのことを根拠にして、琉球人が本土人と同人種であると断定することは、直ちにはできないわけである。それには人類学的な研究が必要である。更に民族学的或いは考古学的研究等によっても傍証を求めるべきであろう。

　言語・文化・人種の系統に関する研究を比較すると、言語学者は以下に述べるような色々の点で非常に有利な地位にあるということができる。即ち、まず第一に、言語は、極めて強固な社会習慣の厖〈ママ〉〈厖〉大な体系であるから、その根幹的部分が、単に部分的にではなく、全体的に類似している時は、それがぐう然の類似である蓋然性が非常に少ない。

　のみならず、一つの言語（或いは国語）という社会習慣の総体を成立させている一つ一つの単位である所の「単語」の音と意味とのつながりが、原則として自然的・必然的でなくぐう然的である点が、言語学者を一層有利な地位に置く。たとえば、「花」という意味を表わす日本語の単語は「ハナ」であるが、この意味を表わすのに絶対にこの音でなければならないという理由はない。ただ日本の言語的社会習慣としてそうきまっているに過ぎない。色々な言語で同じ意味が色々な音の単語で表わされる事実に注意すれば、このことは直ちにわかる。「花」を意味する単語は、英語では「フラワー」、ドイツ語では「ブルー

メ」、ロシヤ語では「ツヴエトーク」、シナ語では「ホワール」等々のようである。これはこれらの単語に限らず、どの言語でもその大部分の単語について言い得ることである。

　この故に、たとえば日本語の中に「ペン、ナイフ、インク、テーブル」のような音も意味も英語のそれに似た単語がある場合、その類似がぐう然のものである蓋然性が非常に少ないから、言語学者は両者の間に何らかの歴史的つながりがあると推定する。この歴史的つながりに2種類のものがあることを、言語学者は経験によって知って居る。即ち、同系関係と借用関係とである。

　二つの言語の音いん体系・文法体系や基礎的単語の総体が類似している時は、それらの言語が同一の祖語から分れ出たためである、〈句点を読点に四郎訂正〉言いかえればその類似が同系関係によるものである蓋然性が非常に大きいが、それらの言語的核心部が類似しないで、それらの単語ばかりが類似している場合には借用関係による類似である蓋然性が大きい。ことにそれらの単語が他所から輸入され易い事物の名称である場合には一層そうである。日本語の前述の単語「ペン、ナイフ、」等々は正に後者に該当する場合であるから、歴史的な実証と相まって、英語から日本語へはいった借用語であると断定することができる。

　　　　　　　　　　　　　　　　　　　　（東大教授・言語学者）

1955年12月19日
　琉球の言語と民族の起源　②

　ところが、どの言語でも、音と意味とのつながりが自然的である単

語をいくらか含んでいる。そのうちの一つは、色々のオト（音）をまねた擬音語である。これは自然のオトに似せようとしたものだから、そのオトが世界共通である限り、同系でない言語で類似した音の単語ができる可能性が非常に大きい。故に言語学者は、言語の系統を論ずる時に、この種の単語の類似を根拠とはしないのである。また赤ん坊や幼児の言葉に由来する父母その他の近親者の呼び名も、言語学者は言語の同系関係の証拠として用いることを差控える。なぜなら赤ん坊が発音し易い音は諸民族を通じて大差はないようであるから、そういう音にもとづいている父母その他の称呼は、各地において独立に類似したものができる可能性が大きいからである。たとえば、「母」を表わす単語は「マー、ママ、アマ、アンマ、アナ」のように鼻音や唇の音と開口母音とでできていることが多い。この種の単語が類似していても、それをそれらの言語の同系関係の証拠とすることは危険である。

このように考えて来ると、民族学や考古学などで、何らかの事物の類似から、それらの間に歴史的つながりがあると断定するのがかなり危険な場合のあることがわかる。たとえば、八重山の波照間島から出た石おのとルソン島リザール州から出た石お〈の脱〉との間の類似は両地に住む民族が同種であることの証拠としては効力が極度に小さいことがわかる。第一に、このような器具は各地で独立に類似のものが作られる蓋然性がある。第二に両者の間に歴史的つながりがあるとしても、借用による類似である蓋然性がある。第三に、両地に住む民族の文化が同系であったとしても、人種が同じであるとは限らない。

昔噺の系統に関する研究においても、右の点を考慮に入れる必要がある。たとえば、互に自然的関係のない要素が組合さって一つの昔噺

に現れる場合には、それらの昔噺が互に何らかの歴史的つながりを持っている蓋然性が大きい。これに反し、あわれな孤児の保護者が、亡母の霊であるか、家畜であるか、等々の点から、その孤児に関する昔噺を"系統的"に分類することはかなり危険である。なぜなら孤児とその保護者との関係は自然的であって、あわれな孤児に対しては色々な保護者が想像され得るからである。

　比較言語学者は、言語の右述のような性質の故に非常に有利な立場に立つばかりでなく、言語の比較研究を更に確実なものとするもう一つの現象がある。即ち同系語は右述のような言語的核心部が単に類似しているというだけではなくて、その間に音韻の整然とした対応関係が見出されるのが常である。たとえば、東京方言と首里方言とを比較しても、前者の母音「ア、イ、ウ、エ、オ」はそれぞれ後者の「ア、イ、ウ、イ、ウ」に対応するが、東京の「ス、ズ、ツ」〈に脱〉対しては首里の「シ、ジ、チ」が対応する。子音にしてもアクセントにしても整然とした対応の通則がある。両方言の動詞や形容詞はその活用がかなり違っているが同一の活用体系から発達してきたものであることが、音韻対応の通則に準拠した厳密な方法で証明することができる。

　甲の言語から乙の言語へ借用語が多量にはいる時は、乙言語のそれらの借用語と甲言語の元の単語との間にも、整然とした音韻対応の通則が見出されることがある。日本語の中の漢語は昔のシナ語からの借用語であると概略的に言うことができるがそれらと元のシナ語の単語との間には音韻対応の通則が見出される。それにも拘らず、日本語とシナ語とが同系であるといえないのは、前述の言語的核心部が互に著しく異るからである。

日本本土の諸方言と琉球諸方言との同系関係は、右述のすべての観点からして疑うことができない。(その詳細については、研究社『世界言語概説、下巻』325頁以下参照。)

　比較言語学者が更に有利な地位に立つのは、二つ或いはそれ以上の言語が同系であることを証明するために、それらの言語が積極的に類似している必要のないことである。言語は時代とともに変化する。しかも、音韻・文法・語彙のあらゆる面において変化が現れ得る。同一の祖語から分れ出た言語でも数千年のうちには非常に違ったものとなる。それにも拘らず、それらの言語の核心部が同一の祖語から発達したものであることを音韻対応の通則に準拠して明かにし得る限り、それらの言語が同系であることは証明できる。ラテン語の duo とドイツ語の zwei とアルメニア語の erku とが印欧祖語の同一の単語から発達したものであることは、疑うことのできないような厳密さで証明されている。

1955年12月20日
　琉球の言語と民族の起源　③

　最近人類学では頭形や鼻の高さまで時代とともに変化することが明かとなりつつあるが、人種の異同を考察するのに生体計測から獲た数字の積極的な類似と相違を問題にするような方法が、果してどれほど信頼できるのか、言語学をやっている素人の私には疑わしく感ぜられる。九州大学の金関丈夫教授が指摘されたような北九州人と南九州人、琉球人〈南九州人・琉球人に四郎訂正〉との間に見られる程度の差異が、

148

千数百年の間に生じ得ないという証明は人類学でできているのであろうか。琉球諸方言と本州方言との差異は恰度それ位の期間に生じ得る程度のものである。尤も南九州方言と琉球列島諸方言とに共通の言語的特徴もあるが、それが金関教授の説かれるような人種的底層（サブストレータム）によって生じた蓋然性は非常に少ない。そのことは後にも述べる。

言語は、気候風土の影響によっても多少は変化するであろうが、それとは無関係に自律的に変化する面が多い。体質の時代的変化にも果して自律的なものはないであろうか。一方、植物や動物が気候風土の違う土地で急速に変化することが知られているが、人間の体質にも果してそういう変化が起らないであろうか。専門家の教示を仰ぎたい。とにかく、現在における体質の積極的類似や相違のみを問題にすることは、素人の私どもに大きい不安を懐かしめる。

右述のように、言語学では、言語の同系関係を証明する非常に厳密な方法が発達しているが、その外に、「言語年代学」といって、同系語の分裂年代の古さを算定する方法が発達しつつある。それについては日本言語学会の機関紙〈誌に四郎訂正〉『言語研究』第26・27号（1954年）所載の論文で詳説したから必要な方は同誌を見て頂きたい。〈四郎句点を補う〉この方法を多少修正した方法によって京都方言と首里方言との言語年代学的距離を算定した所約1450年という数字が出た。両方言が分離後、琉球方言が本土方言から影響を受けた蓋然性を考慮に入れるならば、この年代はもう少し繰上げなければならないかも知れない。

この数字を根拠にして、私は日本祖語(注)に関する一つのおく説を立て

149

た。その詳細は、本年1月に斉〈ママ〉〈斎〉藤 忠氏の手許に、同氏編集中の『図説日本文化史〈大系〉』に掲載するため提出した「日本語の系統」と題する論文（未刊）に述べた。その大要は次のようである。「琉球諸方言を含む現代日本諸方言の言語的核心部の源となった日本祖語は、西暦紀元前後に北九州に栄えた弥生式文化の言語ではないか。そして紀元後2、3世紀の頃、北九州から大和や琉球へかなり大きな住民移動があったのではないか。縄文式文化の担い手が日本人であったとすれば、日本祖語の時代の日本各地には、日本祖語と同系ではあるが、それとは異なる多くの小方言（異系の言語もあったかも知れない）が話されていたであろうが、それらは日本祖語から発達して来た方言に同化吸収されて、現代諸方言に多少の痕跡を残して消失したのであろう。次に、この日本祖語はどこから来たか？日本語と他の言語との同系がまだ言語学的に証明できていないので、この問いにはっきり答えることはできないが、日本語と最も近いと考えられる朝鮮語との言語年代学的距離が6千年以上である蓋然性があるから、縄文式文化時代人が日本人であるとすれば、そしてわが国におけるその縄文式文化時代が4千年以上も続いたことが明かとなれば（千葉県姥山貝塚の縄文式中期の土器を出土する遺跡の年代は、放射性炭素の残存量の測定によって今から4500余年前と算定された）、後に日本語へと発達した言語は、日本祖語となるまで四千年以上も日本で話されていたことになろう。朝鮮語から分裂した日本語の前身は日本において多くの民〈ママ〉〈氏に四郎訂正〉族方言に分裂して行ったに違いないが、各地に種族国家約〈ママ〉〈的に四郎訂正〉統一が生ずるとともにヨリ大きい種族方言に統一されて行く傾向を生じたであろう。それらの種族方言の一つが

発達して日本祖語の地位にのぼるに至ったものであろう。」

  注〈編者〉　四郎のライフワーク。後年多岐に亘り具体的な諸相について考察した「日本祖語について（1）～（22）」（大修館『月刊 言語』第7巻1号〈昭和53（'78）年1月〉～第8巻12号〈昭和54年2月〉）を発表。資料17参照。

1955年12月21日
　琉球の言語と民族の起源　④

　私は、本年10月初に当地へ来てから、琉球列島からはまだ弥生式土器が発見されないと聞いて、日本祖語の年代は言語年代学の示す数字に近く引下げるべきであるかも知れないと考えていたのであった。
　然るに、このたび金関丈夫教授は「八重山群島の古文化」という論文を雑誌『民族学研究』第19巻第2号に発表して、琉球語の起源に関する一つの仮説を公にされた。その要旨は次のようである。『琉球列島及び南九州にはインドネシア系の種族が住んでいて、これが現在のこれらの地方の住民の祖先になった。この種族はもとインドネシア系の言語を話していたが、水稲と鉄への魅力から北方の隣人の言語即ち日本語（金関教授の「大和語」）を受入れて、自己の固有語を棄てた。そしてこの大和語が、これらの地方にほぼ完全に浸潤したのは8世紀以後のことであろう。今日の琉球諸方言はこの大和語を継承するものである。』
　そして、最後の結論として次のように述べてある。「以上のような私の推定の根拠には、西表島に古い先史時代の遺跡が存在するならば、

という仮定がある。これが実証されないと、私の考えのうちの多くは、その価値が生じない。今のところ、西表島にそうした遺跡があるという可能性は多いと思うが、単なる推定にすぎない。」(141頁)

それでは、そのような先史時代の遺跡が発見されたならば、教授の仮説は有力なものとなるであろうか？教授は生体計測、民俗、考古などの方面から種々論証されているが、右述のような厳密な立場からこれを検討すれば、証拠として効力の大きいものはないと思う。しかし、私の専門外のことは専門の学者に任せて（尤も、それらに関する私なりの意見は別に述べる機会があろう）、ここでは言語学的な証拠だけを取あげて見よう。

教授は琉球の地名で琉球語で解けないものをインドネシア系の地名に関連づけようと試みられている。地名の研究を科学的に行うことは非常に困難だから、教授の説もまだ一つの試みに過ぎないが、仮りに琉球にインドネシア系の地名があることが確実に証明されたとしても、琉球の住民がインドネシア系であるとする論拠としては効力が小さい。米国にはアメリカインディアン語の地名が非常に多いが、米国人がアメリカインディアン系である証拠とはならない。ただし、私は論拠としての効力を問題としているに過ぎないのであって、この種の地名の研究が進められることは望ましいと思う。

次に、言語に関する証拠としては、八重山の波照間島の、殊に女性の言葉の「イントネーション」が台湾の蕃語のそれに似ていたことが挙げられている。そして、金関教授は、イントネーションは特に永続的だから言語をとりかえた場合に固有語のものが残る、と説かれる。金関教授が「イントネーション」という言葉で何を表わそうとされた

か、実は私には明瞭ではないが、117頁右欄に、「イントネーション、ことにその主要素である語勢とか語速の如きものが」と書いておられる所を見ると、我々のいう「文音調」とは違った意味に用いられていることは明かである。それはともあれ、我々が外国語をまねた場合に、「調音の基底」といわれる発音の全体的な癖だとか、アクセントの性質だとか、文の音調だとかは自国語のものが残る。つまり、日本語の発音の仕方で外国語を発音する。金関教授はこの種の現象のことを言おうとされたものであろう。ただし、これは自国語の発音の癖が相当強固に確立した青少年以上の者についていえることであって、幼い子供はそういう癖が確立していないから正確に外国語をまねする。

　もう一つ注意しておかなければならないのは言語の如何なる要素も時代と共に変化する可能性があるということである。単語の音も意味も、文法体系も、「調音の基底」も、アクセントも、文音調も、この例に洩れない。だからこそそのいづれの面においても方言差が生じている。故に金関教授が「イントネーションは永続的だ」と言われたのは、この意味ではあり得ない。

　訂正＝昨本欄の１段第11、12行の「南九州人、琉球人」は「南九州人・琉球人」の誤り、最下段16行目の「民族方言」は「氏族方言」の誤植。

1955年12月22日
　琉球の言語と民族の起源　⑤

次に金関教授は、波照間島の、殊に女性社会のように隔離性の大きい社会ではイントネーションは一層永続的だとお考えのようである。ところが、そういう隔離性の大きい社会の方言は、それと同系の他の方言が失って了うような言語的特徴を保存する可能性も大きいけれども、逆に他のものが保存しているものを失う可能性も大きい。そのことは各地の諸言語・諸方言で実証されている。だから、波照間島方言の場合も、その「イントネーション」が新しいものである蓋然性はそれが古いものである蓋然性と同様に大きい。

　波照間島の方言も、台湾の高砂語も、私はまだ観察したことはないが、私が今日まで観察し研究し得た琉球諸方言の発音において、非日本語の底層を想定しなければ説明できないような積極的特徴に気づいたことはない。

　仮りに、波照間島方言の発音に高砂語の底層に基因する要素が含まれていることが、科学的に明かとなっても、琉球列島及び南九州の住民が高砂系であると断定する事は危険である。それが波照間島方言だけに関する局地的現象である蓋然性があるからである。とまれ、琉球・南九州の方言とインドネシア諸方言との比較研究をあらゆる面について試みることは有益であろう。そればかりではなく、日本語そのものとインドネシア語との比較研究も必要であることはいうまでもない。

　金関教授は更に、「その【即ちインドネシア系の言語の】イントネーションの残留が、現代の琉球語を、日本語のうちの一特殊方言たらしめる上に、何らかの影響を与えたのではあるまいか」（118頁左）と言っておられるが、琉球列島全体が、いわば大きな波照間島のように本土から隔離されていたために、他とは異なる発達をとげるのに十分な条

件を備えていた点を見逃してはならない。

　現在の琉球列島では、共通語（即ち普通語）の普及によって、共通語と方言との「言語の取りかえ」が起ろうとしている。そして各地で話される共通語にはその土地の方言が底層となり、アクセントや音調や調音の基底は方言のものが保存されている。古代においてもこれと類似のことが起ったと教授は想像されるのであろう。しかし現代におけるこの現象は、明治以降の小学校教育という強力な文化政策の実施と新聞・雑誌の普及により起ったことであり、最近はラジオのような文明の利器がこれに拍車をかけつつある。戦後ことに那覇市付近で共通語が特に有力となったのは、共通語しか知らない外地からの引揚者が急激に増加し、かつ琉球各地からの移住者が多く共通語を話すのも一要因となっている〈10月8日参照〉。

　沖縄民政府の調査資料によると、沖縄群島の人口は、1945年末に30数万、1946年末に51万、1955年7月に70万足らずで、『沖縄群島要覧、1950年版』〈日記本文末尾参照〉によると、1946年中に海外から沖縄に帰還した者は11万3千余である。那覇市付近の人口は次のように急激に増加した。

	1946年末	1952年1月	1955年7月
那覇	8,079	56,236	73,540
真和志	11,514	41,964	60,303
首里	18,037	21,345	23,866

1955年12月23日
　琉球の言語と民族の起源　⑥

右のような文化政策があったとは考えられない古代に、果して移住民なしで言語（ことに日本語とインドネシア語のように著しく違った言語）の取りかえが起り得たであろうか。言語の取りかえは民族と民族とが直接隣接している時に起るのが普通である。琉球列島のように他から隔離されている所では、移民なしで言語の取りかえが起った蓋然性は少ないと考えられる。

　殊に、琉球諸方言と本土諸方言との間には整然としたアクセントの対応まで見出される（詳細は前述の『世界言語概説、下巻』の拙文、実例は雑誌『民族学研究』第19巻2号の拙文参照。）つまり、琉球諸方言のアクセントは日本祖語のそれを継承したものであろう。（祖語以前のそれを継承している点のある蓋然性もないことはない。そのことについては以下の論述に注意。）外国語のアクセント、殊に日本語のそれのような高さアクセントをまねすることは容易ではない。インドネシア系の琉球住民が、大和から来た少数の支配者の言語をまねしたのならそれこそ、金関教授のいわれるように、インドネシア語のアクセントが、習得された大和語のそれを崩して了ったであろう。

　勿論、私は琉球列島のすべての住民が体質的にインドネシア系ではないと主張しようとしているのではない。また、金関説を論破することを目的としている者でもない。むしろ、教授の論文から多くの知識と暗示を獲たことを感謝している。しかし以上説いた理由から、次のように想像する余地はまだ十分残されていると考える。即ち、日本祖語民族（それは人種的には混質的であったかも知れない）のかなり有力な分派（数においても原住民にまさる集団）が、九州方面から、少

なくとも沖縄本島の中頭・島尻地方のような豊かな土地に移住して地盤を作った蓋然性がある。ただし、当時沖縄島に有力に行われていた土着民の言語が、日本祖語以前に分出した日本語系の言語であったとすれば、日本祖語がそれを同化するためには、それほど大きな移住民集団を必要としなかったであろう。また、このような北からの移住が度々行われているうちに琉球方言が成立した蓋然〈ママ〉もある。しかし、この場合にも、今より千数百年前以後には、琉球地方の言語を大きく変化させるような北からの移住はなかったと考えなければならないことを、言語年代学は教える。これらの点は、琉球諸方言を綿密に調査することにより、更に明かになし得る可能性があると、私は考えている。他の学科では、殊に考古学がこの問題に対し、多くの光を投げかけて呉れるであろう。

1955年12月24日
琉球の言語と民族の起源　（完）

以上説いたように、現在の琉球諸方言の成立については色々の蓋然性が考えられ、金関教授の説かれるような蓋然性でさえゼロであると断定する権利をまだ我々は有しないと言わなければならないけれども、同教授の次の意見に対しては、私はこれに反対する相当有力な根拠を持っている。教授はいう。『いったい、琉球語を、非常に古い、日本語と共通の祖語からの分れであって、日本語と琉球語とは、姉妹語の関係だなどと言い出したのは、B. H. Chamberlain 博士であるが、いまだにこれを無批判に受け入れている人があるようだ。（中略）近頃

は琉球語の起りを、ずっと新しく見よう、というのがわが言語学界の勢〈ママ〉であって（下略）』。〈句点を補う…編者〉私は実はそういう趨勢のあることを知らない。ただ、奈良時代の特殊仮名遣（橋本進吉博士の発見）に対応する音韻の区別が琉球諸方言にないので、琉球方言は平安朝以降に日本語（というのは多分近キ方言であろう）から分離したものであろうと説く人には二三出遭った。しかし、こんなことを言えば、琉球諸方言には「ジ」と「ヂ」、「ズ」と「ヅ」の区別に対応する音韻的区別がないから、琉球方言は、徳川時代以降にこの区別を失った西日本方言から分離したものであるといえそうである。琉球諸方言の全体系を見ると、それが上古日本語即ち奈良朝の大和語以前の段階の言語から発達して来たらしく考えられる点が少なくないが、私はもっとはっきりした証拠を持っている。それは言語年代学的数字で、上古日本語と現代京都方言との間の共通単語が74.71%であるのに対し、上古日本語と首里方言との間のそれは66.46%である。これは、京都方言と首里方言との祖語即ち日本祖語の年代を、上古語よりも古いところへ置かなければならないことを意味する。

　チェンバレンの文法は今日読んでも中々よく研究したものだと感ずる。決して浅薄な知識に基づくものではない。ロマン諸言語をも知っていた彼は、直観からではあるが、琉球語に関するかなり深い知識によって、あのような説を立て得たのである。現今の研究は、むしろ彼の説が比較的正しいことを証しつつあるものと言わなければならない。

　念のため付言するが、このように説くことは、琉球列島の諸方言は日本語とは独立の言語で、日本語の方言ではないと主張することを意味しない。どの程度以下の差異ならば「方言」で、差異がどの程度を

こえると「別の言語」であるという科学的基準があるわけではない。むしろ、それらの方言の上にどういう共通語がおおいかぶさっているかが目安になることが多い。本土諸方言と琉球諸方言との場合、この程度の差異で、しかも同一の共通語を有するのだから、いずれも「日本語の方言」と呼ぶことができるというのが、私の意見である。

　最後に民族と人種とは同一でないことに注意しておきたい。一つの民族が人種的には色々の要素から成り立っていることもあるが、異なる人種が同一の民族に属することもあり得る。民族とは、広義の文化と言語との同一性によって結合された一集団の人々のことであって、体質の等質性は必要条件ではない。米国における日本人の２世・３世で英語しかできない者は、人種としては日本人であるが、思考や行動の型が全くアメリカ的であって、アメリカ民族に属する。琉球の場合も、百歩、否千歩譲って、仮にその全住民が日本人とは異なる純粋のインドネシア系であるとしても、琉球人と本土の日本人とが別の民族であると直ちには断言できないわけである。両者の広義の文化がこの程度に類似し（色々なタブーその他の社会習慣が驚くほど似ている）、物の考え方がこれほど酷似し、その上同一の共通語で結ばれている時、琉球人は本土人とともに日本民族を形成すると言ってよいと私は思う。しかし、こういう問題に対しては、そういった客観的判断ばかりではなく、民族自身の主観的判断も重要な鍵となる。スイスのように、ドイツ語とフランス語とイタリア語と著しく異なる三つの国語を話す人々が、一つの国家を形成する意志を有し一つの民族としてまとまろうとしている例さえある。故に、琉球人が日本民族の一派であるかどうかということに関する決定権は琉球の皆様にあるというべきではなかろ

159

うか〈資料19参照〉。

　　おことわり

　12月5日付朝刊（4面）に掲載された私の市民講座講演要旨には多少の誤記があり、ことに最後の段の12行目から18行目までの一文は全く意味が通じない。よって私は、自ら執筆した論文に対してのみ学問的責任を取りたいと思う。（筆者）

　　訂　正

　12月5日付掲載の「沖縄方言と言語年代学」についての市民講座講演要旨中最後の段の18行目「……有力なる証」は「……有力な反証」の誤りにつき訂正、服部氏並びに読者にお詫びします。

　　正　誤

　12月20日付本欄3段6行目の「機関紙」は「機関誌」、最下段18行目の「国家約統一」は「国家的統一」の誤植。

12月19日（月）
放課後、大城、山里、名嘉、松田の諸君に音声学の訓練をほどこす。晩に料亭幸楽[注1]で琉大理事会の送別式。琉球髪の若い美人を見る。徳田君[注2]に会う。

注1　ひめゆり通り添い現那覇市壺屋2丁目3「メゾン幸楽」附近にあった有名料亭（現廃業）。（武富）
　2　未考。四郎住所録に徳田政信（研究社辞書部）・徳田　弥（高知市）の名がある。研究社は四郎編（市川三喜氏と共編）『世界言語概説』下巻（昭和30〈'55〉年刊。上村氏解説参照）の出版社。

160

12月20日（火）

　福田（「塩屋内海」15.）Haltod（ハガキ13.2.）本（書留）いずれも三栄橋〈郵便局〉

　土産物を買う。妻にスイスのオメガ腕時計を山城屋で買う(注1)。婦人物の最高品。文〈10月2日〉にkuzirigoosi〈絣一般の称〉の反物、武富先生と真壁さんとに¥1000ずつの山形屋商品券(注2)。人形塗物などあれど更によく見ることとする。子供達(注3)に適当なものなし。

　注1　当時国際通りにあったブランド物を取り扱う沖縄の代表的時計店。（武富）
　　2　リウボウ百貨店が高級品を取り扱う傾向（現在も同じ）であるのに対して、山形屋百貨店は日用品的な品物を中心に取り扱う（12月25日）傾向であった。（武富）
　　3　長女亜細亜（アシア、1939～2004）・長男旦（1941～）・次女愛（1945～）の3人。

12月21日（水）

最後の講義

　放課後、八重山方言を調べ、学生の音声学的訓練をする。ねむきこと限りなし。アクセントの訓練ほとんど絶望的なり。学問の分野にても人間の才能は平等でない。或者にとって何でもないことが他の者にとってはひどく困難だ。

12月22日（木）

　知念村久手堅の新垣孫一氏を訪れ、語彙の残りを調査する。ついたのが11時半頃。2時35分のバスで帰り、家についたのが4時。

晩に胡屋朝賞先生〈10月7日〉のお宅で明日の録音〈於琉球放送〉の準備調査をする。

家より母等到着〈渋谷区代々木初台506番地の自宅〉の旨の電報ようやく来る。

【添付物】電報 22ヒ4ニンブジツイタ」マヒラ

12月23日（金）

試験を頼んで、午前中、琉球大学名誉教授胡屋朝賞先生の首里方言(注1)を録音する。昼過ぎ買物に行く。リューボー〈リウボウ百貨店〉で母〈義母〉にまくら、マヒニュールに洋服地を買う。子供達のみやげだけが残った。東大の英文科を出、私の講義を聞いたというシナの人(注2)に会う。米軍に勤めているという。美しい日本婦人が奥様になっている。自動車で下宿へ寄り、学校まで送って呉れた。図書館を見せる。快晴にて誠に雄大な眺めであった。

午后3時から久志、宮古、八重山の諸方言の音韻論的分析をやる。6時頃までかかる。

晩に真壁さんの所へ挨拶に行く。

9時頃から首里劇場で大伸座の芝居を見る。名嘉君同道。「母心是か非か」の後半と「子別れ峠」。後者の筋は田舎へ秘密の任務（？）を帯びて来ていた里之子（satunusi）が田舎の宿屋の娘とジッコンになったが、急に首里へ帰る必要が生じ娘を置いて去る。娘は子を生み気が変となり男を見れば里之子といってだきつくようになる。或日やって来た侍が里之子に似ていたので疑われ、主人と宿屋にいる4人の侍に脅迫されてその赤ん坊を押しつけられ「後になってから子だとか孫

だとかいっても承知しないぞ」との棄セリフを残して去る。その侍は近所の神さん達に貰い乳をしたりして苦心してその男の子をそだてる。〈ママ〉
5年後に可愛い男の子となる。気づかずにその宿屋に来合せ、子供が空腹をうったえるままに食事をしようとはいる。主人夫婦と対面。健康となった娘とその夫（元の里之子）から、その子を返して呉れといわれて大いに怒り、子を小脇にかかえて走り去る。宿屋では側の4人の侍に頼んで子を取返そうとする。4人は近道をして峠で待伏せし、子を返すか返さぬか二つに一つと迫る。そこで剣劇となり、1人をたおして3人と戦い、疲労困パイの末あやうく倒れそうになるのを「お前が知〈死〉んだらあの子はどうなる」という声を聞き霊力を得て3〈ママ〉
人をたおす。そこへ里之子と娘、両親が来て子を返して呉れと頼むが、侍はその子を背負い、子供の口から拒絶させて立去る。

　劇場を出たらカデカル〈嘉手苅、11月5日〉運転手に会った。芝居が好きらしい。

注1　伊豆山敦子編『放送録音テープによる琉球・首里方言―服部四郎博士遺品―』（東京外国語大学アジア・アフリカ言語文化研究所、平成18〈'06〉年、東京）に文字化し、CD-ROMと共に収録。同書の口絵写真4・6に本書の口絵写真2・3と同じ原板による写真（編者提供）を掲載し、その説明文に「武富セツ先生宅下宿にて」とするのは、提供時の旦による誤った説明文を踏襲したもの。本書口絵説明文2の通り、武富先生宅ではなく、目下不明。大方の御教示を乞う。

　本CD-ROM中の今帰仁延子さん（11月19日注3）と護得久朝賞氏の「御殿言葉」会話を聴き取り中、武富良浩は「護得久先生もタレントだな…」とつぶやかれた。その真意をお訊ねした処、「一口に首里方言

163

と言っても3種があり、私は孰れにも詳しくないため自信を持って言う訳ではないが、二人共旧王族の最高級（護得久氏の父親は最後の琉球国王尚泰王の娘婿）の人達で、最高の教育を受けた方達だから、かつての方言を日常的に使用することは、教養が邪魔をしてできなかったのではないか。だから、この会話を再現的会話と感じて、思わずそのような感想を漏らしたのである」と説明された。慎重な御性格の武富氏は、その旨記録することを固辞せられたが、後世の資とするために敢えて此処に書き遺すこととする。

2　「中国」は自国を卑下するものとして四郎は学問上でも使用しない。一方、「支那」はその音を先方が非常に嫌がるので使用しないとする（「自由、平等、愛国心」『一言語学者の随想』）。

12月24日（土）

図書館の前で仲宗根氏、大城両氏と名嘉、山里、東盛、泉の諸君と記念撮影〈口絵写真13〉。

午前中琉球放送で録音(注1)。音声記号等の説明をする。

午後大城君と糸満の同君の家に行き、糸満方言を調査。この方言では ki→ci の変化が起らず kj→k となったので、首里語の c が k から来たのか t から来たのかわからない時に、この方言と比較するとよい。母堂、親戚のおばあさん、知合の奥様が informants となって下さった。

晩に南風原〈朝保〉さんのお宅で余の送別会〈口絵写真14〉。琉球料理の味がわかるようになった。劇や歌もわかるようになって来たが、もう琉球ともお別れだ。皆非常に親切にして下すったので感謝の気持で一杯だが、たった一つ不愉快(注2)な事件は、月曜日の琉大理事会の送別

会の時、前もって余の都合を聞くことなくその日の6時からある。2時半頃に余に通知して来たことで、余が先約があるからと断りたるにも拘らず是非都合して出て呉れ、20分でもよいからと言って来たことだ。こういう誤りを繰返さないようにかなり教訓的な行動をしておいたつもりだ。

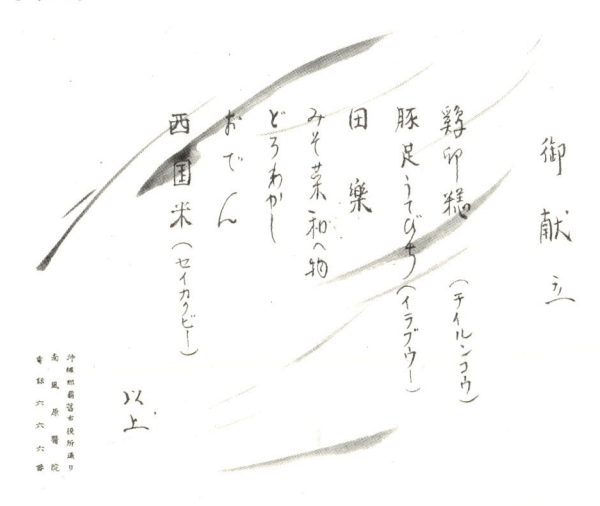

御献立

鶏卵糕（テイルンコウ）
豚足うでびち（イラブウー）
田楽
みそ菜和へ物
どろあかし
おでん
西国米（セイカクビー）

以上

沖縄那覇若狭町波ノ上通り
南風原医院
電話 六六六番

「服部先生御送別琉球料理宴　一九五五年十二月廿四日南風原宅」〈献立表紙上書き〉

今日は安里琉大学長、仲宗根君、当間市長も、親泊琉球新報社長、池宮城氏、某氏、平良氏が出席。例によって豊富な話題がでた。当間氏が「色々とお骨折り下さって有難うございました」といわれた時は嬉しかった。実際余は琉大のために琉球のために、余として出来得る限りの好意ある行動をして来たからだ。琉球新報〈12月18日〜24日〉に執筆した一文については一言も話が出なかった。西洋人ならばこうい

165

うことはない。琉球の人は客をもてなすすべを十分知らないらしい。某氏の如きはおくれて来て着席、早く引揚げたのだが、帰る際に余に挨拶もしない始末。誰の送別会に出ているのかわからない。一寸したエチケットを知らないのだ。併し、これらの人々が集って下さった厚意は十分わかる。

【切抜き】琉球新報　12月24日（夕刊）「沖縄古文化財の保護についての私見　金関丈夫」〈「私の意見」欄〉

注1　琉球放送内で当時少なかったテープレコーダーを借りて音声記号の発音モデルを録音した。名嘉順一氏の四郎一周忌時のご教示によると、岩波全書『音声学』初版第2刷（『沖縄文化』第83号の名嘉氏四郎追悼文で「1955年5月25日第4刷発行」によるとするのを訂正）を使用。琉大の琉球方言研究クラブ員達はこのテープで音声の記号化練習を行ない調査に赴いた。上村幸雄氏によると、ために同クラブ員達の聴き取り能力が高くなったという。本書上村幸雄氏解説参照。

　　このテープは現在まで未公開であるが、転写テープが巷間に伝わり活用された。四郎旧蔵テープの中に、徳川宗賢氏からのテープがあり、上村氏からも国立国語研究所に保管されていたテープを受領したことがある。上村氏によれば、このテープは今日でも公刊に値する学問的価値があるという。狩俣繁久氏（かりまた　しげひさ、琉大教授、琉球方言学）によると、このテープは1980年代まで琉球方言研究クラブで利用されており、四郎の発音モデルとしては年齢的に最も優れているものであろうと、とせられる。

　2　沖縄の「大概気質」（テーゲー）（編者の解釈）というよりも、敗戦後の悪平等の気風。公職人の間、特に本土から来た公職人と地元の公職人との間に意識のずれがあり、ために摩擦を生ずることがあった。（武富）

3 こうした振舞（定刻を守らず、宴席に主人や客人に断りなく出入りする）は「大概気質」の沖縄人の間では許されていると聞き及んだ。これは実際編者の5ヵ月間の沖縄滞在中に体験したことでもある。しかし、武富氏は「沖縄と言えども定刻で始めるのが礼儀である。この場合は末席に連る者としての遠慮の振舞であろうが、失礼であることには変りはない」とせられる。本日記の諸事項をめぐる質疑応答の中で、躾に厳しい首里士族の末裔たる武富氏の感覚と、那覇の下町を主な生活圏としていた編者の感覚との間に、時にずれを感ずることがあった。　＊武富氏は幼少の頃母セツさんより寝しなに250年前の先祖の遺した人倫の道についての長文の遺言を暗誦させられ、現在でも諳んずることができる（現認）。「兄の良信はこの経験を忘れていたから、私がこのような教育を受けたことを記憶している最後の者で、首里にももう居ないだろう」と。温厚にして冷静沈着、謹厳なお人柄は、嘗ての琉球士族はかくやと思わせるものがあった。

12月25日（日）

名嘉君が伊江島や伊平屋の informant を発見することに成功せず。小禄方言〈10月9日〉を調査することとする。仲宗根君、名嘉君と琉大〈文理学部〉教授赤嶺康成氏を訪れる。同氏が案内して下さることとなる。

琉球新報に寄る。自動車を出して呉れる。

ペリー区と称する所から溝河〈現県道221号線（モノレールの通り）付近にあった…武富〉を一つ渡ると小禄区である。漫湖〈国場川川口、現存〉を距てて那覇の町が見える。太いバスの通る道路〈現県道7号線（小禄本通り）〉に面した一見何の変てつもない通りである。ここの言葉が那ハのそれと、ことにアクセントが著しく異なるのだ。

赤嶺教授のまたいとこに当られる高良三郎氏の宅で調査する。高良氏は実にはっきりした人だ。その母堂が77才というのにこれまた頭脳明晰。昼御飯まで御馳走になる。調査結果極めて良好。

　帰りに赤嶺氏の姉さんが神里原通り〈11月10日注〉で「みどり」という美容院をして居られるのに寄り、二三の疑問の点をただす。神里原の先駆者で、田圃の中へ家を建てられたのだという。今では立派な店である。

　レコードを買う。大きな土産を買いすぎたので、カツヲブシを買うお金がなくなる。山形屋で泡盛（2合瓶）を4本買う。残った金で子供達にチョコレートなどを買う。明日電報を打つと、恐らく一文もなくなるだろう。

　下宿では武富氏一家が御馳走の用意をして待っていて下さる。

　武富良信氏〈10月3日・11月5日〉、隣の阿波根朝松氏〈那覇地区教育長、11月23日〉と武富先生と4人で宴が始まる。良浩さんは今日はクック〈cook〉だ。

　大雨が降る〈沖縄特有〉。話がはずんで9時頃となる。方々訪問したい所があるが不可能となる。明日にまわす。

　武富先生に言葉を少し調べさせて頂く。(注2)

【名刺】(注3) 阿波根朝松（那覇地区教育長）、「翁長俊郎〈琉大事務局長〉・君代」〈四郎メモ〉、安里源秀（琉球大学副学長）〈名刺のママ〉、具志堅政治（沖縄タイムス社取締役・業務局長）

　注1　旧、現山下町。米軍軍港・補給基地に接す。占領後米軍補給部隊
　　　（武富は通訳として働き、この間日記の国場幸太郎氏・宮平敏子さんと

168

```
JAPAN AIR LINES           日 本 航 空
    SEAT CHECK            座席指定券

 Mr.       Hattori Shiro
御芳名

We are pleased to assign you    SEAT NO.      A-1
右の御座席をおとりしてあります   座席番号

Flight      706           Date      26 Dec.1955
便 名                     月 日
```

　　知り合う）司令官が山下奉文大将との連想を嫌い、ペリーに改む。（武富）　現在の「ペリー保育園」の名はその名残りであろう。（編者）

2　日並みの記は此処で終る。ノートの巻末に『沖縄群島要覧』等からの転記とB軍票（以下に一部を写真版で収録）の100円1枚・20円1枚・10円2枚・5円3枚・1円4枚・50銭3枚を貼付する。

　　添付「切抜き」はないが、翌々日次の新聞記事あり。

　『琉球新報』　12月27日（日刊）「別れを惜しみつつ　服部教授きのう帰京」（〈前略〉郷土人に多大の感銘を与えたが、3ヵ月近い滞在で沖縄に別れを惜しみつつきのうひる3時すぎの日航機で帰京。出発を前に首里の寄宿先でつぎのように語った。「沖縄は私のもっとも好きな土地なので来島する前から期待していた。そして3ヵ月近くこの土地で活(ママ)してみて、なお一層愛着を感じる。だから、いまここを去っていくのは寂しい思いがする。琉大の学生たちにも講義のとき接するのがほとんどだが、その熱心さは目立ち、島の青年たちにも真面目な人が多いように思う。ただ当地へ来て心の痛むのは、人々の生活があまり豊

かでないことで、それに当初の期待に反して沖縄方言があまり聞かれなくなっているのはさびしかった。出来るだけヒマをみつけて沖縄にはまた来たいものだと思っている。)

『沖縄タイムス』 12月27日（日刊）「亡びゆく純粋の方言　言語学の服部博士帰る」(〈前略〉12月26日午後、安里、仲宗根正副学長、翁長事務局長、護得久琉大財団理事長らの見送りを受けて、空路、帰任の途についた。次は博士の沖縄での感想。　服部教授　学生への講義のひまに首里、小禄、糸満、知念、辺野喜、久志等実際に調査し、又伊平屋、久米島、八重山、宮古、首里方言についても広く知識を得ることができて言語学を研究する立場にある私としては大変愉快な毎日を過せた。琉大当局や一般の方のご好意を喜んでいる。しかし、実際に沖縄の古老達に接してみて首里方言など純粋な沖縄方言が相当急激に亡びつつあるということを痛感した。その意味で吾々研究の立場にあるものは早急に調査をしなければならないと思っている。今回の収穫を多としもう一ぺん近い将来に来島しもっと自分の研究を深めたいとつくづく念じている。)

3　以下の名刺等の帰属日不明。12月25日か。日並の記末「日本航空座席指定券」の左ページに添付されていることからすると、12月26日離沖の見送り時か。但し、阿波根氏とは11月23日以前に対面の筈。

『沖縄群島要覧1950年版』[注1]　　沖縄群島政府統計課

沖縄人口は如何なる歴史的波に乗って来たか、甘藷渡来前までは飢饉と疫癘のため、人口は一進一退を辿っていた。今から470余年前、第一尚氏時代までは僅か7万人か8万人位の人口であったが、慶長10年（西暦1605年）尚寧王の頃（第107代後陽成天皇の頃）甘藷が野国総管によって支那福建省から移入され、儀間真常によって国中に播布されてからというものは食糧も充実し

て、人口は著しく繁殖し、之から100余年後の蔡温時代に到っては人口、那覇、首里で3万人、地方で17万人、合して20万人に及んだ。明治5年9月14日正式に琉球藩が置かれ、明治12年3月27日廃藩置県となって沖縄県［明治12年3月27日付にて県令心得として（当時は3府に限り知事と称し県は県令と称した）木梨精一郎氏任命せられた］という一つの地方団体が組成された時、琉球藩から31万有余人の人口と6万余の戸数を受継いだ。明治12年調査による当時の人口は310,545人で、戸数63,506戸、翌13年には351,374人、戸数74,189戸となった。

明治12年は沖縄県が設置された年であったが、また初めてコレラという悪疫が見舞った年でもあった。患者11,200人で死亡者6,400余人の尊い多数の命が失われた。

明治21年には374,698人となり、64,153人即ち20.65％の増加を来し、それから10年後の明治31年においては465,470人となり、明治12年から31年迄に154,925人49.80％即ち50％近くも殖え、明治35年には明治31年以来5,675人の増加を来し、以降明治後期まで上昇の一途を辿るばかりであった。

大正年間において21,741人の増で昭和初期から1950年までに（1950年人口は国勢調査中間人口による）22,356人の繁殖振りである。

明治31年から同35年までの指数を100とすると大正年間が383、昭和初期から1050年（ママ）までが394の割で、大正からこのかたの増産飛躍振りには著しいものがある。

その間大正8年には再びコレラが襲い2,503名の患者中1,092が帰らぬ人となった。同年腸チブスも流行し100人中23人死亡した。その外デング熱が流行したのも確かにこの年だったと思う。昭和6年、中城村及び渡名喜島に腸チブスが大流行した。

昭和12年7月7日日支事変起り、同14年5月ノモンハン事件起り、続いて昭和16年12月8日太平洋戦争勃発し、我が沖縄本島が運拙く激戦地と化し165,503人（内非戦闘員150,698人）が犠牲となった。誠に有史以来の歴史的

悲劇の一頁であった。

　1946年沖縄帰還許可なり、同年中の海外からの帰還者は113,343人である。48年（3月、12月不詳）3,192人、49年1,386人、50年744人である。

　出生、死亡率から見ると大正末期において1,000人について出生率27.07、死亡率17.01を示すも、10年後の1936年（昭和11年）においては逆転して出生率17.4、死亡率26.5という変調を示したが終戦後に於ては1946年、出生20.0同じく47年35.1、49年37.5となり、1950年に到っては40.0というものすごい高率な出生率となり、死亡について見た時1946年に於てはアメーバ赤痢に悩まされしもの多く、尚全地区迄マラリアが猖獗を極め、中でも北部地区たる国頭では特に著しくマラリア全患者が160,098人も出て死亡率は殊に高く13.0を示し、47年10.0、48年9.3、49年8.8で年々下り坂になれる主因は、予防、栄養、医療や睡眠、その他精神的方面からの効果が的中したせいと思料されるが、ぐんぐん低率で行き、すばらしい好果をもたらして来た。日本の比率は1940年出生28.9、46年25.3、47年34.5、48年33.8、1949年33.1、1950年32.9となり、死亡については1940年16.2、46年17.9、47年14.7、48年12.0、1949年にいたって11.6、1950年11.3という順調なる歩みを続けて来た。すなわち日本より出生率は沖縄が高く、死亡率は日本が高いという結果を来たしている。

　飜って先ず人口増加の原因を分析して見ると海外からの引揚帰還者や島内復帰、疎開家族の復帰、戦後における結婚流行（早婚等）等が主因をなすものと思われる。斯様に年々増加を辿ると狭い沖縄の1500.69平方粁しかない面積ではとても扶養しがたいようになることはいうまでもない。人口密度は1950年に於て1平方粁あたり我が沖縄は388.23人、日本が224.95人、世界では15.64人（1947年国連）という具合であるが。その数字は如何に我が沖縄が人口稠密であるかを如実にに物語っているかがわかる。

(注2)
琉球外よりの転入者数　（　）内は日本よりの転入者

	全琉計	沖縄群島	首里市	那ハ市	真和志村
1952年1月	116(107)	80(73)	3(3)	24(22)	12(11)
2月	180(171)	135(127)	1(1)	47(47)	15(15)
3月	220(207)	161(148)	11(11)	43(43)	19(16)

『1946年　沖縄民政要覧』　沖縄民政府総務部調査課編纂

(注3) 帰還者　　　　　　　　1946年12月末日現

引上先別	帰還者数 男	女	計
日　　本	56,612	45,171	101,785
台　　湾	3,092	2,825	5,917
朝　　鮮	22	11	33
支　　那	181	34	215
満　　州	426	461	887
布　　哇	1,286	—	1,286
南　　方	1,229	623	1,852
大　　島	26	19	45
先　　島	96	78	174
其　　他	1,089	62	1,151
計	64,059	49,284	113,343

(注4)

	総人口 男	総人口 女	総人口 計	世帯数	平均世帯数
那 覇 市	3,739	4,340	8,079	2,032	4.9
首 里 市	8,306	9,731	18,037	4,599	3.9
真和志村	5,413	6,101	11,514	2,962	3.8
糸 満 町	5,459	6,342	11,801	3,311	3.5
島 尻 計	80,114	93,349	173,463	40,466	

⎰渡嘉敷村⎱
｜座間味村｜
｜渡名喜村｜　島尻人口計　181,873
｜粟国村　｜　　伊是名村　　6,008
｜仲里村　｜　　大東島　　　2,402
｜具志川村｜
⎱伊平屋村⎰
　ヲ含ム

		男	女	計	世帯数	
					2宿舎	
	中頭計	77,286	92,229	169,515	38,131	4.4
	国頭計	71,186	86,943	158,129	33,491	4.7
中頭	石川市	11,549	14,335	25,884	6,488	3.9
国頭	名護町	6,041	7,057	13,098	〈2,518〉	〈5.2〉
	本部町	13,957	16,325	30,282	〈6,135〉	〈4.5〉
総	計	228,586	272,521	501,107	〈112,088〉	
総人口				509,517		

174

各群島各市町村別人口動態月報集計表　　統計部
(注5)

(注6)　(注7)(ママ)
(特殊団体、軍カンパ〈ン〉に住込者は含まず)

	1952年11月	1952年1月	1953年1月	1954年1月	1955年1月	1955年7月
全　琉　計	950,101	943,616	1004,348	805,100	828,815	849,303
沖　縄　群　島	626,879	610,947	650,268	667,372	687,237	696,250
北　部　地　区	133,172	137,626	142,003	152,263	154,631	155,820
中　部　地　区	207,313	200,456	210,535	217,531	222,699	225,598
（石　川　市）	18,602	18,343	18,923	19,742	19,793	19,742
南　部　地　区	286,394	272,865	297,730	297,578	309,907	314,832
（首　里　市）	21,835	21,345	22,455	22,895	23,483	23,866
（那　覇　市）	63,257	56,236	64,742	69,055	71,845	73,540
（真和志市）	47,905	41,964	49,273	53,405	58,797	60,303
奄　美　大　島	205,867	213,650	211,112			
宮　古　群　島	75,651	76,433	94,697	88,158	89,435	100,679
八　重　山　群　島	41,704	42,586	48,271	49,570	52,143	52,374
那　ハ　市（那ハ、首里、小禄）					109,880	112,225

11月に奄美大島日本返還

注1　『沖縄群島要覧』（昭和27〈'52〉年）29〜31ページからの四郎自筆転記。

2　四郎自筆転記。琉球外からの転入者数は『琉球統計報告』2巻6号第16表に一致するが、日本からの転入者数の出典未詳。

3　帰還者表は『沖縄民政要覧　1946年』13ページからの四郎自筆摘記。

4　以下の地域別人口・世帯数の表は、注3『要覧』20・27ページからの四郎摘記。〈　〉内は四郎の記入漏れ。

5　四郎自筆転記。1952年1月は『琉球統計報告』2巻第16表・同年11月は同『報告』3巻2号第19表の数と一致するが、それ以降は同『報告』と一致しない。別資料に拠るか、未考。1952年11月が同年1月の

175

前に置かれているのは、ノートのママ。
6　寄宿舎・合宿所・飯場・療養施設・刑務所等を指す。11月8日『沖縄タイムス』(巻末資料5) 参照。
7　米軍に雇用された琉球人を宿泊・給食させるための軍施設を指す。12月11日注1によれば、「特殊婦人」はこれに含まれないとする人がいるが、なお研究を要す。

補注〈10月9日注5〉　同地に限らず、現糸満市喜屋武(キャン)・伊敷(イシキ)・伊原(イバラ)・米須(コメス)全域に亘り道という道、辻という辻、少しでも身を潜めることのできる場所（砲弾で抉られた穴でも）は軍民の遺体で埋まり、その数は1万、2万どころではなかった。「阿鼻叫喚」が文学的修辞でないことを南風原陸軍病院壕内で体験し、その後此処でも「死屍累々」が漢文の誇張表現でないことを実感した。加えて、数週間を経て黒く変色した遺体から発する死臭は四周に満ち溢れ、視覚以上に耐え難い苦痛（この件は余り書かれていないように思う）を与えた。(武富)

【日記巻末添付物】米軍政下流通Ｂ軍票、６種表面

MILITARY CURRENCY
五
5
SERIES 100
B
A19082947A
五圓
FIVE YEN
五圓
B
SERIES 100
5
五
軍票

MILITARY CURRENCY
拾
10
SERIES 100
B
A38488010A
拾圓
TEN YEN
拾圓
B
SERIES 100
10
拾
軍票

同B軍票、4種裏面

資料編

資 料 編 目 次

資料解説　　　　　　　　　　　　　　　　　　　　服　部　　旦　185
1　文書「琉球列島入域後の手続き案内」　　〈10月9日挟み込み〉　191
2　金武良二20年祭　芸能会プログラム　　　〈10月15日添付〉　194
3　首里高等学校創立10周年記念運動会プログラム

〈10月22日添付〉　197
4　沖縄文化協会主催琉球之芸能当地公演プログラム

〈10月31日添付封筒内より〉　198
5　「全琉人口80万を突破」　〈11月8日『沖縄タイムス』切抜き〉　206
6　文書「全琉球戦没者追悼式々次第」　　〈11月15日添付〉　208
7　琉球の言語と民族の起源　服部教授の論考に答える

金　関　丈　夫

〈12月24日添付『琉球新報』切抜き〉　209
8　服部教授の論考に答える　＝追補と訂正＝　　金　関　丈　夫

〈12月24日添付『琉球新報』切抜き〉　213
9　金関丈夫氏　服部四郎宛書翰　昭和31（'56）年1月12日付　215
10　金関丈夫氏　服部四郎宛書翰　昭和31（'56）年1月17日付　221
11　服部四郎　金関丈夫氏宛書翰下書き　昭和31（'56）年3月4

日付　222
12　金関丈夫氏　服部四郎宛書翰　昭和31（'56）年3月7日付　225
13　服部四郎　金関丈夫氏宛書翰下書き　　　　　　年月日無記

〈金関氏3月7日付書翰に対する返信〉　229

14	金関丈夫氏 服部四郎宛書翰　昭和31（'56）年4月20日付	231
15	金関丈夫氏 服部四郎宛書翰　昭和31（'56）年12月17日付	233
16	琉球の言語と民族の起源（余論）　　　　　服 部 四 郎	
	〈『琉球新報』昭和31（'56）年4月連載〉	234
17	日本語の起源　　　　　　　　　　　　　　服 部 四 郎	
	〈『東京新聞』昭和47（'72）年5月16日〉	246
18	日本民族の歴史の宝庫　―沖縄の島々―　　服 部 四 郎	
	〈『朝日新聞』昭和31（'56）年7月4日〉	
	付 服部四郎 法政大学沖縄文化研究所宛書翰控	254
19	琉球語語源辞典の構想について　　　　　　服 部 四 郎	
	〈冒頭部分の抜萃（講演テープから）〉	261
20	祝　辞　　　　　　　　　　　　　　　　　服 部 四 郎	
	〈『仲宗根政善先生古稀記念論集』より〉	266
21	はしがき　―回顧と希望―　　　　　　　　服 部 四 郎	
	〈『校本おもろさうし』序文抜萃〉	269
22	琉球方言クラブの30周年を祝って　　　　　服 部 四 郎	273
23	〔未発表遺稿〕沖縄に関する二つの告白　　服 部 四 郎	282

資 料 解 説

服 部 　 旦

　資料1～6は、日記本文日並の記に添付もしくは挟み込まれている資料であるが、紙幅を要するため、ここに移動して収録した。日記の当該箇所と対照して頂ければ、当時の様子が一層如実に伝わって来ると思う。

　資料1は琉球列島が当時「外国」であった証として全文を収録した。本土との往来の苦労を知っている人々は今も残っている。今日の沖縄ではテレビで伝統芸能をほとんど毎日のように放映しているけれども、資料2・4の如き芸能大会が、壊滅的被害を蒙った10年後に早くも行なわれていることに敬服する。資料6は、米軍政下で沖縄の情報が入りにくい時代にあっても、本土が沖縄もまた大きな犠牲を払ったことを忘れていなかった証である。その他本文中に写真版で収録したもの以外は紙幅の都合で割愛せざるを得なかったが、社会・民俗・歴史の資（史）料となる主要なものについては、これでほぼ収録できたと思う。

　資料7・8の金関丈夫氏論説は、日記本文中に添付されている新聞切抜きである。四郎の離沖後の発表であることと、以下の資料9～15と関連することから、ここに配した。金関氏より四郎宛に送られたオリジナルの切抜き記事を出典とし、金関氏によると思われる加筆も活字化した。

資料9〜14は、沖縄滞在中の論説「琉球の言語と民族の起源」をめぐって交された二人の未公開書翰である。資料9は、同8に於て金関氏が討論を打ち切り、以後「必要な点は、直接服部教授に私信でのべることにした」とせられた、その私信（の第一便）に当たるものである。金関氏の書翰は、御令息恕氏のご諒解の許に収録した。同氏によると四郎の書翰については、「天理市内に父の書斎は残っているが、探索できなかった」とのことである。幸い、金関氏の四郎宛書翰封筒内に返信の下書きが入っており、一応往復書翰の形となる。推敲の過程も含めて忠実に活字化した。この討論を世上では「服部金関論争」と称しているが、二人の真摯な対話を読むと、四郎にとっては「論争」の語は不本意ではなかったかと思われる。これらの書翰によって、金関氏の意見が十分に判り、議論に公平を期すことができたと思う。資料15は、金関論説転載の許可願と思われる四郎書翰〈未見〉に対する許諾する旨の返信である。翌昭和32（'57）年に発表したこの主題に関する長編の論文、「日本語の系統」（『古事記大成　3　言語文字篇』）には金関論説を転載していない。昭和34（'59）年の単行本『日本語の系統』にこの論争の全部を転載しているが、金関氏の私信（資料15）に関するの言及はない。

　資料16は、四郎の『琉球新報』発表論説の続編である。帰京してから執筆したもので、日記内には添付されていない。金関氏書翰を引用しているから、「往復書翰」の次に配した。前編・続編共に複数の著書に転載されている。ここでは前編と同じく、オリジナルの切抜き記事を出典とし、四郎による加筆訂正の書き込みも忠実に活字化した。

　琉球の言語と民族の起源の問題は長い間の研究課題であったが、こ

の沖縄滞在を契機に一気に吹き出た感がある。昭和40（'65）年代初期の頃であったろうか、「研究者は（政治家ではないのだから）学問に拠って戦うべきもの」と漏らしたことがある。本土復帰運動が盛り上った時期の昭和43（'68）年1月の『朝日新聞』に発表した論説「沖縄の言語と文化」（本資料編には収録しなかった）に於て、「沖縄問題が世の注意をひき「本土との一体化」が叫ばれている時、右述の点（「沖縄固有の言語と文化が日本語と日本文化の分身だということ」〈第一段落目〉）が案外見落されているように思う。」と書いたのは、その平仄である。

資料17は同16の16年後に発表した論説である。内容に「琉球の言語と民族の起源」の問題意識の継続が伺われるため、ここに収録した。新聞社による加工が意に満たなかったため、オリジナルの切抜き記事に四郎は多数の加筆訂正を行っている。ここでは、それらも忠実に活字化し、その意図が正確に伝わるよう努めた。「言論年代学」は当時学界の"袋叩き"となった感があったが、この資料17の昭和47（'72）年に至っても放棄していないことが判る。昭和40年代後半の頃、「言語年代学に皆が手をつけなかったお蔭で、こちらは悠々と研究できた。今、自分は稔った果実を収穫するような気分だ」と顔をほころばせていたことがある（具体的な論文名は忘れたが、「基礎語彙」に関する一連の研究であろうか）。資料17に至る一連の研究は、後の『邪馬台国はどこか』（朝日出版）となる。

資料18も日記内に添付されていない帰京後の論説である。執筆の準備は沖縄滞在中にしていた模様である。戦前・戦中を生きた経験（三兄服部 鼎〈物理学者〉が左翼学生の会合に自宅(注)を提供した廉で東北帝

大の教職を失なう等）から政治運動に対しては極めて用心深く距離を置いていたが、沖縄の窮状と、立場の違いを超えた地元諸氏の一致した意見に動かされ、滞在中に執筆の決心をしたのであろう。『一言語学者の随想』に再録されているが、脱文など校正ミスが若干ある。四郎所持のオリジナルの新聞記事を出典とする。四郎による加筆訂正を行った切抜きは見ていない。外国人某氏（資料19）宛四郎書翰の日本語下書きによると、資料18の原題は「沖縄の島」（『朝日』の副題は「島々」と複数形）で、題目・小見出し・発表日は新聞社によるものである。これと同じ論説が同年の『琉球新報』7月8日日刊に掲（転）載されている。こちらの題目は『朝日』とは主・副が逆で、「沖縄の島々（上）――日本民族の歴史の宝庫――」となっている。（上）のみで、（下）はない。小見出しは『朝日』と同一だが、旧活字が混ざり、用字（語）に若干の差が見られる。これらが新聞社による（少なくとも活字体はそうであろう）ものか、四郎の意によるものかは未考である。内容的に少しも古くはなく、今日の本土や沖縄の方々に是非お読み頂きたいと思う。四郎が長らく沖縄再訪を断念した原因（外国人某氏〈等？〉の恫喝）を間接的に語った、法政大学沖縄文化研究所宛書翰をこの機会に付した。

　資料19は、同18との関連に於てここに配した。時も経ち、本土復帰も果たした後で安心したのであろう、あれほど琉球方言研究の重要性と緊急性を説いた当人が沖縄を長らく再訪しなかった理由を、この場で初めて公にしている。昭和30年代の末頃に、ぽつりと「私は一頃は外で出されるお茶は飲まないことにしていた」と編者に語ったことがあったから、余程警戒していたのであろう（資料22の如く、沖縄海洋

博で再訪した際にも用心を怠らなかった)。昭和30年代後半頃に外国大使館員が東京都内の映画館内で太股に毒針を刺される事件が報道されていた。冷戦時代水面下での諜報戦は激しかったのであろう。資料19と同じ題目の講演を法政大学沖縄文化研究所でも行なっており、昭和53（'78）年10月17日の『沖縄タイムス』日刊に掲載されている。しかし、資料19で語ったこのエピソードは記されていない。同記事は講演要旨で、四郎所持の新聞記事の末尾に、「(省略の責任は記者)」と記入している。

　資料20は、琉球大学招聘教授として来沖した契機が、仲宗根政善氏との長くそして深い交誼によるものであることを、本人自身が委細に語った文章である。琉球方言学史をご存知ない読者のために、日記の導入として収録した。四郎の手択本を出典とする。本人による加筆訂正は行われていない。

　資料21は、同20中に言及されているため、ここに配した。日記に於ける学問的記述態度とは異なり、沖縄の同胞に対する感情を率直に吐露している。文中の「バラック建ての隘路と水溜りの那覇の裏町」に近い光景は、平成19（'07）年の今日でも未だに那覇市中心部の諸所に残っており、本土の無差別都市爆撃に勝るとも劣らない（武富良浩氏の家族8人のうちの4人が戦没された。それ以上の家族もあるという。日記11月15日注3参照）惨禍を想起させる。出典とした手択本に、四郎の加筆訂正はない。

　資料22は、沖縄滞在中の思い出を詳しく綴っており、日記とよく補完し合う関係にあるため収録した。日記と比較すると、決定的なものではないが編者の注（資料22内）に述べたように、一部記憶違いが見

られる。これも『一言語学者の随想』に再録されているが、若干の誤植がある。出典の四郎手択本に加筆訂正はない。読点は、原典ではコンマを用いている。

資料23は、3ヵ月近い滞在で首里方言を自由に操れるようになったという有名な「四郎伝説」の種明しと、某女性とのほほえましいエピソードである。二つの打明け話に相当する件は日記に記されておらず、これもよく補完し合う関係にあるから収録した。没後（平成7〈'95〉年1月29日）に見つけた遺稿を活字化（雑誌『汲古』第34号）した編者の手択本と原原稿とを対校し、手択本の脱文・誤植の訂正を行なった。

注 「知らずに提供したと言えば助かったかも知れないが、食事を出したのがいけなかった。学生が先生を陥れた訳だ」と四郎は述懐した。そのようなこともあってか、昭和40年代初頭の大学紛争の際、過激派による研究室狼藉事件で被害を受けた教員の愁訴が話題になった時、「私は学生なんぞ最初から信用していないから、研究室に大事な物は置いていない」と言ったことがある。甥の服部　昭（次兄嵓の長男、天文学）の京都大学奉職に際して、左翼に係わらぬようにとの忠告を与えたという（昭の実母ひで）。

（平成19〈'07〉8月6日記）

資料1　文書「琉球列島入域後の手続案内」〈10月9日挟み込み〉

琉球列島入域後の手続案内

琉球政府警察局出入管理部

一、在留手続

　琉球列島に上陸の日から十五日を超えて在留しようとする方は、十五日以内に左の各号に掲げる必要書類を本人が直接出入管理部に提出して在留許可証明書の交付をうけなければなりません。

1　旅券又は身分証明書
2　在留許可申請書又交付申請書　　　　　　弐通
　（出入管理部に備えつけてある）
3　写真　　　　　　　　　　　　　　　　　参葉
　（提出の日前六ヶ月以内に撮影された満一吋半二吋半の鮮明且つ正面上半身のもので印画紙はなるべく薄手のものがよい）
4　琉球列島における身元保証人の身元保証状又は琉球における勤務所の
　雇傭証明書　　　　　　　　　　　　　　壱通
　尚十四才未満の子女又は父母に同伴される場合は父又は母の申請書に氏名及び生年月日を併記し個々に申請書（写真を含む）を提出する必要はありません。

二、在留許可証明書の再交付、更新及び書換

　前項の手続によつて交付をうけた在留許可証明書は琉球列島米国民政府民政副長官により琉球列島在留を許されたことを立証するものであり琉球列島における滞在許可期間は在留許可証明書の有効期間と同一であります。

1　在留許可証明書を紛失又は滅失した場合は当該事由の生じた日から十五日以内に新たに証明書の交付をうけなければなりません。（再交付）
2　在留許可証明書の有効期限満了後も滞在を必要とする方はその有効期限満了前にこれを更新しなければなりません。（更新）
3　在留許可証明書に記載された在留目的、勤務所又は居住地に変更を生じた場合は当該事由の生じた日から十五日以内に書換の手続を行わなければなりません。（書換）

191

4 在留許可証明書は常にこれを携帯し、関係当局の要求ある場合はこれを呈示しなければなりません。
 5 在留許可証明書は他人に讓渡又は貸与してはなりません。
 6 在留許可証明書の名義人が、米軍要員又は琉球居住者の資格を取得した場合は十五日以内に在留許可証明書を出入管理部に返納しなければなりません。

三、身分変更届
　琉球の法令に基いて琉球列島に本籍を有する方が日本政府発行の旅券、身分証明書又は國籍証明書によって琉球列島に入域した場合、上國の日から十五日以内に左の各号に掲げる必要書類を本人が直接出入管理部に提出して琉球居住者への身分変更を届出なければなりません。
 1 旅券、身分証明書又は国籍証明書
 2 身分変更届　　壹通（出入管理部に備え付けてある）
 3 本籍地の市町村長が発行した臨時戸籍の抄本　　壹通

四、出域手続
　各会計年度（七月一日から翌年六月三十日まで）における琉球列島滞在期間が通算して三十日を超える場合には琉球列島から出域する際出入港在の出入管理官に課税納付書を提出することになって居りますから該当者は琉球政府内政局主税課において課税納付書の交付をうけて下さい。
　但し前項において述べた身分変更の届出を行った方は出域の際に課税納付書を提出する必要はありません。

五、再入域手続
　許可された滞在期間内に琉球列島から出域し再び入域しようとする方は出域予定日の一週間前まで左の書類を出入管理部に提出して再入域許可書の交付をうけることが出来ます。
 1 旅券又は身分証明書
 2 再入域許可申請書（出入管理部に備え付けてある）
 3 在留許可証明書

六　手数料

　右の諸手続に要する手数料は次の通りでありまして港で収入印紙をもって納付する事になって居ります。

　但し公用等の資格を有する方の諸手続に関しては手数料は徴収致しません。

1　在留許可証明書の交付手数料　　　　　　　　二五〇円
2　在留許可証明書の再交付手数料　　　　　　　二〇〇円
3　在留許可証明書の更新手数料　　　　　　　　二〇〇円
4　在留許可証明書の登録手数料　　　　　　　　一〇〇円
5　再入国許可の手続申請手数料　　　　　　　　二〇〇円
6　数次再入国許可の手続申請手数料　　　　　　1,000円

以上就列島に入域してから帰国するまでの諸手続について説明致しましたが手続を怠った場合は出頭拒否起訴又は退去強制処分を受けることがあり又在留登録関係の手続を定められた期間内に行わなかった場合には平円の過怠加算手数料を徴収することがありますから遅滞なく必要な諸手続を行って下さい。

資料2　金武良仁20年祭　芸能会プログラム〈10月15日添付〉

金武良仁
二十年祭　芸能会番組

主催　金武良仁氏芸徳顕彰會

後援　沖縄文化協會

とき　十月十五、十六日　午後七時

ところ　那覇劇場

番組

一、音楽

　合唱　御前風

　　　三味線　古堅盛保
　　　　　　　外安富祖流紋声会員
　　　　　　　仲嶺盛竹　城間千鶴
　　　琴　　　仲間千鶴
　　　笛　　　又吉全敬
　　　胡弓　　真境名由祥
　　　太鼓　　真境名由祥瀾

二、音楽

　独唱
　　干瀬節　　　　　　一日目　　　　二日目
　　　　　　　岸本吉雄　池宮安信
　　子持節　　宇良宗富　富本盛繁
　　散山節　　比嘉徳三　平良雄一
　　仲風節　　宮里春行　儀保宜栄
　　述懐節　　真境名由祥　普天間朝蒲

発起人代表挨拶　胡屋朝賞
金武良仁レコード吹送

三、老人踊　金武良章
四、四ッ竹　武村タケ子　宮里芳子　仲里道子
　　　　　　譜久山弘子
五、秋の踊　宮城能造
六、貫花　　山田貞子
七、柳　　　比嘉清子

八、千鳥節　高原芳子　譜久山弘子　仲里澄子
　　　　　　謝花勝子
九、琴独弾　金武良章
十、音楽独唱
　　　散山節　池宮喜
　　　仲風節　屋嘉宗勝
　　　　　　　　　　輝
十一、出陣　阿波連本啓外
十二、鼓囃子　亀田貞子　宮城和枝
　　　　　　　野原澄子
　　　　　　　与座正子　渡名喜光子
　　　　　　　大村広子　神山ヨシ江
　　　　　　　亀田明子
十三、高平万歳　玉城盛義
十四、組踊　執心鐘入
　　　　　　中城若松　高原芳子
　　　　　　主　女　　仲里澄子
　　　　　　座　主　　金武良章
　　　　　　小僧一　　トナキアキ
　　　　　　同　二　　武富良規
　　　　　　同　三　　亀田貞子
　　　　　　鬼女前田伝昭
十五、谷茶前　新垣澄子
十六、鷹踊　　渡名喜光子　仲里道子
十七、安里屋　当間千寿子
十八、かし掛　高原芳子　謝花勝子
二十、波平大主道行口説　鳥袋光裕
二十一、交遊　仲里澄子　外拾五名

飛ぶ鳥もよどむ歌の声や絶へて
きくものや松の嵐ばかり　　尚　順

金武良仁氏経歴

⦿明治六年五月四日父常の一子として首里儀保に生る。
⦿八才の時、四日市の玩具三味線で自図を始める。
⦿十四才の時、父良常から正式に琴の稽古を始める。
⦿十九才の時、安室親雲上朝持に正式に弟子入りし二十四才の頃から師範代となる。（安室師の亡くなる大正五年まで続く）
⦿二十八才の時、東京尚侯爵邸において時の政財界の大物（徳大寺公、大隈侯、西園寺侯、大倉喜八郎男等）に琉球音楽を紹介
⦿明治四十三年上野音楽学校で田中嘲明博士の懇望により東恩納寛惇氏の解説で演奏並にレコードの吹込をなす。
⦿同年渡交、日本公使館において琉球音楽の紹介をなす。
⦿大正五年、安室師の没後、琉球祖流の統を継ぎ子弟の育成に当る。（尚典侯、鈍谷山、尚昌侯、尚寅男、尚順男、尚琳男、義村、今帰仁、読谷山、浦添）等の諸按司にも音楽の指導をなす。
⦿昭和六年、布哇在県人会の招聘によりコロンビアレコード吹込。
⦿昭和九年、コロンビアレコード吹込。
かぎやで節、こてい節、仲間節、竹村東節、諸屯節、散山節、述懐節。
⦿同年、大阪放送局から放送。
⦿昭和十一年、東京芸能祭に参加。
⦿同年六月、コロンビアレコード吹込。
本花風、今風、辺戸持、東江節、じゃんな一節、首里節、暁節、茶屋節、下出仲風、下出述懐、苔蝶節、十七八節。
⦿昭和十一年九月一日没享年六十四才。

義太夫長唄もきくことややしが
君がこてい節の肝にしみて　　伊江　朝助

金武良仁楽宗を憶う

東恩納　寛惇

金武さんが亡くなられて、今年は早くも二十周忌を迎えた。月日のたつのは早いもので、今更ながら、感無量である。私が金武さんと、御別懇に願ったのは、明治四十一二年の頃、上野の音楽学校で高野辰山さんの司会で金武さんの独演会を開き、始めて琉球音楽が紹介された時、私が琉球歌劇について、解説を試みた縁故に依るのである。その頃、私は富士見町の向家邸内に住んでいたが、金武さんも、私の室に同居されて、毎晩おそくまで語りあかした。

その後、金武さんの還暦の時に恰度帰省して寵招を蒙り首里のお宅で質宴に列した。その時、私は

金武の松が枝に吹き鳴らす風の
便り拝みやべら百歳までも

の即吟を一首献呈した事を覚えている。けれどもその後は互に行きちがって、竟にお会いする機会を永久に失って了った。

金武さんは、いかにも楽しんで歌っていられた。誰に聴かせるともなく、独りで楽しんで歌の中に溶け込んでいられたと云う感じで、従ってその思入の深い事は他に見られないものがあった。私は金武さんのレコードを有っていないので時折、瀬良君に行って、金武さんのこてい節を掛けてもらうのを楽しみにしている。

他に求める事もなく、褒めてもらおうと云う気もなく、生活に屈托する事もなく孤影悄然として、芸道を歩みつゞけた渥雅な風格は湛水親方が田場天願に隠棲して低唱微吟していられた心境も恐らくそんなものであったかと思われる。その身は既に塵にかくれて二昔にもなったが、その名吟は音慾の上に流れて中空とぶ鳥の羽音をすらよどませるかと思うと実に人生は短く芸術は長しの感を深くする。嗟。

資料3　首里高等学校創立10周年記念運動会プログラム
〈10月22日添付〉

プログラム　表

創立十周年記念運動会プログラム

首里高等学校

番号	時刻	種目	学年・対象
	9時	開会式　1．開会の辞　2．会長挨拶　3．生徒会長挨拶　4．校歌斉唱	
1		ラジオ体操第一	全
2		徒歩	三年R男
3		徒歩	三年R男
4	9.30	ダンス「森のあらし」	一年女
5		三人三脚	三年R女
6		袋かつぎ競走	三年男
7		男子青年体操	定年男
8		徒歩二人三脚	定年男
9	10時	徒歩	三年R女
10		分団リレー	三年男女
11		珠算競走	珠算ク
12		柔道の型・空手なた	柔道ク
13		ダンス「森のあらし」	一年女
14	10.30	時限徒歩	三年R男女
15		スプーンレース	三年四八〇〇リレー
16		学年対抗	女男R
17		障碍物競走	三年R男
18	11時	自転車競走	希女
19		女子青年体操	
20		野球試合	
21	11.30	縄跳競走	剣ク男女
22		三人四脚	三年男女
23		ダンス	全男女
24		珠算競走	珠算ク
25	12時	綱引	定全男
		中　食	
26	1.30	体操	三年R女
27		徒歩	
28		縁結び	高T大R女
29		由歌競走	高T大R女
30	2時	ダンス「造形」	一年女
31		時限徒歩	定年男
32			
33	2.30	祝十周年大行進	全校
34		友がしら競走	高T男
35	3時	平均台棒騎馬戦	
36		かくれ競馬走	
37		障碍物競走	大T大R男女
38		健脚競走	
39	3.30	仮装遊戯	三年男女
40		縄引	対抗
41		中校四〇〇リレー	中中同PTA全員 女男
42	4時	薩高校	
43		同窓会リレー	同窓会
44			
45		定時制	定年女男
46		校歌ダンス	三年四〇〇リレー
47		棒倒し	全男
48	4.30	ラジオ体操第三	全
		閉会式　1．閉会の辞　2．校歌斉唱　3．閉開挨拶	

197

プログラム裏 広告

資料4　沖縄文化協会主催琉球之芸能当地講演プログラム
〈10月31日添付封筒内より〉

第拾回文部省藝術祭参加
〔邦　舞〕

琉球之藝能

当 地 公 演

十月二十七日・二十八日
（午後正七時）
於　國　映　館

公演場所

早稲田大学大隈公堂
１１月２３日

学　　習　　院
２４日

日　本　青　年　舘
２６日（午後六時）
１１月　２７日　昼　二　時
晩　六　時

主　催　　沖縄文化協会藝能部
協　賛　　文化財保護委員会

沖縄藝能について

沖縄には「冠船踊」というのがある。「冠船踊」は支那冊封使渡来の時、接待のため首里王城で演じられたもので、王府は踊奉行を置いてこの事を司らしめた。音楽にも厳密な統衡によって堪能者を選び、踊るものには名門の子弟のうち教養あり芸の素養ある者を選び、いずれも前回の冠船踊出演者を脇師匠として、前々回出演者を本師匠として、約三年間の稽古修練を経て冊封使の前に出演する。出演は各種目にわたる。沖縄芸能はこの冠船踊をひいたものである。これがまた逆に村々の遊びや民間の芸能に大きな影響をあたえている。今日古典芸能といわれているのはこの冠船踊のそれである。上演するのは冠船踊のそれであったが、だんだん年を経て、新しい歌曲新しい席藩置県後首里那覇に芝居ができ、失業の士族中の芸の心得ある者が役者となった。従来沖縄には公開の劇場がなかった。踊や狂言が演ぜられた。雑節、雑踊の多くはこの明治以後のものである。

「舞踊」沖縄語で「踊」という。沖縄語の「踊」と「舞」は日本語のそれとは少しちがう。酒宴に於ける即興的な踊、綱引のとき女達が鼓で拍子をとりつゝ最初は思い思いの踊すなわち心の感動を体の動きで表現するだけの自由型のものは「舞」といい、何々踊と一定の型に従って踊るのは踊という。ただし雑踊になると「踊」と「舞」とが混合している感じもある。玉城朝薫（たまぐすくちょうくん）が冠船踊として演ずるために組踊を創った時（一七一八年）人々は踊が物をいうと最初は笑ったという話がある。その頃いろいろの踊が既に出来ていたであろう。これらの踊と歌謡と同じく、沖縄各地に自然に発生したものを基調として、その道の堪能者によって洗練され、型が出来たものであろう。

これが沖縄舞踊の基礎であり、歴代の冠船踊に演ぜられた。沖縄の舞踊は大別して、老人踊、若衆踊、二才踊、女踊、雑踊とするすべて一定の歌曲に振付られ、服装もそれぞれ決っている。大体上流の服装に誇大した舞踊的装飾を加えたものである。「老人踊」は白鬚の老翁鴇衣に広帯、頭布を被り扇子を持って「かぎやで風節」で踊る荘重な踊、（老おうは下げ髪、団扇）。「若衆踊」は袖振姿に花かんざしの少年が両手に扇を持って拝手節を踊る。平和を歌う優雅な踊。「女踊」は紅型の衣裳に下髪、扇または小枝或はさいを持つことがある。歌は四季口説、旅口説、万歳、前の浜節など、優雅艶麗な踊である。「二才踊」は黒紋付に八巻をしめまたは編笠を被り、脚絆をつけた青年姿、扇かんざし、をさしあるいは花笠を被る。いろいろな踊があり、軽快でたましい踊。雑踊は多くは明治以後の新作である。花風、谷茶前、鳩間節、麦藁、平笠節、浜千鳥節、其花その他いろいろあり、歌も踊も軽快、なかに妖艶のもあり、服装も現実そのままに僅に装飾を施したもの多く、大衆に愛好される。

（柳田国男氏監修民俗学辞典より。）

200

音樂

歌　三味線
〃　琴
〃　胡弓
　　笛
　　大鼓
　　太鼓
　　笛

屋嘉　嘉連　宗勝
勝連　良　一寅勝
宮平　雄盛　行
仲嶺　春盛　竹

タティアシ　ワカシュオドイ（若衆踊）
牡牛節　　　嘉手刈　澄子

ヌファブシ
伊野波節　（女踊）
　　　　　真境名　佳子

歌詞
常盤なる松の 変ることねさみ
何日も 春来りは 色まさる

解説
古今集に「常盤なる松のみどりも春来れば今ひとしをの色まさりけり」十四五歳の男子所謂若衆が振袖姿で踊ります。

總掛　（女踊）
　　南風原　幸逸子
　　喜納　　幸子

歌詞　伊野波節
逢はぬ夜のつらさ　与所に思なちやめ　恨みても　忍ぶ戀の習ひや
恩納節
恩納松下に　禁止の牌の立ちゆす　戀しぶさ迄の　禁止や無いさめ
七重八重立てる　まがき内の花も　匂移までの　禁止や無いさめ
逢はぬ徒らに　戻る道すがら　恩納だき見れば　白雲のかゝる
戀しさや　つめて　見欲しやばかり

解説
この踊りは琉球古典女踊中の代表的なものゝ一つであります。諸屯が手踊、作田節が属踊、伊野波節が花笠踊であります。「愛人に逢えない夜のつらさ」はと紅型衣裳にせつなさを包み花笠をたずさえて出て来る優雅さ、歌曲も古曲中の難曲とされています。

むんじゅる　（雑踊）
　　　　　屋嘉　澄子
　　　　　嘉手刈　静子

歌詞
里が　はて　くいてる　むんじゅるの笠や
かんで　わん　すだしや　ゑん　が　やゆら

解説
「むんじゅる」は夏季農村の乙女が作業用にもちいる麦藁笠のこと、里（愛人）が作ってくれた「むんじゅる」の笠はとても涼しい、それもそのはず、あなたと妾の

詞　干瀬節

七弓と古弓総かけて　置きゆて　里か　あけちゆ羽　御衣よすられね

七尺節

綛掛けて　とぎやならん　ものさらめ　くりかえしかえし　思どまぎる

枠の糸かせに　繰り返し　かけて俤の　まさて立ちゆさ

解説

さとSATO（里）、お方、御人、あなた、君、女が其男若しくは愛人に対して用うる代名詞。韻文のみに用いられて里の字をあてる諧謔に思とつけて思里 UMISATU 艶尾に前ヘ付けてSATUMEということもある。里に対して男より女に無蔵NZO 愛しい者、かあいらしい程転じて愛人君の嫁となる。前は魏古典でありまして、戀慕の情をおり込めてあけちゆ羽の御衣を縒らんと、糸をかけるという所作であります。易い優雅なものであります。上流の若妻が夫君の留中、戀慕の情をおり込みしよう。里に対して男より女に無蔵NZO

八重瀬万才

　　　　真境名　由康
　　　　　　　　　（二才踊）

解説

八重瀬の按司は玉村の按司の夫人に横恋慕し、玉村を亡し夫人を手に入れようと玉村の居城大里城を攻めたが、当の夫人は按司と共に討死してしまった。若按司がのがれて、勝連の平安名大主に身を寄せていると聞き、後の禍を絶とうと滕平安名を攻めるため、与那原に大軍の勢揃をした。玉村の頭役里川の比屋の長子、亀千代は父を討れて隠れていたが、此の事を聞いて平安名大主の所に馳けつけ、自分が若按司の身替りになって八重瀬の按司をだまし、一時の急を救うことを提議する。評議の末、平安名大主方の吉田之子が亀千代に縄をかけ、若按司をとりこにしたと八重瀬の城に突き出した。若按司となった亀千代は籠舎となり、吉田の子は良い役に出した。

深い森でですもの。沖縄本島西方約三十哩の海上に栗国と云う島がありますが、その島の民謡から取材されたもので、コスチユームも芭蕉布で、南の情緒を豊かにもったものであります。

人盗人（舞踊劇）

盗人　真境名　由康
童・亀松　小女　真喜志　なほ子

玉城朝薫が謡曲「捨川」にヒントを得て作った女物狂を真境名由康氏が舞踊劇に演出したものであります。この劇は通例「玉黄金な子」が人さらいに、さらはれて山原に連れて行かれる途中、宿った寺の僧の機智によって助けられ、狂気してきまよいあるく母親の温い手に運よく帰るという筋であります。此の度の公演は「人盗人」が玩具で子供を誘惑する場面、小妹ながら見応のありましたので此処で打切りました。

歌詞

浜千鳥（女雑踊）

南風原　逸子
屋嘉　澄子
喜納　幸子
嘉手苅　静子
（以下略）

旅や浜宿り　草の葉の枕　寝ても忘られぬわ親のお側

解説

これは純然たる民謡でありまして、明治以後の作であります。哀調を帯びて恨むが如く訴うるが如き曲は、島の人々の旅愁であります。

立てられた。ここに王府の頭役波平大主は平安名大主が、若按司を敵に渡した噂に
憤激し勝連にのり込んで事の実否をたださんとする。此の場面は其の道行の場で八
重瀬万才として、しばしば単独に演ぜられている。

谷茶前 （雑踊）

真境名 苗子
真境名 由乃

歌詞

一、谷茶前の浜に　するゝ小が寄て　てんどうエー　ナンチヤマシマシ　イエア
ン小ツイソイ

二、するゝぐわや　あらん　みづんど　やんてんどうエー

三、あひい達や　おれ取いが　あんぐわや　かみておれ売いがエー　——以下略——

解説

此の踊は近代の作で、日本本土でもしばしば公演されているもので、かなり親しま
れている踊でありましょう。谷茶前は西海岸恩納村にありまして半農半漁の村落で
あります。時たま、海岸によって来た「するゝ小」を男は獲りに、乙女達は商いに
といった有様を振付けたものであります。

―――――――――――

糸満乙女 （女雑踊）

真境名 苗子
真境名 由乃

歌詞　稲摺節

我輩　糸満　海の薬　二才達　打揃て　サバニくなびて　——以下略——

解説

糸満は那覇から南西二里東支那海に面した漁村であります。
糸満いたしまして「サバニ」と称する小舟を黒潮に浮べ、日本本土はもとよりシ
ヤム、ルソンあたり迄魚属を追うたのであります。獲物が浜に下りますと、夫、父
兄弟から其等を買い取つて、那覇市場で商うのが村の女の習であります。永い習慣
から得られたものか、彼女等の気性のはげしさ、明るさは海の新鮮さを感じます。
歌詞、振付共真境名由康氏の近作であります。

―――――――――――

柳 （女踊）

宮平 敏子

歌詞　はんた前節

飛び立ちゆる　あけちゆ　先づよ待ち連れら、花のもと　吾身や知らぬあもの

203

柳　節

柳は　みどり　花ぼくれない　人は只情　梅はにほい
本　散　山　節
見る花に袖や　引きよとめられて　月のぬきあがてど　戻て行きゆる

解　説
古い時代からある踊の一種で、女踊の典型的なものであります。

しゅんどう
　　　　（打組踊）

醜女　真　境　名　佳　子
〃　　南　風　原　逸　子
〃　　喜　納　幸　子
美女　瑳手苅　静　子

歌　詞
　　しゅんどう節
諸屯に遊に　打ちゃい　引く波の
諸屯美童の貝笑れ歯ぐき
諸屯美らの雪の露の歯ぐき　いつか夜の暮れて御口吸はな
　　すりかん節
油買うて給れ　たぼうれ　姑夫の見るまえみなりさべら
「ジイファ」も買うて　やがて盲異なも乗り取らんたる歓喜でみ
岡目垣　だいんす御衣かけて引きゆい　だいんす元ひらいや　手取て引ちゆら
　　やりこのし節
押連れて互に遊びほしやあすが　むぢやり　匂い高さ　別で遊ずは
よも山の笑らさ　どく顔でをるな　縁ど肌添ゆる浮世知らに

解　説
玉城朝薫は、享保三年尚敬王の冊封を受けて、初めて作戯をこゝろみた人で
此れは朝薫作五番の内の一つであります。
謡曲の小袖曽我にヒントを得て、琉球史実を取り入れて組踊としました。これは史
実から脱胎して、忠臣の第一人者護佐丸の遺子に親の敵「あまおへ」を討たせると
いう劇であります。序の段「あまおへ」が護佐丸をさんして　これを討ちたぼし、
その忘れかたみ達をも刈り取れば、やがて盲異姓をも乗り取らんたる歓喜でみ、姦
雄の面白踊如たらしめる　しぐさ「七目付」といわれ　また所作が見処とされてい
ます。

らで、首里軍すらに、邪翻軍すらに、今日明る廿日　今日明る三十日　よかる日
撰やこと　まさる日撰やこと、野原出て遊は　願立てゝあそは、供のちや供のち
や。

　　　　青　年　会　舘　公　演
公演中の御協力をお願い致します
十一月二十六日（土）午六時
二十七日（日）昼二時・晩六時

沖縄文化協会藝能部

204

解說

しゅんどう は美女の仲間入りを拒まれた醜女の嫉みを表現したものでありますので沖縄では珍しいものであります。往昔王城で御後殿踊として公演された物で仮面踊として唯一なものであります。ユーモラスのうちに真品があるのも、そな関係からでありましょう。

二童敵討 （組踊）

あまおへ　真境名　由康
鶴松　　　真境名　苗子
亀千代　　真境名　由乃
母　　　　宮平　　敏子
供一　　　識名　盛人
〃二　　　宮里　春行
〃三　　　仲嶺　盛毅
きょうちゃこ持　牧志　尚子

あまおへ詞

出様ちやる者や、屋良のあまんぎやな。勝運のあまおへ。あゝ天の雨風や　絶ゆるとも、人の窺み妬絶らぬ、此世界の習や。あゝにやゝや首里滅ぼすは、天の下や、我田出しち遊で浮世暮さ。遠慮しわたる護佐丸も殺ら、なし子刈捨てゝ、すで子刈捨でゝ、肝譲り無らぬ．違譲り無らぬ．よかる日撰らで　まさる日撰ら

東京公演運営委員

委員長　豊平　良顯

　　　　山本　義樹
　　　　國吉　眞哲　副委員長
　　　　末吉　安久　南風原　朝光
　　　　屋嘉　崇勝　眞境名　由康
　　　　島袋　光裕　幸地　亀千代
　　　　田島　清郷　金武　良章
　　　　勝連　盛重　宮里　春行
　　　　玉城　盛義　平良　雄一
　　　　池宮城　喜輝　名渡山　愛順
　　　　仲嶺　盛竹　大嶺　政寛
　　　　山田　有昂　幹事　田代たか

　　　　玉那覇　正吉

以上

地元公演終了後、国場幸太郎氏の好意により、シネマ・スコープ「夜の人々」を特に上映しサービス致します。

資料5　「全琉人口80万を突破」
〈11月8日添付『沖縄タイムス』切抜き〉

　政府統計部では7月末現在における市町村別人口を調査中であったが、このほどようやく纏まった。これによると全琉球の人口は総計80万511人で内男38万1261人、女41万9250人で、54年7月末現在と比較すると2万1812人の増となっており比率は男14％、女16％の増となっている。これを地区別に大別すると▷沖縄67万6874人で1万8427人増、▷北部14万2115人で461人増、▷中部22万7046人で7738人増、▷南部30万7713人で1万228人増▷宮古7万7841人で1052人増▷八重山4万5796人で1874人増となっており総体的に15％の増である。これは終戦時の人口の増え方に較べると幾分下り坂になっているが比率15％増は20年後に現在の2倍に達することを意味するといわれている。この人口統計から見て特に留意するのは男女の比率が非常に狭くなってきていることで増加率は約半々というところである。統計部で人口動態月報によって作成された次の表は、常住人口で、市町村別人口は各市町村長から報告されたものによってできたものである。又特殊団体の人口は癩療養所、結核療養所、精神病院患者及び学校の寄宿舎、合宿所、厚生園等に平常居住している者で原住市町村長から転出証明書の交付を受け、その常住人口から除外されたものについての数字である。
▷国頭村10,964人（男5,035人、女5,929人）▷大宜味村8,445（男3,801、女4,644）▷東村3,233（男1,532、女1,701）▷羽地村10,198（4,759－5,439）▷屋我地4,360（2,179－2,181）▷今帰仁15,619（7,210－8,409）▷上本部6,179（2,860、3,319）▷本部町18,741（8,705－10,036）▷

屋部5,035（2,424、2,611）▷名護町17,970（8,254−9,716）▷恩納7,769（3,777−3,992）▷久志4,997（2,326−2,671）▷宜野座4,433（2,093−2,340）▷金武6,761（2,957−3,804）▷伊江7,134（3,283−3,851）▷伊平屋4,270（2,031−2,239）▷伊是名6,007（2,807−3,200）▷石川市19,678（9,206−10,472）▷美里16,969（8,041−8,928）▷与那城村18,236（8,331−9,905）▷勝連12,177（5,836−6,341）▷具志川34,552（15,876−18,676）▷越来25,038（12,012−13,026）▷読谷18,442（8,669−9,773）▷嘉手納9,971（4,815−5,136）▷北谷10,966（5,237−5,736）▷北中城8,382（3,894−4,483）▷中城10,537（4,934−5,583）▷宜野湾19,051（8,935−10,116）▷西原9,231（4,475−4,756）▷浦添13,816（6,676−7,140）▷那覇市112,876（54,291−58,585）▷真和志59,621（29,705−29,916）▷豊見城9,193（4,339−4,856）▷糸満15,937（7,640−8,297）▷兼城6,017（2,771−3,246）▷三和9,151（4,395−4,756）▷高嶺3,881（1,913−1,968）▷東風平8,846（4,215−4,631）▷具志頭6,352（2,990−3,362）▷玉城9,637（4,570−5,067）▷知念6,429（3,036−3,393）▷佐敷8,409（3,994−4,415）▷与那原7,987（3,797−4,190）▷大里6,991（3,275−3,716）▷具志川7,435（3,697−3,738）▷南風原8,326（3,993−4,333）▷仲里9,546（以下省略〈原文〉）▷宮古77,841（36,985−40,856）▷八重山45,796（22,782−23,014）

〔『沖縄タイムス』昭和30（'55）年11月8日夕刊〕

資料6　文書「全琉球戦没者追悼式々次第」
〈11月15日添付〉

全琉球戦没者追悼式々次第
一、開式の辞
一、式　辞
一、黙　禱
一、日本政府代表追悼の辞
一、衆議院代表追悼の辞
一、参議院代表追悼の辞
一、立法院議長追悼の辞
一、土地収用所有権審判事追悼の辞
一、琉球遺族代表追悼の辞
一、日本遺族代表追悼の辞
一、行政主席献花
一、日本政府代表献花
一、衆議院代表献花
一、参議院代表献花
一、立法院議長献花
一、土地収用所有権審判事献花
一、琉球遺族連合会長献花
一、日本遺族代表献花
一、沖縄市町村長会長献花
一、閉式の辞
一、参列者自由献花

208

資料7　琉球の言語と民族の起源
服部教授の論考に答える
〈12月24日添付『琉球新報』切抜き〉

金　関　丈　夫

　本誌12月18日号から6回に亘って、論ぜられた、服部四郎教授の表記の論考からは、教えられる所があった。また、その中で多くの行を割いて、私の論説を批判されたのは、私としては非常な光栄であった。併せて感謝する次第である。

　私の論考は未熟な臆説であって、こうした批判を受けたいが為めに発表したものであるから、それが是正されてゆくことは、私の最も望むところであるが、服部教授のお説の中には、一二の、私として弁明したい個所がある。説が分れることは、私としてはちっとも気にしないが、私の説が正当に紹介されないことは私の論考を直接見る機会のない多くの読者に、誤解を与えるおそれがある。それで弁明の必要を感じたわけである。

　その第一は、第2回の第2段に「言語の同系関係の証拠」として、児童の発音から、世界共通的に発生した、父母の如き単語の類似は価値が少いという意味の例をあげ、「このように考えてくると」たとえば「波照間から出た石おのとルソン島リザール州から出た石おのとの間の類似は、両地に住む民族が同種であることの証拠としては効力が極度に少さいことがわかる」と云っている。この、「波照間から」以下のことばは、それ自体としては正しい。しかし、両地間の石おのの

類は、それに伴う一般文化や、両地の体質や、言語などの類似が傍証することによって、りっぱに価値を生じてくるのであり、幼児の発音より生れた単語の類似が、当初から、いかなる場合にも、価値を生じ難い、という場合とは異なっている筈である。私は、決して成功したとは思わないが、その傍証をかためるべく努力したのであり、決して石器の類似だけで、両地の民族が同種だといったわけではない。その傍証が不充分だという批判は甘んじて受ける。

第二は、第3回の第1段で、人類の諸形質が時代によって変化することを述べ、体質上から論じた私の結論に不安を感じている。同一民族の形質が時代によって変化していることは事実である。しかし、同時にかなり高度の遺伝現象の存在することが、一卵性双生児の研究などによって、証明されている。詳細をここで述べることは出来ないが、時代による変化ということを、放し〈恣？〉に適用されては困る。混血ということがなければ、今の日本人からは幾千年たっても、アイヌや白人のような体質は生れて来ないであら〈ママ〉〈ろ〉う。

第三は、第四回の第四段で、「仮りに琉球にインドネシア系の地名があることが確実に証明されたとしても琉球の住民がインドネシア系であるとする論拠としては効力が小さい。」といゝ、アメリカにはインディアン地名が非常に多いが、米国人がインディアン系である証拠とはならない、との意味を述べている。私は、琉球には先史時代から一貫した文化があり、民族の入れ代りはなかった、ということを、くりかえし述べておいたつもりであるが、服部教授は、そのことは見落されたものと思う。アメリカの場合とは異〈ママ〉うのであり、一緒に論ぜられては困るのである。琉球にも民族の入れかわりはなか〈注〉〈あ〉ったと

いう論拠を示していたゞかないと、教授の引例は生きて来ない。

　第四は、直接私の説に加えられた意見ではないが、教授も最初に触れたように、琉球における弥生式文化の問題である。私がかの論文を書いたころには、弥生式文化の分布は薩南の臥蛇島がその南限であった。この夏の九学会の調査のさい、奄美大島の宇宿に弥生式遺跡のあることが知られたから、今では奄美大島までということになっている。日本語が弥生式文化と共に琉球に下っていったであろうとの教授の考えが正しいとすると、それは今のところ奄美大島までの話になる。

　最後に、これも私の説に直接触れる所ではなかったが、教授の言語統計学による結論である。この方法によって得られた数字は、同系に属する両語が、その共通語から分れたのが、どのくらい前であるかを推定せしめるものと解している。琉球語が日本語との共通祖型語から、教授のいわれるように、「千数百年前」に分れたといっても、その祖型語が千数百年前に、琉球に入っていたかどうか、ということに対しては、この方法は全然無力のはずである。戦前ミクロネシアやミンダナオの諸島で話された、沖縄人の琉球語を材料にしても、恐らく同じくらいの数字は出ると思う。しかし、それだからといって、ミクロネシアやミンダナオに千数百年前から、日本語が入っていたとは言えないわけである。これには歴史その他の別の方法が必要になってくる。新聞紙のスペースのことだから、詳細にわたる余裕がなかったと思うが、この点に関する教授の詳細な説明を、別の機会におうかゞいしたいと思う。

　ついでに、これは服部博士に対する言葉でないが、私が琉球人がインドネシア系統ではなかったか、という臆説を発表したのは、古代日

本人の有力な部隊が、インドネシア系であっただろう、ということを申したいための、いわば、説明の順序として申したのであって、琉球人が日本人とは別者だ、という意味で申したのではない。私の論文を直接読まない人々のために、このことを一言ことわっておきたい。

(12月26日記)

＝筆者は九大教授・医学博士＝

〔『琉球新報』昭和31（'56）年1月6日日刊〕

注　日記12月24日添付切り抜きでは、金関氏の手跡に似る赤インクで「なか（った）」を「あ（った）」に加筆訂正する。その他の加筆訂正なし（第1段1行目の「6回」は、「7回」に訂正されていない）。この切抜きは、資料10金関氏服部宛書翰と共に送られたのを、四郎が日記12月24日の条に添付したものである。

資料8　服部教授の論考に答える
　　　　　　＝追補と訂正＝
〈12月24日添付『琉球新報』切抜き〉

　　　　　　　　　　　　　　金　関　丈　夫

　服部四郎教授の「琉球の言語と民族の起源」に対する私の弁明文が、本紙1月6日号に掲載された。そのはじめに「12月18日から6回に亘って」同教授の論説が本紙に掲載された、という意味の文句がある。ところが、同教授の論説は6回ではなくて、7回に亘っている。この誤りは、実は次のような事情から来た。昨年末、私は1回から6回までの論説の掲載された、本紙を受け取り、その後しばらく本紙を受取らなかった。それで服部教授の論説掲載紙だけを、特に寄贈されたものと思い、従って、同論説は、1から6までで完結したものと、早合点した。私はその1から6までの趣旨に対する弁明文を草したわけで、前回発表の拙文中には、同教授の論説の第7回で述べられた趣旨に対するものは含まれていない。

　その後、本年に入って、第7回の論説を拝見した。その中にも、私として弁明したり、質問したり、また賛同の意を表したりしたい点が二三あった。しかし、これを本紙上に再度発表する必要もなかろうと考え、必要な点は、直接服部教授に私信〈資料9以下〉で申しのべることにした。

　それから、1月6日発表の、私の弁明文中、第4段右側の終りの行から「琉球にも民族の入れかわりはなかったという論拠を示していた

かないと」云々の文句がある。この誤りは、容易に推察していただけたこと、と思うが、私の書き誤りで、「アメリカにも」云々とするか、或は「琉球にも民族の入れかわりはあったという論拠」と訂正しないと、意味が通らない。どうぞ、そのように訂正していたゞき度い。私の誤解や誤記のために再度貴重な紙面を費していたゞくことを、深くおわびします。

〔『琉球新報』昭和31（'56）年1月18日日刊〕

資料9　金関丈夫氏 服部四郎宛書翰

昭和31（'56）年1月12日付

拝啓　急に寒くなってまいりましたが、御健勝の段、何よりに存じます。

　昨夏の九学会連合奄美調査の折には、親しく拝眉の上いろ〳〵と御高教にあずかり度く、楽しみに致しておりましたところ、御参加がなく、大変残念に存じました。[注1]

　さて、今回、はからずも、先般『民族学研究』誌上、発表の拙文に対し、琉球新報紙上、御発表の御考説中にて、鄭重な御批評を、賜りました。思い設けぬ光栄と、深くよろこんでおります。たゞ御批判の御趣旨のうち、私として、一言弁明いたし度いところが、二三、ありましたので、早速弁明文執筆、同紙に昨12月末投稿いたしておきました。掲載紙面は未見ですが、これに対する反響がありましたので、既に掲載されていることゝ存じますから、やがて御眼にもふれることゝ存じます。その上にて、さらに御批判を仰ぎたく存じます。

　ところが、私の手許には、昨冬貴文第1回より第6回までの掲載紙が送られたのみで、その後しばらく同紙を入手しませんでしたので、貴文掲載の号のみを寄贈されたものと心得、従って、貴文は第1回より第6回で完結したものと早合点いたし、1より6の貴説に対する弁明のみを草して投稿いたしたわけでしたが、その後最近に及んで、貴文第7回を掲載したものを送ってまいりましたので、自分の誤っていたことを知りました（弁明文中には「6回にわたっての御高説」との意味の文句を入れておきましたが、或は編輯者が「7回にわたって」

215

と訂正したかもしれない、と恐れています。しかし、事実は右の通り6回分しか拝見していなかったのです）

さて、今回拝見いたしました。第7回の貴文中にも私としてなお一、二弁明いたしたい箇所、また、おうかゞい致したい箇所があります。改めて琉球新報に投稿しようかとも存じましたが、琉球人の前に自己を弁明することに左ほど熱心になるにも及ぶまいと考え、直接貴方にこの手紙をさし上げて、弁明ならびにおうかゞいすることに致しました。長文にわたり御迷惑と存じますが、お暇の折御一読賜り度く存じます

○「近頃は琉球語の起りをずっと新しく見よう、というのがわが言語学界の趨勢であって……」という私の言葉は、大野 晋「日本語の黎明」（『国文学解釈と鑑賞』29年10月号）第16頁下段の終りの方に、「今日では琉球語は変化が甚しく、案外新しい姿しか伝えていないのではないか、という見解も次第に行われているようである」という言葉によったものです。大野氏の一文は、「日本語の黎明」の主題の下に、これに関する最近のわが言語学界の動向をレジュメしたものゝようでしたから、安心してこれに拠ったものでした。どういう人がいく人どういうように考えているか、というような個々の意見については、実は私は知らないのでして、拙文中に「大野氏によれば」とでも入れておくべきだった、と反省しています。

チャンバーレーン氏の研究に関しては、宮良博士に対する反駁文執筆前にわからぬながらも、一応目をとおしました。これが出たらめなものだとは全然考えてもいなかったし、又、左様のことを申したつも

りもありません。たゞ日本語と同系であることを証せられた、その琉球語の共通祖型語から別れた時期を、今日の一般の見解よりも相当古く見つもっていることはたしかのようです。しかも、そのエスティメーションの根拠というものは必ずしも学問的の証明を伴っていないようで、私が「迷信」などという過激な言葉をつかったのは、いま反省して、少々不穏当だったと後悔していますが、そうも言われないことはないようです（これを学問的に証明しようと試みられたのはあなたが始めではありませんか）。

必ずしもチエンバーレーン氏にのみ拠ったものでもないでしょうが、以前には琉球語の起りを相当古く見ていた、近頃は反動的にか比較的新しく見ようとしている、これは事実ではないでしょうか。国語といい、方言といっても、その間に明かな境界があるのではない、とのお説は御尤ですが、こゝではそうした一般論が必要であったとは思えないようです。

〇第2段「私はもっとはっきりした証拠を持っている」とのお言葉につゞき(ママ)、あなたの言語統計学による結果の数字を御発表になっています。これに対して、これは弁明ではなく質問なのですが、あなたの得られた数字が果して「はっきりした証拠」でありましょうか、とおうかゞいしたいと思います。

実は、私の宮良氏に対する反駁文を読んだ二三の人々から、すでにあなたの御論文にそうした数字があって、「琉球語はお前の考えるより、もっと古いのだ」という抗議をうけておりましたが、これに対して、服部教授御自身は一応の数字を出されたゞけで、これが明らかな

証拠だというようなことは一言もいっていないではないか、と応酬していたのでしたが、今回は、あなたのお口から親しく「はっきりした証拠」だとの御意見をうかゞいました。

ところで統計学の方から申しますと　私の計算では上古日本語と現代京都語との間の74.71％には±3.30％、上古語と現代首里語との間の66.46％には±3.65％という標準誤差が伴います。ですから、両者の差（74.71％－66.46％＝8.25％）の標準誤差は±4.92％となり、両者間の見かけの差8.25％の、その誤差に対する比率Ｑ（8.25％÷4.92％）は1.67となります。ところが、御承知のようにこの比率Ｑが3.0より大きくない場合には、この見かけの差には数学的には明確な意味はない、ということになります。言いかえると、上古語と現代首里語の間から得られた数字と、前者と現代京都語の間から得られた数字の間の差は数学的には「はっきり」した差とは認められないということになります（これは勿論比較された日本語の数が少ないためで、しかしこの数を増すことは言語学上不可能だとなると、この方法は「明確な証拠」よばわりをするためには、この際あまり有効ではないということを示すことになるようです。勿論、差が非常に大きい場合には有効になることもありましょう）。

それから、これらのパーセントの誤差を考えますと Swadesh の公式による計算の結果得られた1440.7年という数字には、プラスマイナス120年から130年くらいの誤差が出ると思います。これは、仮に1440年という数字で代表させてはいるが（仮に誤差をプラスマイナス120年として）前後240年の間、即ち、1320年から1560年の間だといえば、68.29パーセント位の確かさがある、若し100パーセントたしか

だ、と言わうとすれば、プラスマイナス120年の3倍、即ち、前後720年を見て、1080年から1800年の間だと言わなければならない、ということを表わしています。

以上のようなところから考えますと、あなたの出された数字を最後的な「はっきりした証拠」として起用することは少し行きすぎになるのではないでしょうか。

われわれも生物統計の方面で、同じように不可抗的に材料の少い場合に遭遇して、数学的には「はっきりした証拠」にはならないが、一応の数字を挙げることはよくあります。こうした場合には、その数字は明確ではないが、何かのそうした傾向のあることを、ある程度（Qの大きさより判断）示しているかもしれぬという意味で、他の方面からの旁証をかためてゆくための一つの手がゝりとして起用する程度に用いております。それで、私としては折角の「証拠」をお示しになりましたけれども、これはいま申しましたくらいの意味で、ありがたく利用したいと存じております。たゞ或は、あなたの真意を誤解しているかも知れませんので、なおこの上に御説明をいたゞけると、大変ありがたいと存じます。

〇最後の「琉球人が日本民族の一派であるか、どうかということに関する決定権は、琉球の皆様にあるというべきではなかろうか」との一説は、われわれの論説などに対して余りにも神経質すぎる琉球人士に対して、まことに適切な御忠告として心から同感いたします。なおこれは余談にわたりますが、琉球人の日本民族としての自覚がいつのころから起り、どのように発展してきたかということは、それ自身興味

あるテーマとして、是非何ひとかのとり上ぐべき問題だと思いますね。

〇最後に、さきの新聞紙投稿の弁明文中で、なお少し申し足らぬ所があったように思いますので、再度同じ問題にふれますが、体質的の特徴が時代によって変化してゆくから、との意味で体質人類学上の結果に不安の意を表されましたが、言語も時代によって変化してゆく。しかしその根幹は失われない。たゞ、比較にあたって異時代の言語をごっちゃまぜに取扱ってはならない、というようなことは、体質の方でも同様であろうと、そのとり扱いについては、これは常々用心しております。

以上、弁明とともに、大へん不躾な質問を申し上げました。不つゝかですが、偶然にも同じ部面の研究に携わることになりましたのを御縁に、今後ともにどうぞよろしくご教導のほどをお願い申し上げます。
1月12日

九州大学医学部
解剖学教室内
金関丈夫

服部教授
　　　研北

なお、これは申すまでもなく決してあげ足とりのつもりで申すのではありません、御協力のつもりなのですが、
貴論文（『言語研究』26／27）55頁）の最下行の ripe に対する京都方言がジュクシタとなっておりますが、京都では普通ウレタといっておりジュクシタとは申さないようです。亀山はよくしりませんが、多

分これもウレタでしょうと思います。

注〈編者〉1　第2回アイヌ語調査のため。上村氏解説参照。
　　　 2　琉球人を風貌や方言等から日本人とは異る民族（人種）とする偏見や誤解が本土人の間にあった。

資料10　金関丈夫氏　服部四郎宛書翰
　　　　　　　　昭和31（'56）年1月17日付

冠省　ごめん下さい
　既に御覧下さったことかとも存じますが、訂正箇所もあり、かたがた念のため、琉球新報拙文切ぬき同封いたします。何卒よろしく御教示のほど、重ねてお願いいたします。　先は右、要用のみ。

　　　　　　　　　　　　　　　　　　　　　　　　　匆々不宣
　1月17日　　　　　　　　　　　　　　　　　　　　　金関丈夫
服部教授
　　　侍史

資料11　服部四郎　金関丈夫氏宛書翰下書き
昭和31（'56）年3月4日付

拝啓

　気候不順の折ですが、お変りなきことと存じ【上げ】〈【　】内文章を四郎抹消、以下同じ〉ます。

　大変御返事がおくれましたが、次から次へと雑用に忙殺されて居りましたのと、更に次の事情があったからでございます。即ち1月12日附のお手紙を拝見しますと、大野　晋氏と統計学の専門家とに会う必要を感じましたが、それを実現することが、中々できなかったのです。

　さて第一の点ですが、大野　晋氏の問題の一文の意味は、お取りになったようにはとれず、「琉球語は古代語の姿を保存しているかのように言われたことがあるが、新しい変化を生じている点が案外多い」という私どもの常識と一致する意見のように思われましたので、大野氏にお会いして尋ねて見ましたら、やはりそうでした。「琉球語の起りをずっと新しく見よう」が「琉球語が、日本語（近畿方言など）から分れた時代をずっと新しく推定しよう」との意味ならば、大野氏の一文を誤読なすったことになります。

　"別の方言" "別の言語（国語）"の問題に言及したのは、私がそれまで説いて来たようなことを言うと、私が琉球語は日本語とは別の"言語（国語）"であると主張していると誤解する人が出る可能性があるので、そういう誤解を未然に防ぐためだったのです。

　次に第二の点に移ります。この点に関する御教示は大変嬉しく思いました。私は【あの種の】統計によって出た数字を【重要視】細かい

点まで重要視する傾向があったからです。併し、「この見かけの差には数学的には明確な意味はない」という言葉が腑に落ち【なかったので】ず、こういう風にいうことは、【僅かながらの】マイナス【の】である蓋然性が僅かあるので、プラス【の】である大きい蓋然性を無視することになりはしないか、と心配されたので、統計学の専門家に尋ねて見ました所、あなたがお用いになりました3という数の代りに普通2を用い、そうすると74.71％と66.46％との差は有意味であるといい、統計学の方法【を】の素人的利用をいましめて居りました。とにかく、この数字は首里方言【語】と京都方言とが分【裂し】れた年代は1200年前より古い蓋然性の方が、それより新しい蓋然性よりずっと大きいことを示すとはいえましょう。

【「はっきりした証拠」ということばは、右述の意味では訂正されなければなりませんが、その少し前に「それ（琉球諸方言）が上古日本語、即ち奈良朝の大和語以前の段階の言語から発達して来たらしく考えられる点が少なくないが」と書きましたように、私【の】がこのように考える言語学的根拠は、右の数字だけではないのです。しかし、それらについて説明することはあまりに専門的となるので、それらについてはいずれ発表したいと思っています。また、琉】

　なお、ripeに対する京都方言【の】はウレタだ、とお教え下さいまして有難うございます。金関様は京都生れでいらっしゃいます【でしょうね】か。私は亀山生れで16才頃までその方言を話していましたが、ウレタとは申しませんでした。

　また、1月6日の「琉球新報」にお出しになりました貴文拝見いたしました。多少誤解していらっしゃる点がありますので、私からのお

答を同紙上に発表【する】させて頂く必要があると、【発表】存じます。

　同時に、このお手紙で問題としました2点はかなり重要でありますので、あなたから同紙上にお書き願うか、或いはお手紙を引用させて頂くかしなければならないと存じますが如何でしょうか。こういうことは学術【論】雑誌上ですべきですが、乗りかかった舟ですので、今回はやむを得ないと存じます。〈以下「要用」まで四郎補筆〉「琉球の言語と民族の起源」というような、未詳の点の多い問題を研究する場合には、一つの仮説にのみとらわれるのは危険ですから、違った考え方をする人が多いほど結構だと思います。いずれにしても、明かにされた事実と、それにもとづく仮説とを峻別して行く必要があると存じます。

　要用のみ認めました。

　御健勝を祈ります。

　　　　　　3月4日

資料12　金関丈夫氏 服部四郎宛書翰

昭和31（'56）年3月7日付速達

拝復　先だっては御懇書〈資料11〉いたゞき、また本日は3月5日付御芳墨〈四郎下書き未見〉ありがたく拝見いたしました。重ね〲の御教示にあずかり厚く御礼申上ます。

早速ながら、此のたびの御文面について、左にお答え申上げます。

大野氏の一文を私のいったような意味に解したのは、私の誤読であったことが、御教示によってわかりました。粗雑なよみ方をしていたわけで、これは宮良氏に対しても取り消す必要があると考えています。御教示に対して深謝いたします。

第二の点は、前回の拙文中明らかにおことわり申しましたように、「はっきりした証拠」と申されたあなたのお言葉にこだわったわけでして、「はっきりした証拠呼ばわりをするには」、$Q = 3.0$ を満足させるだけの差がないといけないのではないかといったわけです。あなたのお尋ねになった統計学の専門家のいわれるように、$Q = 3$ の代りに2を用いる場合も多い（普通われ〲は3を用いていますが）のですが、これは2でも3でも意味が同じであるわけはなく、或る場合（あまり厳密でない実用的な）には2くらいのところでも宜いとしよう、ということなのです

既に御承知のことゝ存じますが、念のため申しますと、$D = $ 差　$mD = $ 標準誤差として、$D \pm mD$ という数は何を表わすかと申しますと、この差はDで表わされてはいるが、それが

D － 1 mD から D ＋ 1 mD の範囲内にあるといえば、その確実さは68.29％だ。それが

D － 2 mD から D ＋ 2 mD の範囲内にあるといえば、その確実さは95.45％だ。それが

D － 3 mD から D ＋ 3 mD の範囲内にあるといえば、その確実さは99.73％だ。それが

D － 4 mD から D ＋ 4 mD の範囲内にあるといえば、その確実さは99.99％だということ、従って68.29％以上の確かさで差が成立するというには、D≧mD でなくてはならず、95.45％以上の確かで差が成立するというには、D≧2mD、99.73％以上の確かさが必要なときにはD≧3mD でなくてはいけない、ということを意味しているのでして、D÷mD＝4 になって、はじめて99.99％確実になるわけです。

　しかし、99.73も99.99もまず異りはありませんから、D÷mD≧3で充分だと考えているわけです。

　しかし、考え方によっては99.73も95.45も異りはない（この考え方は数理上のからではなく、実用上の意味ですが）ということなら、D÷mD＝2で満足してもいゝわけです。場合によっては、68.29％の確かさで充分だから、D÷mD＝1で結構だ、ということになる場合もありましょう。

　あなたの数字のD±mD は8.25±4.92で、D÷mD＝1.67でしたから、D÷mD＝2 は満足させられていませんが、Qは1と2との間にあって、相当の信頼度はあるわけです。それでそうした程度の含みを考えた上で、私もあなたの数字を利用させていたゞきましょう、と申し上げているわけです。

だゞ、「はっきりした証拠」という場合には、やはりD÷mD＞3 はないといけないと思います。数学的の確差を問題にする場合、われ〳〵の方では3を規準にするのが普通なのです。数学上の明確な差の成立ということは別問題として、実際的に蓋然性が相当あれば、先づいゝという場合には、われ〳〵もしば〳〵D÷mD＝2を規準にして満足しています。

　ですから、某専門家があなたに云われたことも、普通の考えとしてはまちがいではなく、また私が「はっきりとした証拠」というお言葉をとがめだてして、その点で厳重な意味で申しあげたことにも間違いはないわけです。

　くどいようですが、「はっきりした証拠」があるぞ、というような出方でなく、「自分の数字には決定的ではないが、相当の蓋然性があるのだぞ」というように出られるのでしたら、結構かと存じます。

　琉球新報紙上にまた〳〵啓蒙の御文御投稿下さいます由、楽しみにいたしております。私信（とはいえ紙上論争に代るものですから）御引用のことは却ってありがたいことです。どうぞ御懸念なく、おやっつけ下さい。

　私は京都生れではありませんが、高校時代から20年京都住い、家内は京都生れです。「ウレタ」は、まちがいないと思っています。

　御郷党でもあり、ことに専門家でもあられるあなたのお言葉を疑っては申しわけないことですが、亀山に「ウレタ」がない、という前に念のため、も一度御調査になってはどうでしょうか。どうもありそうな気がします。しかし、これはあまりにも出過ぎかもしれません。御

笑殺下さい。

　前後2回の御手紙を拝誦して、あなたのお人柄をなつかしく心に描いています。

　御自愛御清福のほど、お祈りいたします。

頓首

3月7日

金関丈夫 拝

服部教授
　　　硯北

資料13　服部四郎　金関丈夫氏宛書翰下書き
年月日無記〈金関氏3月7日付書翰に対する返信〉

拝復　3月7日附のお手紙有難く拝見いたしました。

　統計学に関し色々と詳しく御教示【頂き深謝にたえません】〈【　】内を四郎抹消、以下同じ〉下さいまして厚く御礼申上げます。私の尋ねた専門家も同様のことを話して呉れましたので、ほぼ意味はわかって【いたのです】は居りました。ただし、【2】1.67を2でよいとしたのは計算間違いだったかも知れません。

　私が「はっきりした証拠」と書いた理由は、実は二つあったのです。一つはお教え頂いたような統計学上の知識がなかったこと、第二は言語学的【にも】証拠は素人の方に簡単に説明するの【は】が困難なので、数字で「はっきり」出る点という気持があったのです。

　【私の予想では言語学的研究が進むにつれて、近畿方言と沖縄方言との分裂の年代が1200年前〈前を四郎抹消〉よりも古いことが益々明かになるのではないかと考えられます】

　亀山方言に関する御注告(ママ)有難うございます。私自身東京【など】に長く住んでいますので東京方言の影響を受けて居り、それがあの調査のどこかに露出してはいないかと心配しています。たとえば、stickは最初、ボーキレとしていましたが、これはボーギレがよいと【思います】気がつきました（京都方言の報告を見て）。しかし、ウレタはどう考えても少なくとも私の家では話してい【ませんでした】なかったようです。東京へ出た時、鹿児島出身の友人がウレタといったので変だと思【いました】っ〈た？〉と記憶します。しかし、亀山【方言】

全体に果してウレタがないかどうか疑問ですから、以前から考えていたことをこの際実行しようと思います。それは亀山の親戚で方言【を調べて】に興味をもっているのが【あり】いますから、私の【調査を】記録を全面的に検討させることです。

それから、この前のお手紙で【ウレタ□□□関し】アゲ足トリのようだがと遠慮しながらウレタに関する注意をして下さいましたが、私はこういう御注【□】意を少しもアゲ足トリとは【関？】感じません。調査や研究を前進させることのないような点で人の言葉尻【の】をとって非難するのを私はアゲ足トリと感じます。

私の発表した【言】論文に関しても、記述、計算、推論の誤りを指摘して貰うことをこそ私は熱望して居ります。論文をロクに読みもしないで、「Swadesh の仮説自体が、日本語のやうに(ママ)特殊な文化環境の下に変遷した言語に適用しうるものかどうかが問題になるのではならうか(ママ)」というような"批評"は、ポーズだけ内容が空虚ですから有益とは考えません。「アメリカインディアンのような野蛮人の言語の研究で発達した方法を日本語【と】や琉球語に適用しようというのがそもそも誤りだ」などというに到っては【あいた口がふさがりません】あっけにとられます。この【ような】種の"批評"がかなり幅をきかせ【ている間は】、日本の学問の進歩にブレーキをかけ【られます】てはいないでしょうか。

琉球語及び琉球【□】の研究に関しては今後とも御教示を仰ぐことが多いと存じます。真摯な研究家を一人でも多く友に持つことは私の喜びです。

資料14　金関丈夫氏　服部四郎宛書翰
昭和31年（'56）年4月20日付

　4月17日付貴札〈四郎下書き未見〉拝誦いたしました。御執筆の琉球新報は第1回より第5回分〈資料16〉まで拝見致しました。

　ルソン島の「古層インドネシア族」との体質の比較が私の考えには最も有力な材料を提供してくれるのではないかと予想していますが、今のところそのチャンスなく、当分は、解決の見込みがありません。残念なことです。

　私の『民族学研究』に書きました範囲でも、私の予想するような、インドネシア人の一部のものは、メラネシヤ文化と接触したのち、ルソン島をへて、バーシー海峡をわたり、台湾東海岸をへて八重山に到達したことが、勿論予想として述べられており、或時は台湾、或時はフィリピン、或時はメラネシヤと有利な材料だけを手あたりしだいに並べたわけではありません。

　私としては、或る程度、はっきりした筋道をたてたつもりですが、書き方がわるかったのでしょう。

　八重山の先史文化と現在の文化のつながりは、土器の様式手法の連続、その他の点で有力な証拠があり、これは八重山の考古学的調査の報告が完全な形で発表された場合、納得していゞけること、思います。

　琉球新報ではからずも「論争」の形となり、実は恐縮しているわけですが、同地の友人の報告などから判断しますと、どうも新聞紙のスペースで、この種の問題をとり扱っても読者にははっきりしたことが、

よく呑み込めないという結果に終るらしいのです。そして一般読者は、両人の「勝ち負け」ということに、内容そこのけで卑俗な興味をもっているらしいのです。それで、私は新聞紙上でお答えすることは、これ以上いたしませんから、何卒、お含みおき下さい。

　来月の九学会の報告会には上京、拝眉の上いろ〳〵と御教示を得ることを楽しみにいたしておりましたが、講義その他の都合で或いは出席出来ないかも知れません。

　先はとり急ぎ右簡単ながら御返事いたします。乍末筆御健康をいのります。

　4月20日

金関丈夫

服部教授
　　　研北

資料15　金関丈夫氏　服部四郎宛書翰
　　　　　昭和31（'56）年12月17日付

　貴礼拝誦致しました。乍早速御返事申上げます。
　御申越の件は承知いたしました。
　たゞお差しつかえなくば、金関の論旨は紙上発表のものに盡きるのではなく、私信をもってもあげずろうところがあった、という旨のお言葉を一言お添えいたゞくと大変ありがたいと存じます。
　よきお正月をお迎えになるよう祈ります。
　先は右御返事のみ。　　　　　　　　　　　　　　　　　　　匆々

資料16　琉球の言語と民族の起源　（余論）
〈『琉球新報』昭和31（'56）年4月連載〉

服　部　四　郎

（1）

　琉球列島に住む人々の祖先は元どこに住んでいたか、移住して来たのだとすれば何処から来たのか、彼らはどのようにして現在話している言語（方言）を話すようになったのか、ということは、すべて過去に属する事柄で、それについては、現在われわれが確認し得る色々の事実にもとづいて、色々と想像するよりほか仕方がない。琉球の言語と民族の起源、というような未詳の部分の多い問題を研究する場合には、色々の仮説が提出されるほどよい。しかし、それらが仮説であることを、われわれはあくまでも自覚していなければならない。そして、新しい事実の発見が、われわれの仮説の修正あるいは撤回を要求するならば、いさぎよくそれに応じなければならない。自分の立てた仮説に執着するの余り、事実に対して目をつむり自分に有利な資料ばかりを集めようとしたり、事実さえも曲げて記述しようとしたりすることは、科学的ではない。真理の探求のみが我々の目的となるべきで、研究の結果を政治的目的その他に利用しようとすること、或いは"論争に勝とう"とすること、などを目標とすべきでないことは申すまでもない。

　ある問題の追求に際して、同じような意見を持っている者ば〈「は」

を四郎訂正〉かりが研究していると、つい安易な気持に陥るのが人情で、大切な資料に気づかずにしまうことがある。だから、意見の違う人々が討論し合うことは、そのやり方が正当であれば一層、学問の進歩に貢献する。

　昨年12月の本紙朝刊において、私は7回にわたり、「琉球の言語と民族の起源」と題して私見を述べた。それは、12月5日付朝刊に掲載された私の那覇市における市民講座講演の要旨が、私の考えを忠実には代表していないので、誤解を未然に防ぐために自ら執筆したのであった。その際、言語学の方法などをできるだけ平易に説くこと、〈読点を四郎補う〉確認された事実や証明された事柄と、或程度の蓋然性があるとして提出された仮説とを区別し、〈読点を四郎補う〉仮説の蓋然性の程度を考察すること、に努力した。だから、いずれかの説が正しいとか誤りだとかいう風に断定しないままに残した部分が非常に多かった。読者には、それを歯がゆいように感ぜられた方もあろうが、仮定に過ぎないことを断定的に書くことこそ非科学的であり、世間に対しても有害であると思う。〈句点を四郎補う〉

　さて、本年1月6日付本紙朝刊（第4面）に、金関丈夫教授が、右の拙文に対する意見を公にされた。この問題に対して教授の懐いておられる仮説は、私のそれとはかなり違うようだが、〈読点を四郎補う〉教授の真しな研究態度は、私をしてこの問題を追求する同志を得たように感ぜしめるので、一つには本紙に執筆した行きがかりもあり、御返事を書かせて頂くことにした。貴重な紙面を拝借し、かつ金関教授に対してのみ御返事を公にする理由は、以上述べたことによって諒解していただけようと思う。　　　　（筆者は東大教授・言語学者）

(2)

　第一に問題となったのは私の「八重山の波照間島から出た石おのとルソン島リザール州から出た石おのとの間の類似は両地に住む民族が同種であることの証拠としては効力が極度に小さいことがわかる」という言葉であって、教授は「この……ことばは、それ自体としては正しい。」といって居られる。それでよいのである。なぜなら、私はここでは個々の「証拠の効力」に関する一般論をしているのであり、さればこそ、ここではわざわざ教授のお名前を挙げなかっ〈「っ」を四郎補う〉たのだ。実は私の最初の原稿では、地名も正確に書かなかったのだが、私の論文が、教授の御説に対する批評を一つの目的としていたので、思いなおして地名をはっきり書くことにしたのだった。

　このことに関連して、拙文（第4回、3段、6行以下）で言及した私の約束の一部を果させていただきたい。教授のお説を拝見していると、次の点に関して不安を感ずる。即ち、日本列島に住む日本人でも、各地で多少異なる体質を示すのは各地の原住民と混血したためである蓋然性があるという以上、同じくインドネシア系の言語を話す諸種族といっても、台湾、ルソン島、ボルネオ、ジャワ、等々のものを果して同一人種として取扱い得るであろうか。教授が、琉球人の体質・文化・言語を南方のそれと比較される場合に、ある時は台湾、ある時はフィリピン、ある時は更にメラネシアにまで言及されるので、私は直ちに承服しがたく感ずる。台湾の高砂族或いはルソン島の古層のインドネシア人、等々の体質・文化・言語の全体と、琉球人のそれとを比

較されるのならばそういう不安は感ぜられないであろう。

　次に、第二の点として〈「について」を「として」に四郎訂正〉教授の述べて居られることは、私の質問に対する明瞭な答えではないように感ずる。私が、「金関丈夫教授が指摘されたような北九州人と南九州人・琉球人との間に見られる程度の【体質上の】差異が、千数百年の間に生じ得ないという証明は人類学でできているのであろうか。」と書いたのに対し、教授は、「同一民族の形質が時代によって変化していることは事実である。しかし、同時にかなり高度の遺伝現象の存在することが、一卵生双生児の研究などによって、証明されている。詳細をここで述べることは出来ないが、時代による変化ということを、放し〈恣？〉に適用されては困る。」と述べられた。しかしながら、私は、右に問題とした体質上の差異が、混血なしで生じたものだとは、一つも断定していないのである。〈句点を四郎補う〉

　今仮りに、右の体質上の差異が、混血なしでは生じ得ないことが証明されているとしよう。そうすると、南九州人・琉球人にインドネシア系の血液が多いということを証明するためにはインドネシア人との体質上の類似が明らかにされなければならない。然るに、教授の今日までに達せられた研究結果は次のようである。「この群【＝南九州人・琉球人】と、台湾及びフィリピンの諸群との間には、かなりの開きがあり、寧ろ北九州人に対するよりも、その開きは大きい。」（『民族学研究』19巻2号134頁）。〈句点を補う…編者〉しかしながら「南九州から南島にわたる群と比較さるべきものは、フィリピンの、早期新石器時代人の後えいかと、バイエル教授等の推定する、ルソン島の古層のインドネシア人、アパヤウ、イロンゴートの如き種族でなければなら

ない。ところが、これらの古層インドネシア族については、まだ体質上の調査成績が、挙げられていない。従って、比較できないのである」（同上）と述べ「要するに、体質の上では、南方との必要な比較はまだ達成されていないのである」（同上、135頁）と結論されている。従って琉球人が体質上インドネシア系であるということは、まだ〈「た」を「だ」に四郎訂正〉証明されていないわけである。〈句点を四郎補う〉

(3)

　第三に、私が、「教授は琉球の地名で琉球語で解けないものをインドネシア系の地名に関連づけようと試みられている。地名の研究を科学的に行うことは非常に困難だから、教授の説もまだ一つの試みに過ぎないが、仮りに琉球にインドネシア系の地名があることが確実に証明されたとしても、琉球の住民がインドネシア系であるとする論拠としては効力が小さい。」と述べたことに対し、「琉球にも民族の入れかわりはあったという論拠を示していただかないと、教授【服部】の引例は生きて来ない」と教授はいわれる。しかし、右の私の言葉のすぐ後にも明瞭に書いておいたように、「私は論拠としての効力を問題としているに過ぎないのであって」、別の所（第6回分）で述べたように、「私は琉球列島のすべての住民が体質的にインドネシア系ではないと主張しようとしているのではない」し、「また、金関説を論破することを目的としている者でもない。」だから、教授は、この点では多少誤解されたように思う。

　一方、教授は「琉球には先史時代から一貫した文化があり、民族の

入れ代りはなかったということを、くりかえし述べておいたつもりであるが、服部教授はそのことを見落されたものと思う。」と言われるが、こういうことを断定するにはよほど決定的な証拠がなければならない。しかるに、私が教授の論証を拝読した所では、「証拠として効力の大きいものはないと思う」（第4回分）ので、現在の所、私は教授のお説をただ一つの興味ある仮説として注目するにとどめ、決定的な学説として承認することはできないのである。

　従って、言語学的研究を根拠にして「日本祖語民族（それは人種的には混質的であったかも知れない）のかなり有力な分派（数においても原住民にまさる集団）が、九州方面から、少なくとも沖縄本島の中頭・島尻地方のような豊かな土地に移住して地盤を作った」（第6回分）というような仮説も立てる余地はまだ十分あると考える。勿論、それに対する決定的な反証が挙がれば、仮設〈説〉を立てかえなければならない。

　更に私は、右に言及した「日本祖語」とは、「西暦紀元前後に北九州に栄えた弥生式文化の言語ではないか」（第3回分）という想定をも発表しておいた。教授はこれを第四の点として取あげ、「私がかの論文を書いたころには、弥生式文化の分布は薩南の臥蛇島がその南限であった。この夏の九学会の調査のさい、奄美大島の宇宿に弥生式遺跡のあることが知られたから、今では奄美大島までということになっている。日本語が弥生式文化と共に琉球に下っていったであろうとの教授の考えが正しいとすると、それは今のところ奄美大島までの話になる。」と言って居られる。即ち、「〈「、を四郎訂正〉服部の考えが正しいとすると」去年の夏までは薩南の臥蛇島までの話だったものが、

239

一夏の中に奄美大島までのびたわけである。将来それが沖縄本島までのびないと誰が保証できるだろう。一般に、何かがまだ発見されないので、それが無(注)いと断定することは非常に危険である。私の説も、沖縄本島で弥生式土器が発見されない限り一つのおく説に過ぎないが、それが将来有力な仮説になる可能性がないと断言する権利は、今のところ誰も持っていないと言えよう。〈後に弥生式土器出土。資料17〉

　最後に教授は、「琉球語は日本語との共通祖型語から千数百年前に分れた」という私の言語年代学的結論をとりあげて、「その祖型語が千数百年前に、琉球に入っていたかどうか、ということに対しては、この方法は全然無力なはずである」と言われる。これは傾聴に値〈演〉を「値」に四郎訂正〉ず〈ママ〉〈す〉る御意見で、日本祖語から分裂した琉球祖語の話し手たちは、恐らく「九州→大島→沖縄本島」〈―を→に四郎訂正〉と移動したのだろうから、いつ「琉球入り」をしたかということは、言語年代学的数字からは直ちにはわからないわけだ。私は近頃奄美大島の方言を調査しているが言語の移動としては「九州→沖縄本島→大島」〈―を→に四郎訂正〉というような蓋然性も考慮すべきことに気づきつつある。即ち、九州から沖縄本島への民族移動に際しては人々は大島を通らざるを得ないが、このようにして沖縄本島でかもし出された琉球語が逆に大島に及んだ、と考えるのである。

　注〈編者〉　昭和30年代前半、渋谷区代々木初台の四郎宅に金田一春彦氏が来訪せられた折の座談中、四郎が「一体に『ある』ということは言えても、『ない』ということは中々言えませんね」と言った処、座が大いに盛り上った。

(4)

　以上で教授が公表された御意見に対する私のお答は終った。教授は、しかし、私の論文の第7回目分を御覧にならずに、本年1月7日所載の一文をお書きになったことが、1月18日の本紙朝刊所載の教授の筆になる「追補と訂正」で明かになっている。同時に、この7回目分に関する御意見を、私信によって私あてにお寄せ下さった。そこには重要な問題も含まれているので、教授のお許しを得て、それをここに公にすることとする。〈句点を四郎補う〉

　第一は、上古日本語（奈良朝の日本語）に並び立つ古代琉球語を想定し、両者が日本祖語にさかのぼるとするチエ〈ェ〉〈ママ〉ンバレンの説に反対された後に、金関教授が「近頃は琉球語の起りを、ずっと新しく見よう、というのがわが言語学界の勢〈ママ〉であって」と書かれたのに対し、私は「実はそういう趨勢のあることを知らない。」と書いた。これに対し、教授は次のようにお書きになっている。「【この】私の言葉は大野　晋「日本語の黎明」（『国文学解釈と鑑賞』、29年10月号）第16頁下段の終りの方に「今日では琉球語は変化が甚しく案外新しい姿しか伝えていないのではないかという見解も次第に行われているようである」という言葉によったものです。〈句点を補う…編者〉大野氏の一文は「日本語の黎明」の主題の下に、これに関する最近のわが言語学界の動向をレジユ〈ュ〉〈ママ〉メしたもののようでしたから、安心してこれに拠ったものでした。どういう人がいく人どういうように考えているか、というような個々の意見については、実は私は知らないのでして拙文中

241

に「大野氏によれば」とでも入れておくべきだったと反省しています。」と。ところが右の大野氏の一文は、私が読むと「琉球語は語頭のＰを保存するなどいくたの古い特徴を保っているので、古代語の発達段階にあるように言われたことがあるが、本州などの諸方言には見られないような変化を生じた部分も多く、古い特徴を保っている部分は案外少ないようだとの意見……」という風に解釈されるので、直接大野氏にお尋ねした所、やはりそうだった。だから、金関教授が「わが言語学界の勢〈ママ〉」とされたものは、右に関する限り、存在しなかったということになる。

　第二は、私が、琉球語は上古日本語即ち奈良朝の大和語以前の段階から発達して来たと考えられる「はっきりした証拠」（第7回目分第2段）として、「上古日本語と現代京都方言との間の共通単語が74.71％であるのに対し、上古日本語と首里方言との間のそれは66.46％である」という言語年代学的数字を挙げておいたが、金関教授は、統計学の理論からいうと、この程度の差異は決定的証拠とすることができないことを懇切に教えて下さった。私はまだ、この点に関する統計学の理論そのものを勉強してはいないが、統計学者西平重喜氏にお尋ねした所でも、同様な御意見であった。ただしかし、右の数字は全く無視すべきものでは決してなく、「京都方言と首里方言との分離年代が、奈良朝（今から1200年前）より以前であった蓋然性の方が、それ以後であった蓋然性よりずっと大きい」ことを示すものとは言えるようである。琉球諸方言や内地諸方言を精密に研究することにより、更に色々のことが明らかになるであろうと期待される。

(5)

　最後に、金関教授のお説と関係はないが、「言語年代学」に関する二三の誤解について述べておきたい。言語学者たちは以前には、一つの言語の語ゐ（単語の集まり）の時代的変化の速度は、言語により、時代により異なるものと想像していた。ところが、語ゐ全体の変化の速度はそうであろうが、基礎語ゐは、予想に反し、どんな言語においてもほぼ一定の速度で変化するらしいことを明かにしたのが、言語年代学である。アメリカのスワデシユ〈ュ〉⟨ママ⟩という言語学者が思いつき、多くの言語学者たちが協力して、英語・スペイン語・フランス語・ドイツ語・コプト語・ギリシャ語〈ナカグロを四郎抹消〉アテナ方言・ギリシャ語キユ〈ュ〉⟨ママ⟩プロス方言・シナ語・スエーデン語・イタリア語・ポルトガル語・ルーマニア語・カタロニア語・カリブ語などの諸言語について調査した結果、右述の点が明らかとなった。この方法を日本語に適用するに当り、むしろ「日本語の変化の速度は英語のそれよりもおそいと一般に考えられているから、日本語については違った数字が獲られるのではないか」と私たちは予想していた。然るに実際に計算して見た結果、右の諸言語の研究において獲られた平均数値に非常に近い数が出たので、私たちはむしろ驚いた位だったのである。即ち、私はスワデシユ〈ュ〉⟨ママ⟩らの説を検討することなくしてウ呑みにしたのではなく、彼らの発表しているほとんどすべての論文を熟読し、かつ慎重に日本語に適用して見たのだ。のみならず私たちの仕事はまだそれで完了したのではない。この方法を更に検討し、改良することを計

画している。

　然るに、築島　裕氏は雑誌『国語学』第21号124頁で、「このスワデシユ〈ュ〉[ママ]の仮説自体が、日本語のように特殊な文化環境の下に変遷した言語に適用しうるものかどうかが問題になるのではなかろうか。」と書いて居られる。この意見は私たちが、この方法を実際に日本語に適用する以前に懐いていた予想にやや似ているが、更にいけないことは、築島氏の文を読むと、同氏が私の論文さえもよく読んで居られないことが明かとなっている。これは無責任な態度だと思う。また、聞くところによると、言語年代学について「アメリカインデイ〈ィ〉[ママ]アンのような未開人の言語の研究で発達した方法を、日本語や琉球語に当てはめようというのが、そもそも間違いだ」というような意見を発表した人もあるという。スワデシユ〈ュ〉[ママ]がアメリカインデイ〈ィ〉[ママ]アン語をも研究しているからの誤解であろうか。このような無責任な発言は学問の進歩に何の貢献もしないばかりでなく、その普及の妨害となる。私が、右述の市民講座で、方言と共通語について公表した意見(注)に対し、その真意を理解することなく、「旅人の放言」と称している人があるが、まことに困ったものだ。

　学問上の論争は、真理の追求を目的とすべきで、相手をやっつけることを目標とすべきではない。まして相手を感情的にののしるべきではない。「アホラシイたわごと」というような言葉をやりとりしていると、感情的になって真理を見失うことになりはしないか。私は、「琉球の言語と民族の起源」というような大問題の追求に際しても、色々な人々が色々の仮説をいだきつつ、仲よく研究を進めて行きたいものだと思う。

（完）

(3月25日)

注〈編者〉　日記本文中の『沖縄タイムス』昭和30（'55）年12月7日・8日日刊論説。

〔『琉球新報』昭和31（'56）年4月9日〜13日日刊〕

資料17　日本語の起源
〈『東京新聞』昭和47（'72）年5月16日〉

服　部　四　郎

副題　日本文化の原点〈2重棒線で抹消し、「これは私のつけた題ではありません　服部四郎」と記入〉

副題の副題　高松塚古墳の提起したもの（顔写真：服部四郎氏）

中見出し　"大陸の影響"以前の祖語〈2重棒線で四郎抹消〉

中見出しの副見出し　外来語は基礎語彙にはいりにくい〈2重棒線で四郎抹消〉

　ここに「日本語」というのは、本州（北海道）、四国、九州、およびそれらの属島、ならびに奄美大島から沖縄島を経て、宮古、八重山の群島に至る琉球列島に行なわれる諸方言を指す。琉球列島の諸方言は、島ごとに互いに著しく異なるばかりでなく、全体として一まとまりとなって、九州以北の「本土諸方言」ともことばが通じないほど著しく異なるが、言語学的には、上述の諸方言が同一の「祖語」からそれぞれの方向に分岐発達したと言い得るので、すべてをひっくるめて「日本語」と呼ぶことにする。日本語の過去の記録は、中央では八世紀の奈良時代までさかのぼり得るが、沖縄では15世紀ごろに始まる。

　言語学では、これら現代の諸方言と過去の記録とを資料として、一つの「日本祖語」を再構し、それからそれら諸方言への分岐発達の歴史を、いろいろの程度に明らかにすることができる。残念ながら、諸

方言、とくに琉球の諸方言や八丈島方言の研究がまだ十分にはできていないので、明らかにならない多くの点があるが、以下に述べる程度のことは言える。

八丈島に残る古代東国方言 〈棒線で四郎抹消〉

まず、日本祖語は、『万葉』および『記紀』に記録された8世紀の日本語よりはずっと以前の言語であったに違いない。それは、琉球諸方言に、上代日本語から発達したとは説明できないけれども、それ以前の言語からなら説明可能な点があるからである。また、奈良時代に、東国の諸方言は、中央のそれとは著しく異なるものとして、東歌（あずまうた）や防人歌（さきもりのうた）に記録されている。現在の中部、関東、東北の諸方言は、その後1200年ほどの間に、中央の方言に同化されたために、8世紀に記録された特異点を失ってしまったが、まだそれを多少残存せしめている方言がある。

私の知る範囲では、八丈島方言がそれで、たとえば形容詞の連体形が、ナガケ（長）、アマケ（甘）のように「ケ」で終わるのは、奈良時代の東歌の連用形ナガケ（長）、カナシケ（愛）の「ケ」と一致する。中央語ではナガキ、カナシキのように「キ」で終わった。この方言ではまた動詞の連体形が、タト（立）、イコ（行）のようにオ段の音で終わるが、これは東歌のタト（立）、ユコ（行）と一致し、中央語のタツ（立）、ユク（行）とは異なる。

また、山梨県の富士川の支流早川の上流の山奥に奈良田という小村があり、狭い土地だけれども地味が豊かで、その上塩を産するためか、下流の村とは隔絶した生活が可能であったので、他とは著しく異なる

方言が発達した。たとえばイカナイ（行）、イワナイ（言）、クワナイ（食）などと言わないで、イカノー、ヤノー、カノーなどと言う。この打ち消しの語尾「ノー」は、東歌の「ナフ」に当たるものであろう。八丈島の向こうの青が島にもこの「ノー」があるようである。

　このように見てくると、八丈島方言は、8世紀にすでに奈良を中心とする中央語とは著しく違っていた東国方言の系統を引くものと考えられるが、その後本州からたびたびの移住民が来たために、本州方言と類似した点も多く生じている。そこで「言語年代学」といって、方言や同系語の分岐年代を算出する方法があるので、京都方言と八丈方言との間にそれを適用してみると、75.1％という残存率が得られた。これをスワデシュの式で計算すると、700余年前、私の修正方式によっても1000余年前となる。故に、言語年代学によって算出される数値は、可能な分岐年代の最下限を示すものとしなければならない。

　私が以前に、京都方言と沖縄の首里方言との分岐年代を同じ方法で算出したところ、1000余年前、ないし1450年前という数字を得た。本土方言から琉球方言へのたびたびの影響を考慮に入れると、これらの数字はもちろん分岐年代の最下限を示すものと考えざるを得ない。

　そこでその後、西暦紀元前後に北九州で発達した考古学でいう弥生文化の東漸の様子を考慮に入れつつ、日本祖語は北九州に弥生時代に行なわれた言語が、紀元後数世紀の間にそこから畿内へのかなりの移住があり、それが大和・河内付近に根を下ろし、奈良・京都方言へと発達したのではないかという考えを、一つの仮説として発表しておいた。

祖語直系が諸方言と同化発達〈棒線で四郎抹消〉

　それでは、この日本祖語はどこから来たのか？もちろん弥生文化を北九州にもたらした大陸からの移住民の言語であった可能性も否定できないが、考古学や人類学の研究結果や、日本語と朝鮮語との（類似していながら著しく異なる）距離などを考慮に入れると、日本語の前身を話した民族はそれ以前にも日本に住んでいた蓋然性の方が大きいと思う。そうだとすれば、弥生時代の北九州に話された日本祖語と同時に日本の他の諸地域に話されていた日本語諸方言があったはずで、畿内に移って一そう有力となった日本祖語直系の方言がそれらを同化するとともに分岐的発達もして、今日の方言分布状態を生じたのではないか。そして奈良時代に中央人の注意にのぼった「あずまことば」は、そういう非日本祖語系の方言が、まだ中央方言の同化力に抵抗して残存していたものではないか、という仮説を、一つの可能性として発表しておいた。

　私は昭和30年に、「九州から琉球への移住も、紀元後2～3世紀ころ起こったとすべきだろう」と書いたが、十分な考古学的な裏付けがあったわけではなかった。これに対して金関丈夫氏は「私がかの論文を書いたころには、弥生式文化の分布は薩南の臥蛇島がその南限であった。この夏の九学会の調査のさい、奄美大島の宇宿に弥生式遺跡のあることが知られたから、今では奄美大島までということになっている」と書かれた。これに対して私は「将来それが沖縄までのびないと誰が保証できるだろう」と書いた。果たせるかなその後、弥生中期の須玖＝山ノ口式土器が宝島、沖縄本島、伊江島、伊平屋島などで発見されたのである。

しかし、国分直一氏は昨年11月の論文で「沖縄本島の中頭・島尻地方といえども、弥生農耕文化の定着するにふさわしい豊かな土地ではないのである。しかも、今の所、弥生式土器片が発見されている地区は海辺の砂丘地区で、水稲栽培の可能性は考え難い。また弥生文化をたずさえた集団が登場した証跡は見出されていない」と書いておられる。

　この意見は批判の余地があり、かつ「今の所」の考古学的知見であるから、急いで私見を撤回する必要はないが、国分氏の引用された昭和30年の拙文で「ただし、当時沖縄島に有力に行われていた土着民の言語が、日本祖語以前に分出した日本語系の言語であったとすれば、日本祖語がそれを同化するためには、それほど大きな移住民集団を必要としなかったであろう。また、このような北からの移住がたびたび行われているうちに琉球方言が成立した」可能性もあることを指摘しておいた。その後の研究によって、八丈島方言の動詞活用に類似した点が沖縄方言にもあることが明らかとなったから、これは考えられないことではない。

アルタイ、南方説も定説ではない〈棒線で四郎抹消〉

　さて、日本語にはパン、ペンなどの近い過去に西洋語からはいった外来語や、8～9世紀以来シナ語からはいった漢語という外来語が多量にあるが、日本語の系統を考えるときには、それらはすべて除外される。このような外来語は基礎語彙にはなかなかはいりにくいものである。前述の言語年代学で使用する200語について見ると、調査した八丈、奈良田、東京、京都、佐渡、隠岐、土佐、鹿児島、および琉球

列島の台湾に至るまでの数多くの島々の方言において、次の諸単語が一致して現われるから、これらは日本祖語にもあったものと考えられる。

クチ（口）ハナ（鼻）ミミ（耳）テ（手）ツメ（爪）カワ（皮）チ（血）ホネ（骨）ノム（飲）キク（聞）フク（吹）キル（切）ホル（掘）タツ（立）*オヨグ（泳）アラウ（洗）コロス（殺）*カンガエル（考）ホシ（星）クモ（雲）アメ（雨）カゼ（風）イシ（石）ミチ（道）ミズ（水）ナガレル（流）モエル（燃）*フクレル（脹）キ（木）*カワ（樹皮）クサ（草）ネ（根）ハ（葉）ハナ（花）ツノ（角）トリ（鳥）ハネ（羽）ムシ（虫）*シラミ（虱）ナガイ（長）アカイ（赤）アオイ（青、緑）クロイ（黒）シロイ（白）ナ（名）トシ（年）コレ（之）イツ（何時）そのほかヒトツ、フタツ、……トー（十）などである。〈アステリクを四郎加筆〉

メ（目）などは多くの方言に共通だが「マナコ」を用いる方言でもその語根「マ」はもと「メ」と同一語であり、八丈方言の「ハギ」（足）はほかの方言では「アシ」だけれども、琉球の先島に「ハギ」に当る単語が用いられているので、これが日本祖語の「足」を意味する単語である可能性があるなど、諸方言を比較研究すると、さらに多くの祖語の単語を再講することができる。

それでは、この日本祖語はどの言語と同系であろうか？朝鮮語や、ツングース語、モンゴル語、トルコ語などの「アルタイ語」が日本語と親縁関係がありそうだとか、南方系統の言語が日本語の基層をなしたらしいとか、いろいろの説が出ているけれども、いずれもまだ証明が確立していない。ということは、日本語は、現存の四周の諸言語

〈「諸方言」を四郎訂正〉はいずれも非常に遠い関係にあるからであろう。

『アカ対アヲ』と異なる四神画 〈棒線で抹消〉

　さて、このたびの高松塚古墳の発見は、私に強烈な印象を与えた。なぜなら、その少し前、3月の13、4、5の3日間、私は長男〈編者〉とともに、あの地点を含む飛鳥地方から河内方面にかけて調査して歩いたからである。しかし学者諸氏の意見が、あの古墳は1300年ほど前のものだろうということになりつつあるから、そうだとすれば、飛鳥地方にはもう日本語が十分確立していた時代に違いない。文字が書かれていないから言語学者にはほとんど発言の余地がないが、ただ次のようなことを感じたので記しておこう。

　墓室の側壁に、青龍（東）玄武（北）白虎（西）の絵があるというから、南には朱雀の絵があったに違いない。これは明らかにシナ思想に基づくものである。被埋葬者が帰化人であったとすれば、それは当然のことだが、上層の日本人であったとしても、新しい流行に敏感であったに違いない彼らは、そういった壁画を画き得るのではないだろうか。

　右にも示したように、色を表わす形容詞すなわち基礎的単語は、日本祖語では「アカシ」「アヲシ」の二つきりであったらしいことが、琉球諸方言を含む諸方言の比較研究で明らかになりつつある。「アヲ」は「青」「緑」ばかりではなく「真黄」まで包括したらしいのである。しかし〈「しかし」を四郎加筆〉少しでもだいだい色に傾けば「アカ」にはいる。一方「シロシ」と「クロシ」があり、この四つの単語で基

礎的な表現はまかなっていたので、前述の「四神」の思想が一そう容易に受け入れられたのではないだろうか。ただ、四神では「アカ」の反対色が「クロ」で、「アヲ」の反対色が「シロ」である点が非日本的である。

　日仏会館長のベルナール・フランク氏〈日記10月16日〉の研究によれば、日本の「オニ」は最初赤鬼と黒鬼だったのが、のちに赤鬼と青鬼になるという。前者はシナ思想の直輸入によるもので、時代がたつにつれて、日本固有の「アカ」対「アヲ」の思想が表層に出て来たのではないだろうか。　　　　　　　　　　（東大名誉教授・言語学）

＝おわり

〔『東京新聞』昭和47（'72）年5月16日夕刊文化欄〕

資料18　日本民族の歴史の宝庫——沖縄の島々——
〈『朝日新聞』昭和31（'56）年7月4日〉

　　　　　　　　　　　　　　　　服　部　四　郎

　沖縄の島々は、長い間わたくしにとってあこがれの世界であった。英国のバズィル・ホール艦長の航海記（1818年）を読んだ人々が、だれでもいだく沖縄の人人〈々〉に対する親しみとなつかしさの感情、明るく多彩な南島の風景へのどうけい（憧憬）が、30年近くもの間、わたくしの胸から消え去らなかったためでもあるが、わたくしの心を南の島々にひきつけた、もっともっと大きい原因がある。それは、そこに話されている言語である。沖縄のことばは、本土の人々が聞いても全くわからない。しかし、細かに点検していくと、発音や文法の構造が著しく似ているばかりでなく、基礎的な単語も大部分が一致する。要するに、それは日本語のひどくなまった方言だとさえいいうるのである。

方言は全く同系統

　日本語は系統的に孤立している。構造のもっとも類似している朝鮮語やアルタイ諸言語（即ち、満洲語・蒙古語・トルコ語など）でさえ、日本語と同系であることが、言語学的にはまだ証明されていない。これに反し、琉球列島（奄美大島から、台湾に近い八重山群島まで）の諸方言が、日本本土の諸方言と同系であり、同一祖語から分れ出たものであることは、学問的にも疑いがない。現在のところ血統の明らか

な日本語の兄弟は、「琉球語」をおいてはないのである。言語学者にとっても民族学者にとってもその他の人文科学者にとっても、日本民族の歴史を知ろうとするすべての人々にとって、琉球列島は実にかけがえのない宝庫である。日本語のこの唯一の兄弟が、どういう人々によって、どういう環境で話されているのだろうか。この耳で親しく聞き、この目で親しく見たいと、わたくしは久しい以前から考えていたのであった。

〈顔写真：服部四郎氏〉

総て変り果てた姿

30年来のこの渇望が満される時がついに来た。昨年の末、琉球大学から約3カ月間講義をするようにとの招きを受けたからである。しかし、わたくしを待っていたのは、激戦とその結果のためにあまりにも変り果てた沖縄の姿であった。国宝であった首里城の多くの建造物は見る影もなかった。玉御殿（たまおどの）の破壊された石のとびらを推して、ロウソクをかざしつつ奥をさぐると、王女の頭ガイ骨がころがっていた。この霊所の前庭には、丈より高いススキが一面に生い茂っていた。家ごとに高い石垣をめぐらし樹木に埋もれていたはずの首里の城下町の代わりに、サバクのような荒地にカキネのない家がポツリポツリと立っていた。ただ首里の高い丘陵の頂にそびえ立つ数々のビルディングから成る琉球大学だけが、沖縄の同胞の努力と希望とを象徴するようで、わたくしの悲しみを和げてくれるのであった。

〈写真：「沖縄同胞希望の象徴『琉球大学』＝首里の丘陵に立つ」〉

人口過剰に苦しむ

色刷りの地図ばかりによってこの島を想像していたわたくしは、その地形に大きい誤解を持っていた。戦闘のもっとも烈しかった南部の島尻（しまじり）地方は、大抵緑に塗りつぶされているので、平野かと思っていたが、なかなか丘陵が多く、耕地は少ない。首里などは高い丘の上にあって、那覇（なは）の大きな市街を含む西側の平地が一望の下にあり〈口絵写真11・12参照〉、この小さい島が、いかに過剰の人口で苦しんでいるかが、手にとるようにわかる。それは一つには、敗戦後、満洲・台湾・南洋などの外地からの引揚者が多数あったためでもある。沖縄民政府の調査資料〈日記本文巻末〉によると、沖縄群島の人口は、1945年末に30数万であったものが、55年7月には70万足らずとなっている。1946年中に海外から沖縄に帰還した者は11万3千を越えている。

胸打つ戦没記念塔

　沖縄島南端の、ひめゆりの塔・健児の塔など一群の戦没者の記念塔の前に立つ日本人は、だれでも、心の底から揺り動かされるような烈しい感情におそわれるであろう。首里の戦闘で敗れたわが部隊は、南へ南へと敗退しつつも、陵線ごとにあらんかぎりの抵抗を続け、弾薬と食糧の欠乏に悩みつつ、この南の果ての海岸まで追いつめられた。ドウクツ（洞窟）にひそんでいた、うら若い乙女たちのひめゆり部隊は、毒ガス(注1)で全滅したというし、海に面した断ガイの岩陰に陣取った沖縄師範の健児たちは、玉砕するまで陣地を死守したのだ。島尻の山河を血で染めた同胞の数は実に10数万にのぼり、いたるところシカバネの山をなしていたという〈日記10月9日注5〉。わたくしは今次の戦

争を、人類的見地からも日本民族的見地からも、決して肯定する者ではない。それにもかかわらず、これらの碑の下にねむる若人たちを始め、多くの沖縄のはらからが、祖国のために流した血を、わたしたちは永久に忘れてはならないと思う。

岩山に高く段々畑

　琉球大学副学長で同窓の友である仲宗根政善氏の厚意によって、方言を調査しつつ、南北38里の細長い沖縄島の北端まで旅行することができた。この島の北の3分の2は山地だと聞いていたが聞きしにまさる状態で、地図が海岸地帯をかなりの幅で緑に塗ってあるのは、実情から遠いことおびただしい。大部分の地方では山が海に迫って、耕地は部落の付近を除いては無い。その畑も、けわしい岩山を段々形に高い所まで開墾したイモ畑で、幅1メートルにも足りない所も少なくない。あんな高い所までどうやって肥料を運ぶのだろうか、と思う。沖縄の人々が耕地を大切にする気持は、耕地面積の少ないことでは世界無比といってよい日本本土の日本人でさえ、到底わからないであろう。

基地と貧困の対照

　名護（なご）から那覇に通ずる「1号線」のすばらしい舗装道路を、わたしたちの自動車は高速度で南へ走る。タコウ山を越えて嘉手納（かでな）飛行場に近づくと、中頭（なかがみ）地方の平地が展開し始める。しかし、この中南部の平地の大部分は基地として使用されており、アメリカへ来たかとの錯覚をおこすほどである。きらめく電灯の海も、まっ暗な北部と著しい対照をなしている。

　沖縄を訪れる人々は、大きな建物の並び立つ那覇の目抜きの通りや、

基地付近のペンキで塗りつぶされた外人相手の店々だけを見ていたのでは、その実情がわからない。基地に依存して変態的な発達をとげた街々や広々とした施設の間に、きのこのように存在する極貧の農家にも注意しなければならないが、さらに脚をのばして、海岸だけにわずかの部落の点在する北部地方も視察すべきだ。島の南端の戦没者の碑に花を手向けるのを忘れてはならないことはいうまでもない。そうすれば、今回の事件で窮地に立つ沖縄の同胞の気持が、いくぶんなりもわかるであろう。

解決へ現地視察を

冷淡な法律論をもてあそぶ日本人はもちろん、無理解な外国の人々にも、わたくしは、ぜひ沖縄島をくまなく、かつつぶさに視察するように勧めたいのである。そして、当方としては、相手には通じないような日本式の遠慮は一切排除して、いうべきことを十分述べ、円満な話し合いがつくようあらゆる努力を払うべきであると思う。

〔『朝日新聞』昭和31（'56）年7月4日日刊学芸欄〕

付　服部四郎　法政大学沖縄文化研究所宛書翰控

冠省

ささやかなものですが、新聞掲載の拙文2種貴研究所に寄贈させて頂きたく御収納のほど御願い申上げます。

朝日新聞の分は、同紙上でのこの種の沖縄事情紹介文としては嚆矢であったと記憶します。これから半年もするとポツポツ現れ始めたよ

うです。それだけに風当たりが強く〈資料19参照〉、私としては思い出深いものです。

　　昭和52年11月18日

　　　　　　　　　　　　　　　　　　　　　　　　　　　頓首

　　　　　　　　　　　　　　　　　　　　　　　　服　部　四　郎

法政大学　沖縄文化研究所御中

注1　10月9日参照。資料19の「匿名の手紙」の中に、「米軍は今次の大戦中毒ガスは使用していないことを戦中戦後の任務で知っているから、これは読者に対する有害な主張である」という趣旨の詰問があった。これに対する四郎の返信用下書き（日本語）は次の如くである。

　　　　ひめゆり部隊が洞窟にはいったままガスで死んでいたということは事実のようですから、アメリカ軍が毒ガスを使わなかったとすれば、別の原因を想定する外に道はないでしょう。実は昨日『朝日』から電話がかかって来て、一人の読者の質問を私に伝えました。「『毒ガスで全滅したという』というには（何か）文献によるのですか？」私「噂によったのです」。「全滅したというのが、米兵にやられたのですか日本兵にやられたのですか？」私「それはわかりません」「自決したということも考えられますか？」私「そのことも考えて見なければならないでしょう」

　　　　この質問は誰がしたのか知りませんが、外国人だとすれば、よほど日本語のわかる人でしょう。

　　編者が平成9（'97）年7月20日沖縄南部戦跡の慰霊に赴いた際、「ひめゆり平和祈念館の地下室で案内の運転手から同じ毒ガスの話を聞いたから、この「噂」は地元に広く長く伝わっているようである。作家

佐藤 優氏母堂の沖縄戦体験談にも、浦添前田高地の戦闘で毒ガス攻撃を受けたとある（『文藝春秋』平成19〈'07〉年12月号128ページ）。＊の「沖縄人に対する日本兵の加害」や「自決」についての言辞が、既にこの頃からあるのは興味深い。宮城栄昌『沖縄女性史』（沖縄タイムス社、昭和54〈'79〉年6版）によれば、昭和45（'70）年に「毒ガス即時全面撤去」の運動があった（367ページ）。

2　米軍によるさらなる強制土地収用（プライス勧告）事件。激しい反対運動が行われ、琉球大学では学生に退学処分者を出した。後に平成19（'07）年、これが米軍の圧力によるものだったとして大学は処分取り消しを行なった。

3　この日が偶然米国の独立記念日に当たったことで、資料19の外国人を怒らせた。

4　もう1種は未考、資料17「日本語の起源」（『東京新聞』）か。

資料19 琉球語語源辞典の構想について
〈冒頭部分の抜萃（講演テープから）〉

服 部 四 郎

〈前略〉僕は仲宗根君のご招待によりまして、昭和30年に10、11、12と３ヵ月ここ〈琉球大学〉で集中講義をやらせて頂きまして、〈中略〉僕はそれはいやだったんだけれども、とにかく琉球へ行きたいものですから受けましてね、やって来た訳ですが、それ以来〈海洋博の時に来るまで〉21年ブランクがあるわけですね。どうして21年来なかったのだとお思いになるでしょう。それは昨日まで誰にも言わなかったんですけれども、昨日名嘉〈順一〉君と中本〈正智〉君に打ち明けまして、そのついでに今日ここで打ち明けてしまおうと、仲宗根〈政善〉君にはさっき学長室で言ったのですが、上村〈幸雄〉君はまだご存知ないでしょう？

それはですね、この３ヵ月いた間にいろんな方から訴えられましてね、その頃本土から来る人が少なかったのです。ね、仲宗根さん。パイプがなかった訳ですよ、本土との間の。ですから、もうこういうことを言ってもいいと思うのですが…。こう…〈アメリカが〉つまり、沖縄を取り込みましてね、全然知らせない訳です、中の様子を外へ…。で、僕は来てみると驚きましてね、いろんな方から訴えられて、その、それは厳しい人もあるし、もう少しマイルドな人もいろいろある。仲宗根君まで〈笑〉が、ほとんど一致してどうも今の状態は困る、ということなんですね。私も方々見て歩いて、いやあ、本当にもう首里な

んか、これ今木が生えていますが、もう全部赤肌でしてね、惨状、ひどいものです。

　で、まあ、結局どうも我慢できなくなって、ちょっと新聞に〈中略〉書いたんですね。これは『朝日』に何か知り合いがありまして、そのことをちょっと言ったら、「そのことを書け」と言ったと思うのですがね、それで沖縄の状態を書いて出したら、それは〈昭和31年〉6月位に〈原稿を新聞社に〉出したと思うんですね。〈沖縄から帰って〉半年位してから。ですから、いきなり帰って来てから何かヒョコヒョコっと書いたんじゃない。相当資料を深く考えて書いたんですね。僕としては激越な言葉を何も使っていなかった。まあ、読んでみれば判りますけれども。

　それを『朝日』が〈昭和31年〉7月4日に載せた〈資料18〉んですよ。僕は7月4日というのは何も気がつかないでいた。その後で、匿名(注1)の手紙で「怪しからん」という英語の手紙ですけれど来ましてね、その、「こともあろうにお前は、まあアメリカから招かれて」〈昭和25（'50）年に〉教えに行きました、ミシガン大学へ。ロックフェラーが旅費を出してくれましてね、それで「そういう人間が反米的なことを書く」〈笑〉しかも「アメリカの独立記念日(注2)に出すとは怪しからん」と〈笑〉。こっちは独立記念日とは関係ない訳ですがね、知らないと、独立記念日なんてことは。しかし、お金を貰ったというけれど、僕は向こうで教えているんでね〈笑〉、貰い放しじゃない。

　そのようなことがあって、日本だったらそういうこと〈嫌がらせ〉があるのかも知れないが、アメリカでもそういうことがあるのかも知れないのかと…。〈もっとも〉それは個人ですからね、アメリカの国家

の代表でも何でもない人〈未考〉だし、それに私は今でもアメリカを誹謗している訳ではない。誰から来たかも判らない、アメリカ人でないかも知れない。英語の手紙ではありますけれども。まあ結局、「お前、沖縄にもう入れないぞ」と言う訳ですよ、あれ〈手紙〉では。(注3)

　それからいろんなことがありましてね。僕はそれと応酬した訳ですね。応酬といっても、2、3回手紙で。その手紙はどこかに保存してあると思いますけれども。その新聞記事はいつでも仲宗根君と上村君に送っておきますよ〈笑〉。外間〈守善〉君には送っておいたんですよ。と言うのは、外間君がいろんな新聞記事まで出して年代表を作っておりましてね、僕の何〈新聞記事〉が出てないから〈笑〉、知らないんだろうと思って送っておきまして、送った時には何も〈具体的に〉言わず、「これで風当りが強かった」位に書いておいた〈資料18末書翰〉。外間君も僕がそれで相当被害を受けたことを知らないので、ま、ここで初めて公にするのですが、ま、そういうそれに関連した被害があったんです。それはちょっと公表しませんがね〈笑〉。松本清張あたりに売ったほうがいいかも知れない〈笑〉。(注4)

　とにかく、ま、21年間雌伏してやっと〈海洋博に〉きましてね、それも別にそういう〈政治的な〉意図があった訳じゃないけど、ま、その〈昭和30年〉頃は、その、稀だったのですね、本土の先生がやって来て講義するということが。何か2回目とおっしゃいましたが、僕が来たのが。〈「2回目」…会場から仲宗根氏の声で〉そんなことでね、〈当時〉何か〈沖縄の〉新聞が〈私の来島を〉書きたてますしね。えー、それからいろんな知らない人からご馳走になったり致しましてね、——大変申し訳ないけれども、その時のご馳走と今のご馳走と比べると、(注5)

263

大分日本化してしまってガッカリしているんですがね〈笑〉、美味しかったですよ、その頃は〈笑〉。〈以下、略〉

〔昭和53（'78）年10月3日　沖縄言語研究センター特別講演（琉球大学法文学部棟209教室）〕

注1　匿名ではなく、発信者の住所氏名は明記されている。但し、実名か否かは未確認。匿名の方は、昭和32（'57）年4月14日横須賀局消印、東京大学四郎宛郵便（英文タイプ）。中に書簡はなく、英字新聞記事の切抜き（新聞名・発刊年月日無記）1枚が入っている。その見出しには「アメリカによる沖縄管理は"素晴らしい"」（日本人の沖縄視察団訪沖感想…編者）とある。

2　資料18を掲載した『朝日新聞』の三面記事（11面）冒頭で、当日に沖縄問題解決国民総決起東京大会の初めて行なわれる予定であることを大きく報じている（「沖縄の女性はこう訴える」「ただ平和な生活を」）。四郎の論説はこの大会とも結果的に期を一にしたことになる。

3　実際に昭和39（'64）年神戸大の永積安明教授（国文学）の琉大招聘教授としての渡航が琉球民政府（実権は米国高等弁務官が掌握）によって拒否され、琉大学生・教員を中心とする抗議運動が起った。藤村　靖氏（日記11月22日）のご教示によれば、藤村氏も四郎からこの恫喝の件は聴いており、四郎の身の上を心配されたという。また、妻マヒラは沖縄に関する言論をやめるよう四郎に懇願していたという。編者には初耳であったが、四郎は家族思いであったから、この外国人は目的を達したことになるのであろう。

4　編者の、平成9（'97）年7月20日沖縄言語研究センター講演「服部四郎の昭和30年沖縄訪問とその後」に於て、思い当たる処を述べた記憶がある。即ち、外国人（？）からスパイを依頼された一件か。昭和

34（'59）年8月、当時日本と国交のないモンゴル共和国での学会に出席するべく、香港・中共経由で旅券（現存）を取得した。すると、初台の自宅に黒塗りの自動車に乗った二人の2世が訪れた。彼等は一頻り共産国批判をぶった後、両国間の鉄道に敷設された電信柱の腕木の形態が、片道通信式か双方通信式かを見て来るよう慫慂した。四郎は妻マヒラの「直感」を聴き入れて、モンゴル行きを即時中止した。後年、「あの時うっかり出掛けていたら、逆に陥れられて帰国できない破目になったかもしれない。危ない処だった。学内の何某が中止を聞いて狼狽していたが、あれはエージェントだな…」と、この一件を編者に打ち明けた。

5 『琉球大学三十年』（琉球大学開学30周年記念誌編集委員会編、琉球大学、昭和56〈'81〉年、那覇）230ページには「国文科で初めて東京大学の服部四郎教授を招聘し」とある。琉球大学全体としては2回目の意か。

資料20　　祝　辞
〈『仲宗根政善先生古稀記念論集』より〉

服　部　四　郎

　仲宗根政善君は、私にとっては親友である。しかも50数年来の親友である。同君ほど10年1日のごとく、いな50年1日のごとく変わりのない人はない。

　最初の出遭いは、昭和4年4月に同君が東大の国語国文学科に入学して来られた時で、橋本進吉先生の授業の時間だったに違いない。私は昭和3年に入学していた。どういうきっかけで同君が沖縄本島の国頭郡今帰仁村の出身だと知ったのかは、記憶が蘇らない。とにかく、さっそく同君の方言を調べさせて頂いて、一驚したのは、次の点である。

　　[p'i:]《火》、[t'i:]《手》、[k'i:]《木》、[ni:]《根》
などが「上昇アクセント」を持っており、しかも、その昇り方も母音の長さも、私自身の三重県亀山方言の［ヒー］（火）、［テー］（手）、［キー］（木）、［ネー］（根）のそれと、全くと言ってよいほど同じであることであった。

　次いで驚いたのは、

　　[p'i:]《日》、[tʒ'i:]《血》、[k'i:]《毛》、[p'a:]《葉》
などの「高平アクセント」が、私の方言の「上上型」と全く同じであることであった。

　それをきっかけに、「2字名詞」「2字動詞」など、かなり調査させ

て頂いたために、色々のことが明らかとなったが、それらの１部分については、拙著『日本語の系統』所収の論文に発表させて頂いた。

このようにして同君は、私の最初の「琉球方言の教師」となられたわけだが、興味あるのは、私の副手時代、仲宗根君が３年生のときに、同君に音声学を習得して頂いて、ご自身の方言の記述的研究をやって頂くために、東大図書館の屋上などで、G. Noël-Armfield の General Phonetics を使いながら、音声学の特別講義をしたことである。

このようにして、同君とは、一生を通じて、交互に師弟の関係にある親友として交際してきた。

大学を卒業すると、同君は郷里に帰って教職に就かれたが、私が中央線沿線の高円寺に住んでいたとき、わざわざ拙宅を訪れられたことがあった。そのとき、水で薄めるべきシロップを２人でそのまま飲んだ失敗を思い出す。

第２次大戦が終末に近づいて、沖縄島で激戦が行なわれていることが報道されたとき、私は同君を思うこと切なるものがあった。虫が知らせたというのであろうか。同君は九死に一生を得られたことが、何年もたってから判明したのである。

終戦後、昭和30年末に、同君が副学長でおられた琉球大学に、私を本土から招く最初の講師として、３ヶ月間講義ができるように取り計らって下さった。その時の感想は『校本おもろさうし』の「はしがき」〈資料21〉に記してある。互いに師弟である親友としての交りが再開したのである。

お互いに70歳を数歳超えたが、親友としての関係は不変である。ここに、上述のことどもを記して、この記念論文集への私のお祝いの言

葉とさせて頂くことにする。

1982（昭和57）年5月10日

〔仲宗根政善先生古稀記念論集刊行委員会編・発行『琉球の言語と文化』、昭和57（'82）年6月30日、出版地：沖縄（琉球大学）・東京（都立大学）〕

資料21　はしがき——回顧と希望——
　　　　　〈『校本おもろさうし』序文抜萃〉

　　　　　　　　　　　　　　　　　　　服　部　四　郎

　"琉球の万葉集"とも言われた『おもろさうし』が、琉球方言史・琉球文化史のみならず、広く日本語史・日本文化史の研究にとっても、極めて貴重な文献であることは、私がここに改めて説くまでもない。ここでは、私がどうして本書の編纂・出版を熱望し、本書にどのようなことを期待し、どのような注文をつけ、それがどのように実現されたか、について略述すれば足りると思う。

　ふりかえって見ると、私が琉球方言の研究に手を染めてから、もう40年近い年月が過ぎ去っているので、今さらながら驚かれるのだが、その間に色々のことに手を出し過ぎたのも一つの大きい原因で、この方言に対しては断続的にしか注意を向けることができなかった。しかし、琉球諸方言の比較研究によって、その歴史を考えつつ、『おもろさうし』を時おり瞥見しているうちに、その重要性に気づき、この文献を綿密に研究すれば、かなりのことが明らかになるだろうという見通しを得て、爾来、琉球方言のことを思うと、必ずこの古典のことが気になる、という状態であったと言っても過言ではない。昭和12年の拙文（『日本語の系統』に再録、その366ページ）にも、「私自身オモロを研究する余裕のないことを深く遺憾とするが」と述べている。総索引さえあれば立所に明らかになることが、その言明を保留しなければならないのは、まことに心残りのするものである。とはいえ、『お

もろさうし』は、あのように難解である上に、伊波氏の『選釈』などにその一部分の解釈が施されているほかは、公刊された訳注は皆無と言ってよかったから、片手間に研究するというわけには行かなかった。

このような自分自身の学問的興味ばかりでなく、民俗学・民族学・宗教学・神話学やさらに上代文学研究、一般に日本文化史研究の見地からも『おもろさうし』が重要な文献であることが明らかとなって来たので、その厳密な校本と総索引を作成することが必要であると痛感するようになった。

一方、今次の大戦は沖縄の山河を焼土と化し、大切な古碑の一部も砲弾で破壊されたが、『おもろさうし』の異本にも行方不明となったものがあると聞くに及んで、南の島々に対する深い愛情にも似た感情をその一隅に宿し続けて来た私の心は、締めつけられるように痛んだ。古代日本のおもかげを残す沖縄の言語・風俗も戦争のるつぼの中で攪乱されて原型を失った上に、戦後にこの地に蔽いかぶさった諸々の困難は、想像もできなかったような速度でその文化を変形させつつあると聞くごとに、今にしてその残存する古形を記録・保存しておかなければとの思いは、言いしれぬ程度に深まるのであった。

昭和29年春のことだったと思うが、仲宗根政善氏が久しぶりで出京された折、比嘉春潮氏・外間守善氏と4人で、拙宅で歓談する機会があった。私はその時、『校本万葉集』にも匹敵する『校本おもろさうし』を編纂出版して、万一の場合に備えると同時に、総索引を作成して研究の便をはかる必要のあることを力説した。お3人が諸手を挙げて賛成されたのは申すまでもない。

昭和30年の10月から3か月、琉球大学で講義するようにとの招聘を

受け、私は始めて沖縄の地を踏んだ。そして戦禍のむごたらしい爪痕をまざまざとこの目で見、あらゆる人々の塗炭の苦しみの思い出や、やる瀬なき打明け話を聞くと、こぼれるはずの涙は、胸中に潜流して私を苦しめるのであった。仲宗根政善君のご厚意によって、沖縄島の北端から南端まで、また東海岸も西海岸も、さらに久高島まで足を伸ばして、方言を聞き、風物を見た。南部の激戦地を訪れ同胞全滅の地に立ちつくして、若人たちの気持ちを自分の胸に再現して見ようとしたこともある。講義の暇々には、砲弾と爆弾で一本の樹も残さず赤禿となった首里の丘陵をさまよい、バラック建ての隘路と水溜りとぬかるみの那覇の裏町を迷い歩いた。あるいはまた、手当り次第のバスに乗って、時計を見ながら時間の許す限り遠くまで行っては帰って来ることもあった。色々の劇場や芝居小屋を訪れては組踊りや時代物、現代物の芝居を楽しみ、あるいはまた純粋の首里語や那覇語が聞きたくて色々の人々を訪れたこともある。もう大学でも下宿でも共通語しか聞くことができなかったのである。

　幸い空は明るかった。それは、内地では絶対に見ることのできない、まぶしいほどの明るさである。そしてその蒼色は深くかつ澄みきっていた。私は、沖縄の人々がこの限りなく明るい蒼穹を持っていることをわが事のように喜び心から祝福した。

　首里の博物館〈日記10月17日〉には、かつてアメリカの一軍人が戦利品として本国に持ち帰っていたと聞く『尚家本おもろさうし』が展観してあった。私はその本を見ることに大きい喜びを感ずると同時に、校本の作成が急務であることを一層痛感したのである。仲宗根君から、『おもろさうし』索引作成用のカードを、颱風のため空へ捲き上げら

れた話を聞いたのは、この頃ではなかったかと思う。沖縄の颱風は家でさえ数10メートルも先へ運び去ることがある。『琉球大学新聞』の17号に、「琉球の諸方言」〈日記12月10日〉と題して、琉球方言研究の必要性と緊急性とを説いた一文を掲載したのも、この年の12月である。私はこの3か月の沖縄滞在で、30年間の渇を癒やそうとし、そして、至る処で悲しき物事に直面して胸を痛めたのであった。

　その後、『おもろさうし』の校本と索引の作成の仕事は、仲原善忠氏と外間守善氏とによって着々と進められ、遂にその完成を見た。日本文化史研究者にとっての一大慶事であるが、私としては個人的な喜びも限りないものがある。「ああこれで一安心だ」と思うと同時に、すでに盛んとなって来た琉球方言の研究が、これによって長足の進歩をすることになろうと期待するからである。〈後略〉

〔仲原善忠・外間守善編『校本おもろさうし』1ページ～3ページ、角川書店、昭和40（'65）年（初版）、東京〕

資料22　琉球方言研究クラブの30周年を祝って

服　部　四　郎

　昭和30年（1955年）の10月1日から12月末日までの3ヵ月間、私は沖縄の首里に滞在した。当時沖縄はまだ米軍の軍政下にあったが、琉球大学の副学長であられた旧友仲宗根政善君が、本土からの確か最初〈2回目が正か。資料19注5〉の招聘講師として呼んで下さったので、滞在が可能となったのである。外国へ入国するのと同じようにビザが必要だった。〈資料1〉

　沖縄は長年の関心の地の一つだったから、大喜びで出かけた。その時に受けた強烈な印象の一部分については、他の場所〈資料21であろう〉に書いたから、ここではまだ書かなかった事を記そう。

　私の経験では、日本語の全く話せない人の所に3ヵ月も住んでいると、特にそこの言語を多少とも研究している場合には、その言語が一通り話せるようになる。だから私は、あらかじめ仲宗根君に共通日本語（標準語）の話せないお婆さんの所に下宿させて頂きたいとお願いしてあったのである。ところが、私が3ヵ月お世話になることになった武富せつ先生は、戦前は標準語普及運動の急先鋒であられたという老婦人で、私に向かうと方言がどうしても口から出ないとおっしゃるのだった〈日記10月7日〉。仲宗根君にそのことをこぼすと、共通語が話せないと私が困るだろうと思って武富先生にお願いしたのだという。私に言わせると、その困るのがいいので、困るからこそその土地の言葉を早くおぼえるのだ。

名嘉順一君がこのことを知って、共通日本語の全然できないお婆さんを探してきてくれた。真壁殿内（ドゥンチ）という由緒ある家柄の方で、ツルさんという老婦人だった〈日記11月7日〉。武富先生には内緒で、夜になると名嘉君がこっそり誘いに来てくれた。2、3回は訪問したかと思う。私が行くと大喜びで、さかんにしゃべって下さるのだが、なるほどさっぱり分からない。令息の真壁和次郎さんが通訳して下さった。こういう所に下宿したいなあと思ったのだが、武富先生に遠慮して、ついに切り出せなかった。私は変なところで気が弱くて、損をすることが時々ある。武富先生も真壁さんたちも、もう故人になられたので、この事が一そうなつかしく思い出される。

　これも名嘉君が切っかけを作ってくれたのだが、首里劇場〈日記10月28日〉は建物は見すぼらしいけれども、ここで劇を演じて首里語を話して首里の人々に及第と認められると俳優としての資格を得るという暗黙のおきてがあると聞いた。それなら私にとって重要な場所だからというわけで、数回は訪れた。乙姫劇団の若い小柄の女優が、幕あけの前に、共通日本語と首里語とで極めて流暢に長いあいさつの言葉を述べたのは印象的だった〈日記11月23日・12月8日「方言と共通語（下）」〉。芝居がクライマックスに達するごとに、琉歌が節をつけて歌われるのだった。このようにして、この劇団の演じる芝居で話される正統の首里語を心ゆくまで楽しんだものだった。そのうちにこの事が武富先生にばれたので、先生は「あんな劇場は先生などのいらっしゃる所ではありません。」とおっしゃって、次回からはついてきて下さった。

　こういう思い出を書いていたらそれこそ切りがないが、少し専門的

なことも記しておこう。

　仲宗根政善君は大学の車で沖縄島を最北の辺戸岬から最南の摩文仁まで隈なくと言ってよいほど案内して下さったが、琉球大学で作っていただいた言語年代学的調査のための調査票に書き入れたものが私の手許に残っている。調査の月日は10月28日が最も古く、12月25日が最も新しい。調査月日の古いものから列挙すると、久志村字汀間（琉球大学にて）、久高島（10月30日と12月9日）、国頭村字辺野喜、久米島具志川村字仲地（琉大にて）、伊平屋村字田名（名嘉順一君の知り合いの老婦人、那覇にて）、久志村字汀間（現地にて）、宮古島平良市西里（琉大にて）、知念村久手堅区、八重山石垣島大浜町字真榮里〈ママ〉（琉大にて）、糸満町3区18班、那覇市小禄区9班、である。

　このうち、久高島は右に記したように2回訪れている。1回目のときには老婦人3人に来ていただいて調査したのだけれど、言葉が通じなくて大変困った。2回目には明治36年10月20日生まれの安泉松雄氏について調査した。氏は久高島生まれで、久高尋常小学校、対岸の知念高等小学校を卒業し、嘉手納農林学校を大正10年に卒業後、21歳から40歳まで沖縄本島の南部の方々で先生をされたのちに、久高島に帰って校長をしておられた方だが、言葉がよく通じるばかりでなく、外の方言を経験しておられるので、かえって自分の方言に関する意識がはっきりしていて、調査が成功したことを思い出す。

　周知のように、久高方言は対岸の本島方言と母音体系はほとんど同じなのに子音体系が著しく違う。大まかに言うと次のように対応する。

| 久高 | pʻ(〜φ) | pʼi | ʼθ | tʼi | h | çi | kʼi |
| 久手堅 | h | | hwi | t | tʃi | k | ki | tʃi |

だから、同行した学生諸君は最初まったく言葉が通じなかったのだが、しばらく滞在するうちに、かなり分かるようになってきたのは、注目すべきことだ。おそらく語彙・文法が似ているからだろうと思う。

12月にこの島を訪れた時のことだが、例によって、私は朝早く目が^(注1)さめた。そこで、暗いうちにこっそり宿舎を抜けだして、畑（といっても殆どさつまいも畑だったが）の方へ当てもなく歩いて行くと、学生が2人あとから追いかけてきた。近づいてきたのを見ると、名嘉順一君と久米島の山里昌秀君である。久高島は細長い小島で、その南西端だけに集落がある。我々は暗い畑道を集落とは反対の方向へどこまでも歩いて行った。両側はガジュマルなどの高くない防風・防潮の茂みになっていて海は見えなかったが、それが左右から次第に狭まってきて、とうとう行く手をさえぎる所まで来た。その茂みを押し分けて外へ出ると、パッと眼界が開け、そこはもうさんご礁で、暗い海の波が静かに寄せては返しているのだった。島の東北端に来たのだ。我々はこの固いさんご礁の上にかなり長い間寝そべって日の出を待った。その間に話した沢山のことどもは全く記憶にないが、それは私の生涯でもっとも楽しかった思い出の一つである。

帰途は暗くなかったけれど、道をまちがえて、北側の風葬の崖に出てしまった。禁じられている場所である。私はつぶさに観察しようとしたのだが、名嘉君がうながすので引き返した。1昨年（昭和60年）の秋に、同君が沖縄文化協会賞を受けるために東京に来られたとき、「あのときはとてもこわかったです」と、今でも身がちぢむように言うので、そのことに気がつかなかった私は、大いに反省させられて、いささか自身がいやになったと言ってよいほどであった。明けがたの

散歩から3人が宿舎に帰った時には、人々はまだ十分起きていなかったと思うが、我々は申し合わせたように、風葬場に出たことは誰にも言わなかった。

名嘉順一君とはどうも縁が深い。那覇の国際通りのとある店で民謡のレコードを買い集めていると、ばったりと出会った〈日記11月8日〉。「こんなものにも興味をお持ちなのですか」と言って、何を買ったらいいか、いろいろ教えて呉られた。

沖縄で楽しかった思い出は、まだまだ数えきれないほどある。そのころ本土からの来訪者はまだ稀だったから、私など珍しがられて、方々で純粋の沖縄料理をご馳走になり、本当においしい思いをした。私は世界中の方々でもご馳走になって、おいしかったことは覚えているけれども、それが何だったかは殆ど忘れているのが常だ。ところが、沖縄のターンム（田芋）〈日記10月19日〉の味だけは今でも忘れられない。

昭和53年（1978年）に法政大学沖縄文化研究所創立6周年の記念事業が催されたとき、一流の料亭の沖縄料理をいただいたが、本土化しているので、がっかりしたことがある。パリーのクロワッサンでさえ、戦前と戦後とで味が違うというが、「万物流転してとどまることなし」とはうべなるかなである。

最後に新聞のことをかいておこう。やはり本土から初めての招聘教授だということで、沖縄の2つの新聞社が特別に注意を払い、空港で記者に出迎えられて話したことが記事になるほどだった。ところが、この記事が思わぬ反響を呼んで、思いがけない結果をもたらしたが[注2]、残念ながらそのことはここには書けない。決して悪いことではないのだが、詳しく長く書かないと誤解をまねくおそれがあるからだ。

それはともかく、「方言と共通語」〈日記12月7日・8日〉だとか、「琉球の言語と民族の起源」〈日記12月8日〉などについて、両新聞にたびたび書いたことは、覚えていて下さる方もあろう。また、久高島へ行くとなると、記者がやってきて、どういう研究をなさるのですかという。島から帰ってくると、待ちかまえていて、どういう成果がありましたか、というような具合〈日記10月29日・11月1日〉で、考古学の発掘にでも行くかのうようだった。

　これにこりたのと、もう一つの理由があった〈資料19参照〉ので、先年の海洋博のとき、久しぶりで沖縄を再訪するに当たり、外間守善君に極秘にしておいて下さいとお願いしたのだったが、これはうぬぼれで、私などの来訪は沖縄にとってはもう全く興味ないものだったのである。しかし、以前のように新聞記者たちにマークされることがないのは有難かった。ただ、外間君が"極秘で"仲宗根政善君に漏らされたので、仲宗根君や名嘉順一君が私の宿所を探すのに苦労されて、両君に大変ご迷惑をかけることになり、申し訳けないことをした。

　さて、琉球大学創立5周年を祝う『琉球大学新聞』の第18号（1955年12月10日）に私は「琉球の諸方言」と題する一文を寄せている〈日記12月10日〉。二つの言葉が「同系である」とはどういうことかから説きはじめて、本土方言群と琉球方言群とは同系であって、共通の日本祖語から分岐発達したものだと説き、「私は本年の1月に斎藤　忠氏にお渡しした未刊の論文で、日本祖語は西暦紀元前後に北九州で話された弥生式文化時代の言語である蓋然性のあることを述べた。」と書いている。この旧説は変更する必要がないと考えているが、拙論「邪馬台国はどこか」（『日本学士院紀要』第42巻第2号、昭和62年3月30日）

では、この説をさらに詳しく具体的にして、琉球諸方言の直接の祖語は、日本祖語から分岐発展した3世紀初の「くまそ方言」であろうとしている。右述の『琉球大学新聞』では、さらに続けて次のように書いて、この文章を終っている。

　我々はもう、方々の方言から若干ずつの単語を非組織的に集めて歩くような調査には興味を有しない。又方言の中に古い特徴の残存ばかりを探し求める行き方にも賛成し得ない。そうではなくて、語頭のp音の保存、同じくk音のh音への変化、kiの原音の保存、uとwu、或いはiとyiの区別の保存等々の諸点に関して、各地の方言をしらみつぶしに調査する「方言地理学」的研究や、個々の方言に関する全体的な記述が必要であると思う。後者の様な研究はすべての方言について行うことができないから、特徴ある方言を選んで、そのすべての単語を網羅的に記録しその文法体系を全体的に記述するのである。琉球の諸方言が各地において忘れられつつある時、この様な研究は特に緊急を要すると思う。これらの方言は、1度消滅するや、2度と復元するよすがはない。そしてそれだけ人類の言語に関する知識が狭められて行くばかりでなく、殊に身近な我々にとってはかけがえのない貴重な資料が永久に消えて行くのである。

　私の予想では、まず琉球の諸方言を比較することにより、その歴史をかなり明らかにすることができるであろう。琉球の諸方言の比較研究を本土諸方言、少なくとも本州・四国の諸方言との比較研究に先行させるほうが、全体的な研究を一層有利に展開せしめることになるであろうと、私は考えている。

いずれにせよ、これらの研究において、琉球大学が一大中心と
　　　なることを私は熱望する。　　　　　　　　　（1955年11月28日）

　この30年あまり前の文章をここに引用したのは、私の考えがほとん
ど変わっていないことを強調するためだが、それと同時に事態は30年
まえよりはるかに良くなったことを喜ぶためでもある。

　まず第一に、2年後の1957年に、仲宗根政善君の指導の下に、名嘉
順一君の努力によって「琉球方言研究クラブ」が結成されて、今日ま
で活動を続けてきたことに対し、心からなる賞賛の辞を送りたい。

　次に、仲宗根政善君が次々に研究者を育てて一部を本土へ送りこみ、
東京では都立大学と外間守善君を指導者とする法政大学とに中心がで
きて、そこでさらに研究者が養成されて行ったことも、すばらしいこ
とと思う。

　最後に特筆しなければならないのは、昭和50年（1975年）に仲宗根
政善君が定年で琉球大学を退職されたときに後任に上村幸雄君を迎え
入れられ、上村君もこれを快諾されたという、両君の大英断である。
その当然の結果は、ここには述べきれないほどで刮目に値する。すな
わち「沖縄言語研究センター」が設立されて、目ざましい活動が展開
している。私が右に述べたような調査・研究が数多くの研究者によっ
て実行されつつある。

　これと並びかつ助け合って活動をつづけて行くに違いない「琉球方
言研究クラブ」の30周年を祝って、思い出す事どもを記して、名嘉順
一君の要請にこたえた次第である。　　　　　　　昭和62年6月下旬

　〔琉球方言研究クラブ30周年記念会編『琉球方言論叢』5～10ページ、琉球

方言論叢刊行委員会発行、昭和62（'87）年、宜野湾（沖縄国際大学）・西原町（琉球大学）・東京（東京都立大学）。〕

注1　日記によれば、夜明け前の散歩は12月10日、風葬場への迷い込みは、12月9日。ここは、同一日のこととして書いている。本資料はこの日記を参照せずに書いている模様。
　2　後、資料23「告白」の第二に詳述。四郎は学問については遠慮しない性格であるから、これを学問上の問題として論うのは臆測。

資料23 〔未発表遺稿〕 沖縄に関する二つの告白

服　部　四　郎

「琉球方言研究クラブ」の30周年を記念する『琉球方言論叢』(昭和62年11月)の１頁で仲宗根政善君は次のように述べておられる。

　【服部】教授は、どこでどうして首里方言を修得(ママ)されたのであろうか、送別の席で、別れの挨拶を、流暢な首里語で述べられた。
　一座は、感嘆した。

これは、昭和30年12月末〈日記12月18日〉のことだが、この噂はず(注1)いぶん広まっているようで、東大で同僚であって日本学士院でも同僚になった心理学者の梅津八三君にも、さらに宮中にまで届いていることを知って驚いている。それで、それに対応する事実を、ぜひどこかに公表しておきたいと思い続けていたのである。

当時の沖縄は米軍の軍政下にあり、大げさに言えば、米軍の悪口は大きな声で言えない状態であった。後に知事になられた或る方に偶然そば屋でお会いしたとき「日章旗さえ掲げさせて呉れないのですよ」と言われた。これは勇気ある人でなければ出来ない発言であった。別の場所にも書いたように、仲宗根君の親切なご配慮により、琉大の車で、私は沖縄島をくまなく見ることができた。そして、非常に同情して、沖縄の人々を元気づけるようなことを書いたりした*ことがあった。

つね日頃言っているように、私はスピーチが苦手であり大きらいである。心にもない美しい言葉を当たりさわりのないように並べることが出来ないからである。ところが、心に持ちつづけている話題がある

282

ときには、案外堂々としゃべれるのが常だ。

　琉球大学での3か月の招聘講師の任務が終わるころ、私のために別れの宴を設けて下さることが分かったので、これは一つのよい機会だと思った。しかし、共通語でそういう挨拶をしたところで、話し下手の自分などの言うことは気の抜けたものになるだろうと思った。

　幸い私は、故比嘉春潮氏について首里方言の動詞・形容詞の活用体系を中心とする文法を研究したことがあった（『世界言語概説、下巻』昭和30年5月）ので、必要な名詞的表現の首里語形を調べれば、スピーチの草稿は書けたのである。しかし、それを琉大関係の人々に教わったのでは、事前にばれてしまうので、故伊集盛吉氏〈日記10月22日・12月14日・18日〉にお教えを請うことにした。何かの宴席で紹介されたとき、同氏は首里語を基礎とした沖縄共通文字語を創始しようと努力したことを話された。ところが、日本の共通文字語と同様、漢字と仮名を使わざるを得ず、漢語・漢字語は、発音は本土のそれとは違っていても字面はほとんど同じものとなるので、沖縄独特の文字言語を創造することが不可能だと分かったばかりでなく、全体として本土の文字言語とあまり変わりのないような沖縄共通文字語を造ることは無駄であり不必要だと悟ったと言われたのを、感銘深く伺ったことがある。それで私は、首里寒川町〈ママ〉〈首里儀保町の誤り。日記12月18日〉のお宅を訪れて、草稿を読んで誤りを訂正して頂くことにしたのである。音韻表記で書いたこの草稿を読んで、伊集氏に従って、全部首里語のアクセントを記入した。このようにして出来た原稿を私が読むのを、そばで聞いておられた奥様が、首里人が話しているようだと驚いておられたので、これで大丈夫だと思った。この紙切れの原稿をポケットに入

れて数回暗誦した。そして、あの挨拶をして、居合わせた方々を驚かせたのである。「完璧だ！」とか「(首里語は) もう卒業だ！」と言って下さった方があったことを覚えている。あの紙切れはどこかへ棄ててしまったが、惜しいことをしたと思う。

　右述の記念論叢にも書いたように、私は首里の日常会話語はついに習得できなかったのだから、首里語が自由にしゃべれるようになったわけではない。あの程度の長さのスピーチなら楽に暗誦できたので、何のメモもなく手ぶらでご挨拶したから、琉大の方々が、私が首里語がしゃべれるようになったと誤解されたのである。

　第二の告白は次のような事柄に関する。同じ右述の『論叢』の 8 頁に私は次のように書いている。

　　やはり本土からの初めての招聘教授だということで、沖縄の 2 つの新聞が特別に注意を払い、空港で記者に出迎えられて話したことが記事になるほどだった。ところが、この記事が思わぬ反響を呼んで、思いがけない結果をもたらしたが、残念ながらそのことはここには書けない。決して悪いことではないのだが、詳しく長く書かないと誤解をまねくおそれがあるからだ。

　ここに、その「思いがけない結果」について詳しく長く書いておこうと思う。

　空港でどういうことを話したかは記憶にないが、恐らく、仲宗根君に招かれて年来のあこがれの地に来ることができた喜びを述べたに違いない。

　着任後、色々な方面から、那覇の大きな料亭で、再三宴会のおもて

なしを受けた。そういう席で、前に大きな帯をしめ、髪を琉球まげにして、客に酒を勧めて歩く女性の一人が私のそばへ来て、新聞の記事を読んだが沖縄についてああいうことを言う人は「シチュサ（好きよ）」と言った。全体は共通語だったと思うが、この「シチュサ」にはどきっとした。それに対して私は、おそらく、沖縄語を習いたいと切望しているのに下宿の老婦人が共通語しか話されないのでがっかりしている、というようなことを口走ったに違いない。すると、私が教えて上げるからあとでこの料亭へいらっしゃい、と言う。美人とまでは言えないにしても、中々魅力的な若い女性だった。いくら私でもこういう言葉にすぐに反応するわけではないが、同じような宴席で再度の強い勧めを受けたので、来る約束をしてしまった。〈日記10月31日・12月12日〉

　そこで、私はその料亭へ行ってその女性を呼んでくれるよう頼んだ。申し訳けない(ママ)ことだがお名前は忘却した。小さい部屋に通されたが、明るかったから昼間だったに違いない。私は酒をたしなまないので、つまみのようなものを食べながら、色々と沖縄語を習った。私がいつまでもそんなことをしているので、よほどの野暮に見えたのであろう。遊んだってそんなにお金はいらないのよ、と言う。私としては十分遊んでいるつもりなので、その意味が分からない。ぼんやりしていると、それじゃ私の家へ一度遊びにいらっしゃい、と言って、所番地を書いた紙片を呉れた。私は彼女の両親らにお会いできるのだと思って、快諾した。

　那覇はまだ十分復興しておらず、裏町はみすぼらしい状態だった。ぬかるみの小路を歩きまわって、ようやくのことでその番地にたどりついたのだが、それらしい家が見当らない。ふと見ると、米兵の臨時

宿舎のお古かと思われる鉄板で組立た、例のかまぼこ形の小さな"家"が3軒ほど並んでいて、そのうちの左の端の一つに概当(ママ)の番地を発見した。かまぼこの切り口の所に、くぐらなければ入れないようなドアがついていた。名前も一致していたと思う。入口に近寄って見ると南京錠がかかっていて、明らかに不在を示している。念のためドアと"壁"の隙間からのぞいて見ると、家族どころか、一人暮しらしい。たたんで積んだふとんのほかに、僅かの家財道具が見えるだけだ。私は仰天してしまった。瞬時に2度とここを訪れまいと決心した。

　しかし、約束を破ったことになるといけないと思って、来訪した日時を書いた紙片を隙間から投げ入れて退参(ママ)した。

　幸いあの料亭にはその後呼ばれることがなかったので、この事件は誰にも知られることなく落着してよかった、と思っていた。

　いよいよ任務を終えて帰京することとなったので、仲宗根君、安里学長はじめ、多くの方々が空港まで見送って下さった。皆勢ぞろいして、滑走路の望めるベンチに並んで掛けて、出発のアナウンスがあれば、私は立ち上がる態勢となっていた。かなり待った時に、後の方から、洋装の小柄な婦人が、幼い児の手を引いて、急ぎ足で駆けよってきた。見ると、例の女性ではないか!!　私は唖然とした。ほかの方々はそれ以上に驚かれたのではなかろうか。「ご出発の時間が分かりましたから駆けつけました」と言う。私が何とも返事の仕ようがないでいるとき、出発のアナウンスが始まった。そのため、見送りの方々にその女性との事を説明する暇もなく、別れの挨拶をして、飛行機の方へ急いで立ち去ったのであった。

　ここまで書いて、私の気持ちは晴れやかになった。しかし、同時に、

この告白が、まだ存命であられるかも知れないあの女性を傷つけることにならないようにと、ひたすら冀いつつ筆をおく。

(昭和63年1月10日記す。)

　　　　　　　　　附　　記

　　　　　　　　　　　　　　　　服　部　　旦（あさけ）

　平成9年6月18日から同10年8月31日の間に行なった、亡父四郎の蔵書の目録作成中に本遺稿をアルバイトの学生が見つけた。

　遺稿中の第二話は、汲古書院の『一言語学者の随想』中には見られない、亡父にしては珍しい色気（？）のある話である。一読後は思わず噴き出したが、再読すると一種哀感めいたものを覚えた。それは、亡父の人となりに由来するものであろうし、また亡父の沖縄に対する深い思いに由来するものであろう。昭和30年の琉球大学集中講義以後、沖縄の同胞の生活と運命は、亡父にとって忘れることのできないものとなった。

　常日頃報道にも絶えず注意し、また屡々話題にもして、それは生涯変ることがなかった。文中の＊「沖縄の人々を元気づけるようなことを書いたりした」とは、恐らく同『随想』121ペ（「日本民族の歴史の宝庫」昭和31年7月4日『朝日新聞』）に当たるものと思う。この記事は、内容上米軍政下の折から、その後21年間沖縄再訪を憚ることになった直接の原因である。この間の事情は昭和53年10月3日沖縄言語

287

研究センター特別講演「琉球語語源辞典の構想について」(於琉球大学)において、亡父自身が明かしている〈資料19〉。その録音テープは同センターか関係者に残っているのではないかと思う。

(平成10年10月10日記)

〔『汲古』第34号38〜40ページ、汲古書院、平成11('99)年1月、東京〕

注1　編者の陪席した平成19('07)年2月14日の仲宗根政善先生13回忌の席でも、この「伝説」が話題になったから、余程の語り種となったのであろう。
　2　「元気づける」という点では日記10月15日「沖縄と琉球大学の印象」(『琉球大学新聞』17号)の方が、内容的によりふさわしいかもしれない。しかし、沖縄本島を隈無く回って後に執筆したのであれば、この『朝日新聞』の論説が該当しよう。

服部四郎略年譜

明治41年（1908）　0歳（以下、当該事項満年齢）

　5月29日　三重県鈴鹿郡亀山町東町900番地（現亀山市東町1丁目900番地）に生まる。父岩吉・母みつの四男。長兄敬一・長女すゞ（後二川氏戸籍に入る）・次兄嵓（いわお）・三兄鼎（かなえ）

大正10年（1921）　12歳

　3月　三重県立亀山尋常高等小学校尋常科卒業

大正14年（1925）　16歳

　3月　三重県立津中学校第4学年修了

　4月　第一高等学校文科甲類入学

昭和3年（1928）　19歳～20歳

　4月　東京帝国大学文学部英吉利文学科入学

　11月　処女論文「三重県亀山地方の二音節語について」発表

昭和4年（1929）　20歳

　5月　同学部言語学科に転科（同年4月同学部国文学科に仲宗根政善氏入学）

昭和5年（1930）　21歳

　3月　論文「近畿アクセントと東方アクセントの境界線」を発表し、両アクセントの境界線を明らかにす

昭和6年（1931）　22歳

　3月　同学部同学科卒業　東京帝国大学文学部副手

　4月　東京帝国大学文学部大学院入学

昭和7年（1932）　24歳

　7月　論文「『琉球語』と『国語』との音韻法則」発表

昭和8年（1933）　25歳

10月　満洲国に留学。北満とホロンバイルに主として滞在しアルタイ諸言語の研究に従事す

昭和11年（1936）　27歳

1月　満洲国ハイラルにて、無国籍白系トルコタタール人アゲエワ・マヒラとの婚姻届（27日）領事館に提出（前年12月挙式）す

2月　満洲国より帰朝。結婚後早々の帰朝に嫌疑を受け、領事館筋より内偵さる（四郎歿後の情報）と

3月　東京帝国大学文学部講師

4月　大正大学文学部・専門部高等師範科講師

昭和14年（1939）　31歳

6月　長女亜細亜（アシヤ）誕生（15日）

夏　満洲口語調査のため吉林省を旅行す

昭和16年（1941）　33歳

6月　北京大学講師（2ヵ月間）

9月　長男旦誕生（3日）

昭和17年（1942）　34歳

6月　東京帝国大学助教授（文学部勤務）

昭和18年（1943）　34歳

3月　東京帝国大学言語学講座担任

5月　東京帝国大学文学部より文学博士号を授与さる（学位論文『元朝秘史の蒙古語を表はす漢字の研究』）

昭和19年（1944）　36歳

7月　東京市淀橋区下落合より東京都下西多摩郡西多摩村羽1808番地宮本家の蚕室に戦争疎開す

昭和20年（1945）　37歳

6月　次女愛誕生（19日）

昭和23年（1948）　40歳

12月　論文「日本語と琉球語・朝鮮語・アルタイ語との親族関係」発表

昭和24年（1949）　40歳

5月　東京大学教授（文学部勤務・言語学講座担当）

昭和25年（1950）　41歳

5月　米国ミシガン大学極東言語文学部客員準教授・講師（日本語・日本語学・アルタイ語学を講ず〈昭和27年2月まで。疎開先より出発〉）

昭和26年（1951）　42歳〜43歳

3月　『音声学』（岩波書店）出版

11月　米国メリーランド州、ジョンズ・ホプキンス大学特別研究員（外蒙古の活仏ディロワ・ゲーゲン・フトゥクフトゥの言語研究と録音）

昭和27年（1952）　44歳

7月　英国・仏国の研究者達と交流し帰朝、東京都渋谷区代々木初台506番地渡辺家の借家に住む

昭和29年（1954）　45歳〜46歳

4月　学習院大学文学部講師（昭和44年まで）

5月　昭和天皇御進講（24日）、言語の親族関係証明の方法・日本語の系統・琉球語と日本語の関係・言語年代学等々、仲宗根政善氏についても言及す

8月　小林理研研究所　ソナグラフ活用委員会委員

12月　論文「『言語年代学』即ち『語彙統計学』の方法について──日本祖語の年代──」発表

昭和30年（1955）　46歳〜47歳

5月　『世界言語概説　下巻』（市河三喜氏共編）出版

10月　琉球大学招聘教授（任期10月1日〜12月31日）

昭和32年（1957）　49歳

12月　論文「日本語の系統──音韻法則と語彙統計学的"水深測量"──」発表

昭和34年（1959）　50歳
　1月　『日本語の系統』出版
昭和36年（1961）　53歳
　7月　ユネスコ東アジア文化研究センター運営委員
　7月　アフガニスタン、パキスタンでモゴール語等諸語の調査をす（10月25日帰朝）
昭和37年（1962）　54歳
　5月　米国インディアナ大学でのアルタイ学者国際会議に参加す
昭和39年（1964）　56歳
　8月　日本放送協会放送用語委員会委員
　9月　東京外国語大学アジア・アフリカ言語文化研究所運営委員会委員
昭和40年（1965）　57歳
　7月　東方学会常任評議員専門委員
昭和41年（1966）　57歳
　3月　東京言語研究所運営委員長（終生）
昭和43年（1968）　59歳〜60歳
　1月　論説「沖縄の言語と文化」発表
　11月　論文「八丈島方言について」発表
昭和44年（1969）　60歳
　3月　東京大学定年退職
　5月　東京大学名誉教授
昭和46年（1971）　62歳
　3月　出郷以来の借家生活を清算し、横浜市戸塚区影取町1730番地-10の新築宅に住む（終生）
昭和47年（1972）　64歳
　10月　法政大学沖縄文化研究所客員所員
　11月　日本学士院会員

昭和48年（1973）　65歳
　8月　論文「急を要する琉球諸方言の記述的研究」発表
昭和50年（1975）　66歳
　4月　日本言語学会会長（52年3月まで）
昭和51年（1976）　68歳
　6月　論説「日本祖語の母音体系――例外を追求して得た新しい仮説」発表
昭和52年（1977）　68歳〜69歳
　4月　『奄美方言分類辞典　上』序文発表
　11月　南島史学会評議員・理事留任（初任時期不明）
昭和53年（1978）　69歳〜70歳
　1月　論文「日本祖語について」連載開始
　11月　勲二等旭日重光章受章
昭和54年（1979）　70歳〜71歳
　3月　日本放送協会放送文化賞受賞
　6月　論文「音韻法則の例外――琉球文化史への一寄与――」・「琉球語源辞典の構想」発表
昭和57年（1982）　73歳〜74歳
　3月　論文「日本語の系統と日本人の起源」発表
　8月　国際言語学者会議（於日本）を主宰す。「久米島の総合的研究の意味」発表
　12月　推薦文「仲宗根政善著『沖縄今帰仁方言辞典』」発表
昭和58年（1983）　74歳〜75歳
　2月　論文「東京，亀山，土佐，首里の諸方言の frontal obstruent について」発表
　4月　沖縄国際大学南島文化研究所特別研究員
　5月　「琉球方言の系統」（『沖縄大百科事典　下巻』）発表

11月　文化勲章受章　「陛下のお言葉は日本のみなさまのお言葉」(『東京新聞』4日日刊)との感想あり

12月　三重県亀山市名誉市民称号受贈

昭和59年（1984）　75歳～76歳

5月　国語学会名誉会員

11月　国際音声言語医学会議顧問

昭和60年（1985）　76歳

2月　「仲宗根政善君の『沖縄今帰仁方言辞典――今帰仁方言の研究・語彙篇――』に対する授賞審査要旨」発表

昭和62年（1987）　78歳～79歳

4月　献呈文「陛下と琉球方言」発表

6月　琉球文化振興財団理事

7月　遺言状を認む。「無宗教形式、祭壇は白い花と『服部四郎の霊』と記した牌のみとし、遺影は掲げるべからず。香典は天皇陛下以外は辞退すべし」等、詳細に亘る

11月　随筆「琉球方言研究クラブの30周年を祝って」発表

昭和63年（1988）　80歳

12月　法政大学沖縄文化協会顧問

12月　天皇陛下御不快のため年賀状を欠礼する旨の挨拶状を出す（平成元年年賀状は、昭和天皇の喪に服し欠礼）

平成2年（1990）　81歳

4月　『邪馬台国はどこか』出版

平成5年（1993）　85歳

6月　神奈川県藤沢市白旗、湘南長寿園病院入院（2日）

平成7年（1995）　86歳

1月29日午前零時3分肺炎のため同病院にて死去（満86歳8カ月）。同日付で勲一等瑞宝章受章、従六位より従三位に陞叙。侍従を通し、天皇陛

下よりお悔みのお言葉を賜る

1月30・31日藤沢市大鋸、典礼会館にて遺言に則り親族と直弟子達により密葬。

2月16日　東京都新宿区信濃町、千日谷会堂にて遺言に則り本葬。「琉球方言クラブ」より長文の弔電あり。同日沖縄にて仲宗根政善氏葬儀（2月14日死去、満87歳）行わる

5月28日　東京都あきる野市「西多摩霊園」F区に埋葬

以　上

『現代言語学』（三省堂、昭和47〈'72年〉）所収「服部四郎先生　業績 著書・論文 履歴」、『東方学』第83輯（東方学会、平成4〈'92〉年1月）所収「服部四郎博士略年譜　服部四郎博士主要著作目録」、架蔵の四郎自筆履歴書から本書の内容を念頭に置きつつ適宜取捨し、併せて編者の知る処も記した（外国の役職・栄誉等は省略）。詳細は両目録を参照されたい。琉球方言に関する文献はこれが総てではない。こちらは、『服部四郎　著書論文目録 増補改訂版 1991』（汲古書院、平成3〈'91〉年）を参照されたい。（編者）

編者略歴

服 部　旦（はっとり　あさけ）

昭和16（'41）年9月3日、東京市淀橋区下落合2丁目808番地に生まる
昭和35（'60）年、中央大学法学部法律科入学
昭和39（'64）年、中央大学文学部文学科（国文学専攻）卒業
昭和44（'69）年、同大学院文学研究科（国文学専攻）博士課程単位取得退学
昭和44（'69）年4月、京都橘女子大学専任講師
昭和49（'74）年10月、大妻女子大学文学部国文学科専任講師
平成18（'06）年4月、大妻女子大学名誉教授
　主要著書・論文：『民俗学の方法序説―麦酒祭りの研究―』（昭和56〈'81〉年、新典社）、「岐美神話と洪水型兄妹相姦神話」（昭和50〈'75〉年、塙書房『日本書紀研究』第8冊）、「古事記『比良』語義考」（昭和51〈'76〉年、『大妻女子大学文学部紀要』第8号）、「『出雲国風土記』島根郡家の比定」（昭和60〈'85〉年、『山陰史談』21号）、「『出雲国風土記』の数量表現の信憑性、ならびに数量表現をめぐる編纂過程の一考察」（平成6〈'94〉年、『古代文化研究』第2号）、「『古事記』隠伎之三子嶋の地名起源（一）～（三）」（平成15〈'03〉年～平成17〈'05〉年、『大妻女子大学紀要―文系―』第35号～第37号）

服部四郎　沖縄調査日記　　　　　　　　　汲古選書47

2008年9月3日　発行

編　者　服　部　　　旦
発行者　石　坂　叡　志
製版印刷　富士リプロ㈱
発行所　汲　古　書　院

〒102-0072　東京都千代田区飯田橋2-5-4
電話03（3265）9764　FAX03（3222）1845

ISBN978-4-7629-5047-6　C3381
Asake HATTORI ©2008
KYUKO-SHOIN, Co., Ltd. Tokyo.

● 「ことば」の役割を達意の文章で綴る─服部言語学のエッセンス

一言語学者の随想
服部四郎著

◇わが国言語学界の大御所、東京大学名誉教授服部四郎先生の長年にわたる75篇の随筆集。

〔主な収録名〕（発表順に配列）

北満の首都海拉爾
満洲に於ける言語研究
満蒙の諸民族と民族性
民族性のこと
学生と本郷通り
米国より
ジョンズ・ホプキンズ大学より
外国人の批評
欧洲より帰りて
食後のバナナ
法律と約束について
アメリカ言語学界の印象
電気座布団のスイッチ
平等の精神
あまりに"民主的な"
英国の思い出 (一)・(二)・(三)
アメリカ人の言語生活
金田一京助先生と文化勲章
東洋語の研究
自由、平等、愛国心
日本民族の歴史の宝庫
もらわれていった「くろ」
蒙古語の研究のことなど
ふるさとのことば
英国の思い出 (四)・(五)
芝生を見て思う
協力ということ
わたしの方言研究
西南アジアに「蒼き狼」の子孫をたずねて
欧米の言語学界
名人通訳
佐佐木信綱先生の思い出
有坂秀世君の遺著「語勢沿革研究」を読みて
ドリルについて
石器時代人と教授
学問と私
一言語学者の見た隣国
Spoken Language と Written Language
年賀状
大野晋・服部四郎先生対談速記録
〈対談〉言語学者からの提言
白鳥庫吉全集の刊行を喜ぶ
ロマーン・ヤーコブソン博士
鳥居龍蔵博士の思い出
白鳥庫吉先生と私ども
言語・文化における人間性・個性・社会性
代講
日本文化の原点
わが師 橋本進吉先生
誤植物語
江上波夫君と私
五十数年前の林義明先生
「ウイルス」という名称について
沖縄学の巨星墜つ
［寄稿］「長信↔短信」欄
新村出先生の思い出
故比嘉春潮先生告別式 追悼の辞
あるこだわり（佐佐木信綱との出遇い・信綱像）
山田秀三氏著作集の刊行に寄せて
仲宗根政善君の『沖縄今帰仁方言辞典－今帰仁方言の研究・語彙篇－』に対する授賞審査要旨
蒙古言語学の泰斗 サンジェーエフ教授の訃報に接して
登呂と常呂
王育德君著『台湾語入門』『台湾語初級』
郷土亀山市と県立津中学校
単語の「意味」と「音形」との連合
陛下と琉球方言
JRをNTに改めては？
琉球方言研究クラブの三十周年を祝って
神田盾夫先生の思い出
祝詞－日本言語学会五十年の歩み－
谷崎潤一郎の『幼少時代』の中の一文章の文章論的分析
谷崎潤一郎の『幼少時代』の中の一文章の文章論的分析（再論）
あとがき

▼四六判上製／494頁／5097円　汲古選書①　92年11月刊　ISBN978-4-7629-5001-8　C3395

服部四郎 著書論文目録 増補改訂版

服部四郎先生の昭和3年より平成2年まで63年に及ぶ全業績を網羅した著書論文目録。
著作年代順に配列し、すべてに英訳を付す。

▼Ａ５判上製／132頁／2854円　91年7月刊　ISBN978-4-7629-1132-3　C3080